U0113914

A LIBRARY OF
DOCTORAL
DISSERTATIONS
IN SOCIAL SCIENCES IN CHINA

中国
社会科学
博士论文
文库

简牍日书与秦汉社会

The Daybook Manuscripts in the Unearthed Bamboo Slips and the
Society of Qin and Han Dynasties

曲晓霜　著

导师　彭　卫

中国社会科学出版社

图书在版编目(CIP)数据

简牍日书与秦汉社会/曲晓霜著. —北京:中国社会科学出版社,2024.3
(中国社会科学博士论文文库)
ISBN 978 - 7 - 5227 - 2953 - 4

Ⅰ.①简… Ⅱ.①曲… Ⅲ.①简(考古)—研究—中国②《日书》—研究
③中国历史—研究—秦汉时代 Ⅳ.①K877.54②B992③K232.07

中国国家版本馆 CIP 数据核字(2024)第 038240 号

出 版 人	赵剑英
责任编辑	李金涛
责任校对	臧志晗
责任印制	李寡寡

出 版	中国社会科学出版社
社 址	北京鼓楼西大街甲 158 号
邮 编	100720
网 址	http://www.csspw.cn
发 行 部	010 - 84083685
门 市 部	010 - 84029450
经 销	新华书店及其他书店

印 刷	北京明恒达印务有限公司
装 订	廊坊市广阳区广增装订厂
版 次	2024 年 3 月第 1 版
印 次	2024 年 3 月第 1 次印刷

开 本	710×1000 1/16
印 张	14.75
插 页	2
字 数	251 千字
定 价	118.00 元

总　序

　　在胡绳同志倡导和主持下，中国社会科学院组成编委会，从全国每年毕业并通过答辩的社会科学博士论文中遴选优秀者纳入《中国社会科学博士论文文库》，由中国社会科学出版社正式出版，这项工作已持续了 12 年。这 12 年所出版的论文，代表了这一时期中国社会科学各学科博士学位论文水平，较好地实现了本文库编辑出版的初衷。

　　编辑出版博士文库，既是培养社会科学各学科学术带头人的有效举措，又是一种重要的文化积累，很有意义。在到中国社会科学院之前，我就曾饶有兴趣地看过文库中的部分论文，到社科院以后，也一直关注和支持文库的出版。新旧世纪之交，原编委会主任胡绳同志仙逝，社科院希望我主持文库编委会的工作，我同意了。社会科学博士都是青年社会科学研究人员，青年是国家的未来，青年社科学者是我们社会科学的未来，我们有责任支持他们更快地成长。

　　每一个时代总有属于它们自己的问题，"问题就是时代的声音"（马克思语）。坚持理论联系实际，注意研究带全局性的战略问题，是我们党的优良传统。我希望包括博士在内的青年社会科学工作者继承和发扬这一优良传统，密切关注、深入研究 21 世纪初中国面临的重大时代问题。离开了时代性，脱离了社会潮流，社会科学研究的价值就要受到影响。我是鼓励青年人成名成家的，这是党的需要，国家的需要，人民的需要。但问题在于，什么是名呢？名，就是他的价值得到了社会的承认。如果没有得到社会、人民的承认，他的价值又表现在哪里呢？所以说，价值就在于对社会重大问题的回答和解决。一旦回答了时代性的重大问题，就必然会对社会产生巨大而深刻的影响，你也因此而实现了你的价值。在这方面年轻的博士有很大的优势：精力旺盛，思想敏捷，勤于学习，勇于创新。但青年学者要多向老一辈学者学习，博士尤其要很好地向导师学习，在导师的指导下，发挥自己的优势，研究重大问题，就有可能出好的成果，实现自己的价值。过去12年入选文库的论文，也说明了这一点。

什么是当前时代的重大问题呢？纵观当今世界，无外乎两种社会制度，一种是资本主义制度，一种是社会主义制度。所有的世界观问题、政治问题、理论问题都离不开对这两大制度的基本看法。对于社会主义，马克思主义者和资本主义世界的学者都有很多的研究和论述；对于资本主义，马克思主义者和资本主义世界的学者也有过很多研究和论述。面对这些众说纷纭的思潮和学说，我们应该如何认识？从基本倾向看，资本主义国家的学者、政治家论证的是资本主义的合理性和长期存在的"必然性"；中国的马克思主义者，中国的社会科学工作者，当然要向世界、向社会讲清楚，中国坚持走自己的路一定能实现现代化，中华民族一定能通过社会主义来实现全面的振兴。中国的问题只能由中国人用自己的理论来解决，让外国人来解决中国的问题，是行不通的。也许有的同志会说，马克思主义也是外来的。但是，要知道，马克思主义只是在中国化了以后才解决中国的问题的。如果没有马克思主义的普遍原理与中国革命和建设的实际相结合而形成的毛泽东思想、邓小平理论，马克思主义同样不能解决中国的问题。教条主义是不行的，东教条不行，西教条也不行，什么教条都不行。把学问、理论当教条，本身就是反科学的。

在21世纪，人类所面对的最重大的问题仍然是两大制度问题：这两大制度的前途、命运如何？资本主义会如何变化？社会主义怎么发展？中国特色的社会主义怎么发展？中国学者无论是研究资本主义，还是研究社会主义，最终总是要落脚到解决中国的现实与未来问题。我看中国的未来就是如何保持长期的稳定和发展。只要能长期稳定，就能长期发展；只要能长期发展，中国的社会主义现代化就能实现。

什么是21世纪的重大理论问题？我看还是马克思主义的发展问

题。我们的理论是为中国的发展服务的，绝不是相反。解决中国问题的关键，取决于我们能否更好地坚持和发展马克思主义，特别是发展马克思主义。不能发展马克思主义也就不能坚持马克思主义。一切不发展的、僵化的东西都是坚持不住的，也不可能坚持住。坚持马克思主义，就是要随着实践，随着社会、经济各方面的发展，不断地发展马克思主义。马克思主义没有穷尽真理，也没有包揽一切答案。它所提供给我们的，更多的是认识世界、改造世界的世界观、方法论、价值观，是立场，是方法。我们必须学会运用科学的世界观来认识社会的发展，在实践中不断地丰富和发展马克思主义，只有发展马克思主义才能真正坚持马克思主义。我们年轻的社会科学博士们要以坚持和发展马克思主义为己任，在这方面多出精品力作。我们将优先出版这种成果。

2001 年 8 月 8 日于北戴河

摘　　要

　　出土简牍中的日书材料是可施用于现实生活之中，包括大量日常活动与生活经验的民间指示选择之书。其兼顾应用性与理论性，由独立篇章组成并多附图表。简牍日书反映出秦汉时期社会生活的诸多方面，具有丰富的历史文化内涵。其有别于以往传世文献中政治制度史的上层观察，是以下层视角来透视秦汉社会史的崭新尝试。通过研究简牍日书的性质与内容、所见家庭问题、所见社会群体、所见记时问题，明确其主要特点、思想根源、消亡历程、双向影响，不仅有助于展现鲜活生动的秦汉社会图景，更可开拓中国古代史的考察空间，为日后相关问题的延展奠定坚实的基础。

　　关键词： 日书；出土简牍；秦汉时期；社会史

Abstract

The daybook manuscripts in the unearthed bamboo slips are folk instructions and choices that can be applied to real life, including a large number of daily activities and life experiences. It combines both practical and theoretical aspects, consisting of independent chapters with multiple charts attached. The daybook manuscripts reflect many aspects of social life during the Qin and Han dynasties, and have rich historical and cultural connotations. It is different from the upper level observation of political system history in previous literature, and is a new attempt to perspective the social history of Qin and Han dynasties from the following perspectives. By studying the nature and content, family issues, social groups, and chronological issues of daybook manuscripts, we can clarify its main characteristics, ideological roots, extinction process, and two-way influence. This not only helps to present a vivid picture of Qin and Han society, but also opens up space for the investigation of ancient Chinese history, laying a solid foundation for the extension of related issues in the future.

Key Words: Daybook Manuscripts; Unearthed bamboo slips; Qin and Han dynasties; Social History

目　　录

Contents

表图目录

Catalogue of tables and figures

前　　言

简牍日书是出土所见可施用于现实生活之中，包括大量日常活动与生活经验的民间指示选择之书，更是应用性与理论性兼顾，由独立篇章组成并多附图表的杂抄型工具书。简牍日书的出土以墓葬发现为主，年代跨度自战国晚期至西汉晚期，最晚或至东汉中期；地域分布集中在今湖北与甘肃地区。简牍日书不同于当时的官方记录与后世的史家叙述，是秦汉社会史领域的重要资料。

性质方面，简牍日书并非"日者之书"而是"每日之书"，既流行于民间，亦进入官方视野之中。内容方面，简牍日书所涉具体行为可分为婚姻家庭、信仰风俗、日常生活、集体行动、财产出入、政法其他六大类，又以日常生活类所占比例最高。虽出土地点不同，但现有较完整的简牍日书之内容基本相似，应是秦汉时期普通民众每日参考的工具书。

家庭问题中常见关于生子的占测，期望趋利避害，表现为对长寿健全、富贵吉祥的追求及对妨害家人、贫贱失意的回避。又有寄居现象，常见"寓人""寄人""客"，前两者不同地域用字有异而含义相同，均是寄居他家并与之有血缘关系的"室人"，无血缘关系者则称为"客"。秦汉时期的寄居是一种特殊的"同居"现象，即与本家同户而不同室。随着个人财产保护制度的健全与民间宗族势力的加强，寄居逐渐消失而客居仍有生存空间。

社会群体中常见官吏的行为，包括行政职能与仕途生活两方面。而其备受关注的原因与秦汉时期的政治环境有关。又有农商活动，二者密不可分且相得益彰，应为编户齐民所普遍从事，涉及种植、畜牧、渔猎、林木、买卖等不同方面，反映出秦汉时期基层社会生活情态的诸多细节。

记时问题涉及秦汉时期的漏刻记时、分段记时、十二时辰记时等不同记时方式。分段记时作为当时主要的记时方式，虽具有复杂的记录体系，但在现实应用中仍是追求简便，即将一日划分为五个时段，包括三个标志性时段与两个过渡性时段，并存在时段减省、时段过长、时段长短不均、时差等问题。而时称的使用更蕴含着丰富的历史信息。

简牍日书的主要特点是普遍流行与日常实用，其思想根源是民间的禁忌之风与权宜之计。立足于秦汉时期"天人之际"的深层背景，简牍日书的基本精神可总体概括为"信天用人"，既认可天之神秘性，亦强调人之能动性，反映出稳定遵守与灵活变通之辩证关系，勾勒出一个敬信鬼神又积极进取的时代剪影。

青史有限，回音不绝。虽然简牍日书最终在形式上走向消亡，但内容上却与后世的敦煌具注历日、宋元类书、明清选择通书一脉相承。其双向影响更是与其他民族及宗教的文化密切相关，尤其需要重视中国古代巫术传统所发挥的作用。

本书以全面考察简牍日书为基础，积极借鉴社会史与人类学之方法，希望通过细致研究秦汉时期的下层社会生活，来深化对秦汉社会精神风貌与历史地位的理解。

绪　　论

出土简牍中的日书材料反映出秦汉时期社会生活的诸多方面，具有丰富的历史文化内涵。其有别于以往传世文献中政治制度史之上层观察，是以下层视角来透视秦汉社会史之崭新尝试。而在明确简牍日书概念的基础上，根据其出土情况进行纵向演变的探究与横向比较的思考，同时结合对现有研究的深入辨析，不仅有助于展现鲜活生动的秦汉社会图景，更可开拓中国古代史的考察空间，为日后相关问题的延展奠定坚实的基础。

第一节　简牍日书概念界定

"日书"之名见于睡虎地 11 号秦墓、77 号汉墓竹简及北京大学藏汉简等出土简牍中。① 学界普遍认为这类书籍是战国秦汉时期流行于社会中的时日宜忌占测之书。② 吕思勉以为，"两汉固仍一鬼神术数之世界也"③。刘乐贤亦以为，在西汉及其以前人们的知识体系中，数术是一套广为流行且具有实际功效的技术与观念，其地位类似于今天的科学知识加迷信法术，并与宗教信仰密切相关。④ 简牍日书正是当时数术领域中意在趋吉避凶的重要材料。

---

① 睡虎地秦墓竹简整理小组编：《睡虎地秦墓竹简》，文物出版社 1990 年版，第 1 页；湖北省文物考古研究所、云梦县博物馆：《湖北云梦睡虎地 M77 发掘简报》，《江汉考古》2008 年第 4 期；北京大学出土文献研究所：《北京大学藏西汉竹书概说》，《文物》2011 年第 6 期。

② 饶宗颐、曾宪通：《云梦秦简日书研究》，香港中文大学出版社 1982 年版，第 2 页；刘乐贤：《睡虎地秦简日书研究》，文津出版社 1994 年版，第 1、4 页；王子今：《睡虎地秦简〈日书〉甲种疏证》，湖北教育出版社 2003 年版，第 1—2 页。

③ 吕思勉：《秦汉史》，上海古籍出版社 1983 年版，第 810 页。

④ 刘乐贤：《简帛数术文献探论》，中国人民大学出版社 2012 年版，第 2 页。

考《汉书·艺文志》中之"数术",包括天文、历谱、五行、蓍龟、杂占及形法等门类,"皆明堂羲和史卜之职也"①。而诸子中有阴阳家,兵书中有兵阴阳类,亦均与数术密切相关。张铭洽以为,日书中的方术可分为预测术(包括选择术、星象术等)与巫术两大类,前者是一种消极的方术,后者则以积极的驱邪避凶为特征。② 他还指出,汉代日书是以秦地的日书为基础,并在统一与整合全国文化的过程中形成的。③ 孙占宇更以为,秦汉时期的日书是一个较为宽泛的概念,凡与百姓生活相关的占卜术、厌禳术、祝由术皆可归入其中。④ 可见若是仅以"数术文献"来界定日书,难免失于粗疏。何双全以为,日书的性质是占卦、卜时、择日,内容包括天文、历法、音律、占卦、巫卜、五行、建除诸学说,是一部综合性的文化典籍。其所言对象上至天,下至地,特别突出的是讲人及与人相关的社会政治、经济、生活等实事。⑤ 蒲慕州更以为日书所反映的应是当时中国社会中下阶层共同文化的一部分。⑥ 故可以睡虎地秦简所见为典型日书,并参考其他出土简牍的具体内容来明确简牍日书的概念,即可施用于现实生活之中,包括大量日常活动与生活经验的民间指示选择之书。

从形式上来看,现有简牍日书具有较为特殊的体例。西北大学《日书》研读班以为,日书可分为正文、表、图三部分,三者互为经纬,相得益彰。其中正文采用分类表述的形式,每一类内容前加以小标题来进行区分。表、图既是正文的总结,又是应用日书的工具,可根据其基本规则逻辑顺推和扩大。⑦ 刘乐贤则以为睡虎地秦简《日书》具有写本特征,表现为各个单篇之间的顺序比较混乱,同一条简上的文字不一定连读,形式上写在一块的简文不一定属于同一篇,同一篇的内容有时散置于各处。而这一方面是日书的工具性质所致,另一方面也与其抄本性质有关。⑧

① 《汉书》卷30《艺文志》,中华书局1962年标点本,第1775页。
② 张铭洽:《秦代"巫现象"杂谈——兼谈秦代的"日者"》,载陕西历史博物馆编《陕西历史博物馆馆刊》(第11辑),三秦出版社2004年版。
③ 张铭洽、王育龙:《西安杜陵汉牍〈日书〉"农事篇"考辨》,载陕西历史博物馆编《陕西历史博物馆馆刊》(第9辑),三秦出版社2002年版。
④ 孙占宇:《天水放马滩秦简集释》,甘肃文化出版社2013年版,第3页。
⑤ 何双全:《天水放马滩秦简综述》,《文物》1989年第2期。
⑥ 蒲慕州:《睡虎地秦简〈日书〉的世界》,《史语所集刊》1993年第62本第4分。
⑦ 西北大学《日书》研读班:《日书:秦国社会的一面镜子》,《文博》1986年第5期。
⑧ 刘乐贤:《睡虎地秦简日书研究》,文津出版社1994年版,第408—412页。

从内容上来看，现有简牍日书中不仅有简便易查的实用表格，还有关于天体运行、太岁纪年、五行生克、器物形法等知识的记述。郑刚以为，对于日书的表层理解是其实用目的，即择日之术；而深层理解则是择日原理，其中的虚星星命系统（如辰星、招摇、天理、赤帝临日、月杀）更可填补整个秦汉学术系统的空白。① 故若对简牍日书加以进一步概念界定，则需明确其是应用性与理论性兼顾，由独立篇章组成并多附图表的杂抄型工具书。

第二节　简牍日书出土情况

目前发现的战国秦汉日书均是简牍材料，可按所属年代与分布地域排列如下。

一　九店楚简《日书》

1981 年出土于湖北江陵九店 56 号墓，为战国晚期早段的楚墓。是目前发现的最早选择时日吉凶的数术著作。② 简牍中包括"建除""丛辰"等内容。

二　放马滩秦简《日书》

1986 年出土于甘肃天水放马滩 1 号墓，属秦统一前的墓葬，即战国晚期的秦人墓。墓主可能是邽县（今甘肃天水）的一个基层官吏。③ 简牍内容分为甲、乙两种，甲种的抄写似在乙种之后，或系乙种的摘录。许多内容为其他简牍日书所无，具有很高的文献价值。④《天水放马滩秦简》（中华书局 2009 年版）是目前此批简牍最全面的整理成果。

---

① 郑刚：《论睡虎地秦简日书的结构特征》，《中山大学学报》1993 年第 3 期。

② 湖北省文物考古研究所、北京大学中文系编：《九店楚简》，中华书局 2000 年版，第 1—2 页。

③ 甘肃省文物考古研究所、天水市北道区文化馆：《甘肃天水放马滩战国秦汉墓群的发掘》，《文物》1989 年第 2 期。

④ 陈伟主编：《秦简牍合集（四）·放马滩秦墓简牍》，武汉大学出版社 2014 年版，第 4—5 页。

三　睡虎地秦简《日书》

1975 年出土于湖北云梦睡虎地 11 号墓,年代约为秦始皇三十年(前217)。墓主喜历任安陆(今湖北云梦县)令史、鄢(今湖北宜城市)令史并曾治狱于鄢,是管理法律的县级官吏。[①] 简牍内容分为甲、乙两种,包括各种选择或占测时日吉凶方法的汇集,是目前所见最为完整、保存原貌最好的一种日书材料,也是研究战国秦汉日书的最佳标本。[②] 或以为睡虎地秦简《日书》与九店楚简《日书》性质相同,说明秦简日书可能源于楚简。[③] 工藤元男以为目前各种日书的认定不过是因与睡虎地秦简《日书》相似,故还需对这些占卜资料进行更严密的比较分析才能得出判断。[④]《睡虎地秦墓竹简》(文物出版社 1990 年版)是目前此批简牍的研究中引述最广泛的版本。

四　岳山秦牍《日书》

1986 年出土于湖北江陵岳山 36 号墓,年代与云梦睡虎地秦墓相近。墓主应是秦国的中下层官吏,其身份不高于云梦睡虎地秦墓的墓主。[⑤] 简牍中"六事日""七畜日"等内容,都是日书中较典型的与日常生活关系密切的择日。[⑥]

五　周家台秦简《日书》

1993 年出土于湖北荆州周家台 30 号墓,简牍中包括二十八宿占、五时段占、五行占等内容。墓葬年代为秦代,略晚于睡虎地 11 号秦墓。[⑦]墓主生前曾在南郡官署供职,作为郡守或郡丞的随从人员参与或协助工

---

① 孝感地区第二期亦工亦农文物考古训练班:《湖北云梦睡虎地十一号秦墓发掘简报》,《文物》1976 年第 6 期。

② 陈伟主编:《秦简牍合集(一)·睡虎地秦墓简牍》,武汉大学出版社 2014 年版,第349—350 页。

③ 湖北省文物考古研究所:《湖北江陵县九店东周墓发掘纪要》,《考古》1995 年第 7 期。

④ 参见〔日〕工藤元男《社会史研究与"卜筮祭祷简""日书"》,载〔日〕佐竹靖彦主编《殷周秦汉史学的基本问题》,中华书局 2008 年版。

⑤ 湖北省江陵文物局、荆州地区博物馆:《江陵岳山秦汉墓》,《考古学报》2000 年第 4 期。

⑥ 陈伟主编:《秦简牍合集(三)·岳山秦墓木牍》,武汉大学出版社 2014 年版,第 93、95 页。

⑦ 湖北省荆州市周梁玉桥遗址博物馆:《关沮秦汉墓清理简报》,《文物》1999 年第 6 期。

作，可能是佐史一类的属吏。① 《关沮秦汉墓简牍》（中华书局 2001 年版）
发表了此批简牍的照片、释文与考释。

六　王家台秦简《日书》

1993 年出土于湖北江陵王家台 15 号墓，年代上限应不早于公元前
278 年发生的"白起拔郢"，下限应不晚于秦代。简牍中包括"建除"
"梦占"等内容。② 释文仅部分见于发掘报告之中。

七　孔家坡汉简《日书》

2000 年出土于湖北随州孔家坡 8 号墓，其所属墓群墓主大多为低级
官吏与中小地主。墓葬年代属西汉早期。③ 简牍文本结构清晰且层次分
明，内容大部分是讲日辰吉凶与举事宜忌，包括"建除""丛辰"等篇，
增录不少插图与候年占项篇目。④

八　周家寨汉简《日书》

2014 年出土于湖北随州周家寨 8 号墓，年代应在汉武帝建元元年
（前 140）或元光元年（前 134）。墓主为桃侯国都乡下辖高里之人，其爵
公乘，为二十等爵中第八级，有一定的文化且掌握大量数术知识，精通择
日之术。⑤ 简牍中包括"嫁女""禹汤生子占"等内容，释文仅部分见于
发掘报告之中。

九　西北汉简中的《日书》

20 世纪陆续出土于甘肃各地，多为残简。敦煌汉简中的《日书》简
册可能是由内地带到边塞的，因常用而散见于边塞遗址中。简牍中包括

---

①　陈伟主编：《秦简牍合集（三）·周家台秦墓简牍》，武汉大学出版社 2014 年版，第 3 页。

②　荆州地区博物馆：《江陵王家台 15 号秦墓》，《文物》1995 年第 1 期。

③　湖北省文物考古研究所、随州市文物局：《随州市孔家坡墓地 M8 发掘简报》，《文物》
2001 年第 9 期。

④　湖北省文物考古研究所、随州市考古队编：《随州孔家坡汉墓简牍》，文物出版社 2006
年版，第 34—35 页。

⑤　湖北省文物考古研究所、随州市曾都区考古队：《湖北随州市周家寨墓地 M8 发掘简报》，
《考古》2017 年第 8 期。

"建除""生子"等内容。①

居延新简中的《日书》残文与敦煌汉简相似，甲渠候官所出简中部分内容又与睡虎地秦简《日书》中的"嫁子"内容基本一致。许多内容还涉及方术。② 另记有新莽年号，足见日书直到西汉晚期尚在传承与使用。③

悬泉汉简中的《日书》主要涉及"死吉凶"占测，包括"建除占死失""十二支占死者殃凶""十二支占死丧宜忌"等内容。④

武威汉简中的《日书》1959 年出土于武威磨咀子 6 号墓，年代应不早于新朝。墓主应属官吏或士人阶层。简牍中包括"日忌""杂占"等内容。⑤

水泉子汉简中的《日书》2008 年出土于永昌水泉子 5 号墓，年代多在西汉晚期，后续发掘的少部分则可延续至东汉中期。⑥ 简牍中包括"建除""丛辰""裁衣""男女""生子""入官""捕盗""出行""日用禁忌"等内容，涉及阴阳、五行、刑德等思想。其书写文字为标准的汉隶，应是西汉末或东汉前期的通行字体。⑦

此外，还可在额济纳汉简⑧、疏勒河流域汉简⑨中发现《日书》残文。

十 北京大学藏《日书》

2010 年北京大学得香港冯燊均国学基金会捐赠，入藏了一批从海外回归的秦简牍，可能出自位于今湖北省中部的江汉平原地区的墓葬。抄写年代大约在秦始皇时期，简牍的主人应是秦的地方官吏。其中的数术方技类文献有质日、日书、数占、祠祝书四类。⑩《日书》简中包括"占雨"

---

① 魏德胜：《居延新简、敦煌汉简中的"日书"残简》，《中国文化研究》2000 年春之卷。

② 刘昭瑞：《居延新出汉简所见方术考释》，载中华书局编辑部编《文史》（第 43 辑），中华书局 1997 年版。

③ 胡文辉：《居延新简中的〈日书〉残文》，《文物》1995 年第 4 期。

④ 晏昌贵：《悬泉汉简日书〈死吉凶〉研究》，《中国史研究》2013 年第 2 期。

⑤ 甘肃省博物馆、中国科学院考古研究所编：《武威汉简》，文物出版社 1964 年版，第 7、9 页。

⑥ 甘肃省文物考古研究所：《甘肃永昌水泉子汉墓发掘简报》，《文物》2009 年第 10 期；甘肃省文物考古研究所：《甘肃永昌县水泉子汉墓群 2012 年发掘简报》，《考古》2017 年第 12 期。

⑦ 张存良、吴荭：《水泉子汉简初识》，《文物》2009 年第 10 期。

⑧ 参见魏坚主编《额济纳汉简》，广西师范大学出版社 2005 年版。

⑨ 参见林梅村、李均明编《疏勒河流域出土汉简》，文物出版社 1984 年版。

⑩ 北京大学出土文献研究所：《北京大学藏秦简牍概述》，《文物》2012 年第 6 期。

"见人""行""占闻""占禾""建除"等篇。①

2009 年北京大学接受捐赠，入藏了一批从海外回归的西汉竹简。抄写年代多数当在汉武帝后期，下限不晚于汉宣帝时期。原主人应属王侯一级。数术书中有《日书》，内容以选择类为主，兼收筮法、杂占类数术。有《日忌》，书前有目次，是编排有序的时日选择书。有《日约》，是按月份与六十甲子排列的历忌神煞总表。有《揕舆》（即《堪舆》），性质类似于《日书》，是一种选择类的古佚书。有《雨书》，以占雨为中心，涉及风、雷等气象的占候。有《六博》，是利用博局占问人事吉凶的杂占书。有《荆决》，是运用算筹成卦的筮占书。有《节》，包含八节时令与阴阳、刑德运行等内容。还有一部分内容属于兵阴阳家，似为多种与数术有关古书的合抄。② 又包括朱墨双色插图十几种，可谓是图文并茂。③

十一　香港中文大学藏《日书》

香港中文大学文物馆历年来在市场搜购所得。汉简《日书》部分应为汉惠帝三年（前 192）后抄写，存在避秦始皇讳而不避高祖讳的现象。④ 包括"归行""陷日"等内容。

十二　其他汉简中的《日书》

零星出土于各地，内容较少且缺乏释文。阜阳汉简《日书》1977 年出土于安徽阜阳双古堆 1 号墓。墓主夏侯灶为西汉开国功臣夏侯婴之子，第二代汝阴侯，死于汉文帝前元十五年（前 165）。简牍内容为星象天文与人间活动吉凶的关系。⑤ 墓中占卜用具的发现也格外值得关注。⑥

虎溪山汉简《日书》1999 年出土于湖南沅陵虎溪山 1 号墓。墓主沅陵侯吴阳为长沙王吴臣之子，死于文帝后元二年（前 162）。简牍《日书》与《美食方》同出，自署篇名《阎氏五胜》（也作《阎氏五生》），

---

① 陈侃理：《北大秦简中的方术书》，《文物》2012 年第 6 期。
② 北京大学出土文献研究所：《北京大学藏西汉竹书概说》，《文物》2011 年第 6 期。
③ 李零：《北大汉简中的数术书》，《文物》2011 年第 6 期。
④ 陈松长编：《香港中文大学文物馆藏简牍》，香港中文大学文物馆 2001 年版，第 4—5 页。
⑤ 阜阳汉简整理小组：《阜阳汉简简介》，《文物》1983 年第 2 期。
⑥ 安徽文物工作队、阜阳地区博物馆、阜阳县文化局：《阜阳双古堆西汉汝阴侯墓发掘简报》，《文物》1978 年第 8 期。

作者阎昭，有引文书名《红图之论》，均不见于文献记载。其特点是为证推演正确而引入秦末汉初的历史事件，强调"顺时"与"喜数"，如有"举事能谨顺春秋冬夏之时，举木水金火之兴而周还之，万物皆兴，岁乃大育""故常以良日支干相宜而顺四时举事其国日宜""是故举事日加喜数而福大矣，日加忧数而祸大矣。祸福之来也迟亟疾无常，故民莫之能察也"①。刘乐贤以为，这是讲五行相胜的原则与顺时的必要性及其结果，可能"喜数"指顺时诸日之数，"忧日"指逆时诸日之数。然而《日书》一类文献的特点是只讲趋吉避凶之术，基本上不涉及价值判断，很难看出编写者的思想倾向，记载历史事件的可能性不大，与观点鲜明、以阴阳五行理论推演和评论政事的《阎氏五胜》不宜归为一类，后者应归入阴阳家文献。②考水泉子汉简中的几支残简上有"阎氏五行""丛辰"等名，应是书名或其中篇题。③故归属问题仍有待考察。

睡虎地汉简《日书》2006年出土于湖北云梦睡虎地77号墓，年代应在汉文帝末年至汉景帝时期。④简牍中包括"生子""禹须臾"等内容。⑤

张家山汉简《日书》1983年出土于湖北江陵张家山249号墓，年代上限应为西汉初年而下限不晚于汉景帝时期。⑥简牍内容与睡虎地秦简《日书》大体相仿。⑦

银雀山汉简《日书》1972年出土于山东临沂银雀山1号墓，为汉武帝初年墓葬。简牍则在汉文、景至武帝初期这段时间内抄写而成，其中阴阳时令、占候类中有三十"时"，涉及筑宫室、为啬夫、嫁女、娶妇、祷祠、冠带剑、葬埋、入人民、杀畜生、远徙、居官等事的可否，以十二日为一"时"，性质与《月令》相近。⑧墓主应是一位关心兵法或与军事有

① 湖南省文物考古研究所、怀化市文物处、沅陵县博物馆：《沅陵虎溪山一号汉墓发掘简报》，《文物》2003年第1期。

② 刘乐贤：《虎溪山汉简〈阎氏五胜〉及相关问题》，《文物》2003年第7期。

③ 张存良、吴荭：《水泉子汉简初识》，《文物》2009年第10期。

④ 湖北省文物考古研究所、云梦县博物馆：《湖北云梦睡虎地M77发掘简报》，《江汉考古》2008年第4期。

⑤ 熊北生、陈伟、蔡丹：《湖北云梦睡虎地77号西汉墓出土简牍概述》，《文物》2018年第3期。

⑥ 荆州地区博物馆：《江陵张家山三座汉墓出土大批竹简》，《文物》1985年第1期。

⑦ 张家山汉墓竹简整理小组：《江陵张家山汉简概述》，《文物》1985年第1期。

⑧ 银雀山汉墓竹简整理小组编：《银雀山汉墓竹简（二）》，文物出版社2010年版，第5、211—219页。

关的人物。①

　　杜陵汉牍《日书》2001 年出土于陕西西安杜陵 5 号墓。简牍内容涉及农作物种植的良日、忌日，与睡虎地秦简及放马滩秦简《日书》中的相关内容相近。墓主为与汉宣帝较为接近的高官，或曾任职大鸿胪、大司农。②

　　定县汉简《日书》1973 年出土于河北定县 40 号墓。墓主应为中山怀王刘修。③ 简牍内容为占卜残简，多数不能通读。④

　　尹湾汉简《日书》1993 年出土于江苏东海县尹湾 6 号墓。墓主师饶曾任东海郡卒史、五官掾、功曹史，下葬时间为汉成帝元延三年（前10）。⑤ 刘乐贤以为，简牍中的《神龟占》《六甲占雨》《博局占》《刑德行时》《行道吉凶》五种数术文献都以时间为线索来占测行事的吉凶，是选择术的基本内容，性质与日书最为接近。⑥《尹湾汉墓简牍》（中华书局1997 年版）中收录了此批简牍。

　　印台汉简《日书》2002 年出土于湖北荆州印台西汉墓。简牍部分内容与睡虎地秦简《日书》的"星"篇、"官"篇及孔家坡汉简《日书》的"星官"篇类似。⑦

　　此外，2018—2019 年，荆州博物馆组织在湖北荆州胡家草场墓地发掘古墓葬 18 座，其中 12 号墓出土漆木器、简牍等共计 111 件（套）珍贵文物。根据出土器物形制与竹简"岁纪"记录，初步判断此墓葬应属西汉早期，不早于汉文帝前元十六年（前 164）。简牍内容分为岁纪、历日、法律文献、日书、医方、簿籍、遣册七类，其中《日书》5 卷，首见卷题"五行日书""御疾病方"，有"雷""家""失火"等篇，部分简文由文字与图表组成。如"雷"篇简下为"雷"与"土、木、风、火、石、金、

　　① 山东省博物馆、临沂文物组：《山东临沂西汉墓发现〈孙子兵法〉和〈孙膑兵法〉等竹简的简报》，《文物》1974 年第 2 期。

　　② 张铭洽、王育龙：《西安杜陵汉牍〈日书〉"农事篇"考辨》，载陕西历史博物馆编《陕西历史博物馆馆刊》（第 9 辑），三秦出版社 2002 年版。

　　③ 河北省文物研究所：《河北定县 40 号汉墓发掘简报》，《文物》1981 年第 8 期。

　　④ 定县汉墓竹简整理组：《定县 40 号汉墓出土竹简简介》，《文物》1981 年第 8 期。

　　⑤ 连云港市博物馆：《江苏东海县尹湾汉墓群发掘简报》，《文物》1996 年第 8 期。

　　⑥ 刘乐贤：《尹湾汉墓出土数术文献初探》，载连云港市博物馆、中国文物研究所编《尹湾汉墓简牍综论》，科学出版社 1999 年版，第 175—186 页。

　　⑦ 刘乐贤：《印台汉简〈日书〉初探》，《文物》2009 年第 10 期。

鬼、水"所对应之八个方位的组合图，上为"雷"在各个方位的吉凶解说，系首次发现。且《日书》简形制各异，内容与以往所公布的秦汉日书既有相同之处，也存在较多异文，在具体篇目的选择上有自己的特点，有助于推进有关秦汉日书文本编纂与流传的讨论。

总体来看，目前发现的简牍日书主要出土于墓葬之中，且保存较为完整。而西北边塞遗址中出土的则多零散残断，亦不乏入藏简牍可供参照。出土简牍日书的年代跨度自战国晚期至西汉晚期，最晚或至东汉中期。楚简与秦简的数量远少于汉简。出土地的地域分布主要集中在今湖北与甘肃地区，前者年代序列完整而多是楚、秦简，后者以汉简为主而年代下限较晚。另有多批汉简出土于全国各地，其性质归属有待进一步明确，更不乏近年新出者。此外，楚、秦简牍日书所出墓葬之墓主身份往往较低，汉简牍日书所出墓葬之墓主身份则更加多元。而墓葬所出日书与遗址所出日书在性质上是否存在差异也值得进一步思考。

第三节　简牍日书研究述评

简牍日书的研究经历了一个从乏人问津到深入展开的过程，其中最为关键的尝试莫过于 1986 年林剑鸣在西北大学历史系组织举办的《日书》研读班。该班引进了日本高校中"研读班"的形式，吸收研究生与部分青年教师参加，集体发表论文《日书：秦国社会的一面镜子》[1]，不仅有利于人才培养，更引起了学界对日书的重视。林剑鸣还有《曲径通幽处，高楼望路时——评介当前简牍〈日书〉研究状况》一文，叙述了多批简牍日书的出土情况，评论了国内外学者的研究成果，并对日书研究前景加以展望。[2] 他在日本早稻田大学讲学期间，曾以"中国学者《日书》研究的现状"为题发表演讲，讲稿发表于《史滴》1990 年第 11 号。又在 1991 年的首届"中国简牍学国际学术研讨会"上提交论文《秦汉简牍〈日书〉与官吏》。还有《秦简〈日书〉校补》一文，视日书为重要的社会历史资料，试图借之考察其所处时代的政治生活与思想文化。[3]

---

① 西北大学《日书》研读班：《日书：秦国社会的一面镜子》，《文博》1986 年第 5 期。

② 林剑鸣：《曲径通幽处，高楼望路时——评介当前简牍〈日书〉研究状况》，《文博》1988 年第 3 期。

③ 林剑鸣：《秦简〈日书〉校补》，《文博》1992 年第 1 期。

此后针对简牍日书的研究日益丰富，为相关问题的进一步思考奠定了坚实的基础。如沈颂金的《中日两国学者研究秦简〈日书〉述评》以为，就日书所反映的丰富社会文化及宗教思想内涵而言，尚有许多新的研究领域需要开辟。① 又如张强的《近年来秦简〈日书〉研究评介》以为，日书之"新"，一是材料，二是内容，既拓宽了简牍学的研究视野，亦为秦文化研究注入了新的活力。② 此外还有陶磊的《〈日书〉与古历法研究综述》所做之专题性整理工作。③ 然历来学者多强调简牍日书作为新材料之价值，肯定其内容丰富性并就某一研究专题进行归纳。其实经过三十余年的努力，关于简牍日书的研究无论是在广度上还是在深度上均已大有进步，需要全面梳理并在理论方法层面上有所总结与展望。

一　灵活科学的研究形式

集成性研究方面，吴小强的《秦简日书集释》吸纳西北大学《日书》研读班之成果，肯定了日书丰富的学术价值；收录睡虎地秦简《日书》与放马滩秦简《日书》相关内容，既有更加准确的简文与注释，亦有努力忠于原意的现代汉语译文；而对章节内容所进行之述论更是作者学术观点的集中表达，如以为日书可展示当时中下层阶级的文化形态与价值取向。④ 然此书虽具开拓之功，却也有时代之限，部分理解难免有偏差，仍有待后来研究者的修正。此外，吴小强还对秦人的婚姻、家庭、生育等问题颇为关注，不仅撰有《试论秦人婚姻家庭生育观念》《秦人生育意愿初探》⑤ 等文，还将《秦人婚姻家庭生育观念新探》收于书中，足见其渊源有自的社会史研究旨趣。近年来的重要成果则首推陈伟主编的《秦简牍合集》，完整收录了睡虎地秦墓简牍、周家台秦墓简牍、岳山秦墓木牍、放马滩秦墓简牍等材料，不仅刊布了清晰完整的图版，亦提供了更加准确的释文，在识字、断读、缀合、编联等方面均有所改进，完成了补释、订正、认定析读重合文以更好解读词义等重要工作。其书可谓博

① 沈颂金：《中日两国学者研究秦简〈日书〉述评》，《中国史研究动态》1994 年第 9 期。
② 张强：《近年来秦简〈日书〉研究评介》，《文博》1995 年第 3 期。
③ 陶磊：《〈日书〉与古历法研究综述》，《中国史研究动态》2004 年第 9 期。
④ 参见吴小强《秦简日书集释》，岳麓书社 2000 年版。
⑤ 吴小强：《试论秦人婚姻家庭生育观念》，《中国史研究》1989 年第 3 期；吴小强：《秦人生育意愿初探》，《江汉论坛》1989 年第 11 期。

采众长以成集释，比勘考辨旧说而求创新，是目前日书研究的重要参考用书。①

比较性研究方面，不同地域出土之简牍日书所反映的楚、秦文化异同历来为学者们所重视。林剑鸣的《〈睡〉简与〈放〉简〈日书〉比较研究》以为，睡虎地秦简《日书》中有较多的礼制影响与较浓的神秘色彩，反映了楚文化的特点；放马滩秦简《日书》则显得质朴而具体，鲜少有礼制、道德以及鬼神的影响，反映了秦文化"重功利、轻仁义"的特点。② 他之后又有《从放马滩〈日书〉（甲种）再论秦文化的特点》一文进行了深入补充。③ 刘信芳的《秦简中的楚国〈日书〉试析》则对睡虎地秦简《日书》之中的楚、秦文化成分进行了解析。④ 而刘乐贤的《楚秦选择术的异同及影响——以出土文献为中心》选择从数术角度切入，以为楚、秦两地使用的选择术虽同出一源，但具体方法上仍存在较大差异，就对后世选择术的影响而言，则是秦系远远超过楚系。⑤ 晏昌贵与梅莉的《楚秦〈日书〉所见的居住习俗》则选取了日常生活角度，具体复原了楚、秦民居及其附属建构的布局与内部结构。⑥

专题性研究方面，思想观念作为长时段社会积累的产物，无疑可以成为贯通历史的重要研究对象。如管仲超的《从秦简〈日书〉看战国时期的择吉民俗》⑦、张富春的《先秦民间祈财信仰研究——以睡虎地秦简〈日书〉为中心》⑧ 均着眼于先秦时期民俗信仰。马新的《汉代民间禁忌与择日之术》⑨、刘道超的《论汉代择吉民俗的发展及其特征》⑩ 则将研究的时间范围拓展到了汉代。李晓东与黄晓芬的《从〈日书〉看秦人鬼

---

① 参见陈伟主编《秦简牍合集》，武汉大学出版社 2014 年版。

② 林剑鸣：《〈睡〉简与〈放〉简〈日书〉比较研究》，《文博》1993 年第 5 期。

③ 林剑鸣：《从放马滩〈日书〉（甲种）再论秦文化的特点》，载中国社会科学院简帛研究中心编《简帛研究》（第 1 辑），法律出版社 1993 年版。

④ 刘信芳：《秦简中的楚国〈日书〉试析》，《文博》1992 年第 4 期。

⑤ 刘乐贤：《楚秦选择术的异同及影响——以出土文献为中心》，《历史研究》2006 年第 6 期。

⑥ 晏昌贵、梅莉：《楚秦〈日书〉所见的居住习俗》，《民俗研究》2002 年第 2 期。

⑦ 管仲超：《从秦简〈日书〉看战国时期的择吉民俗》，《武汉教育学院学报》1996 年第 5 期。

⑧ 张富春：《先秦民间祈财信仰研究——以睡虎地秦简〈日书〉为中心》，《四川大学学报》2005 年第 6 期。

⑨ 马新：《汉代民间禁忌与择日之术》，《民俗研究》1996 年第 1 期。

⑩ 刘道超：《论汉代择吉民俗的发展及其特征》，《广西师范大学学报》2006 年第 1 期。

神观及秦文化特征》、刘信芳的《〈日书〉驱鬼术发微》均在鬼神之说方面做出了有益探索。① 林剑鸣的《从秦人价值观看秦文化的特点》则以为，秦人仍是多神崇拜，尚未达到东方诸国那种将对"天""帝"的崇拜与人的内心道德及自我修养合而为一的水平。② 其关于秦人价值观的论述在秦文化研究领域中产生了深远影响。吴小强的《〈日书〉所见秦人之生死观》即是遵循了类似的研究思路。③ 此外还应关注到巫术问题，吕亚虎的《战国秦汉简帛文献所见巫术研究》通过对出土简帛文献资料所反映的战国秦汉时期巫术的内容、仪式、方法、用物等进行了考察，来分析揭示此时期中国巫术发展的时代背景、主要特点及其对后世民生习俗所产生的深远影响。④

可见从研究形式来看，目前集成性研究的资料已趋完善，而对以简文差异透视楚、秦文化之异同，以长时段眼光考察思想观念之演变等研究方向的探索则说明了比较性与专题性研究既得到了普遍重视亦具有良好的发展前景。然现有研究往往是以日书作为材料来探讨问题而不关注日书本身，其性质与内容等基本情况仍有待明晰。若从研究对象来看，则以往相关工作主要是围绕睡虎地秦简《日书》与放马滩秦简《日书》展开。

二　系统深入的文本整理

关于睡虎地秦简《日书》的研究有几部重要的专著。一是饶宗颐与曾宪通的《云梦秦简日书研究》，首论日书研究的意义，以为若能结合天文学史的知识便可了解数术的渊源；而后具体考释诸篇，多能从古文字训诂的角度出发，使"日辰十二时异名""楚月名称夕"等问题的结论更加有理有据；最后还附论有苌弘执数之学，令历史背景更加明晰。⑤ 然条目式的研究虽具有启发意义，却难免不够全面，专题精深而整体模糊。二是刘乐贤的《睡虎地秦简日书研究》，首先介绍睡虎地秦简的出土情况、研

① 李晓东、黄晓芬：《从〈日书〉看秦人鬼神观及秦文化特征》，《历史研究》1987 年第 4 期；刘信芳：《〈日书〉驱鬼术发微》，《文博》1996 年第 4 期。

② 林剑鸣：《从秦人价值观看秦文化的特点》，《历史研究》1987 年第 3 期。

③ 吴小强：《〈日书〉所见秦人之生死观》，《秦陵秦俑研究动态》1992 年第 2 期。

④ 参见吕亚虎《战国秦汉简帛文献所见巫术研究》，科学出版社 2010 年版。

⑤ 参见饶宗颐、曾宪通《云梦秦简日书研究》，香港中文大学出版社 1982 年版。

究价值并加以研究述评；其次进行注释与疏证，广泛征引多种资料以求阐释相关数术含义，包括历代史籍、类书笔记、数术专著、民间历书、岁时著作、敦煌遗书、秦汉出土文献、古代医书、《道藏》、少数民族资料等；再次，探讨睡虎地秦简《日书》的年代、写本特征、内容与性质以及甲、乙种之间的关系；最后研究楚、秦社会现象及阴阳五行学说、祭祀活动、原始疾病观念、古代神话传说等问题；另附论彝族的《玄通大书》，以为其与汉族日书拥有共同的原理、相同的记年记月记日记时习惯、相似的择日方法。① 然《玄通大书》作为民间的选择通书，在漫长的流传过程中其内容难免庞杂，对研究秦汉时期的日书能有多少参考价值仍有待商榷。因此微观层面的考察就比宏观层面的对应更为稳妥，高明与张纯德的《秦简日书"建除"与彝文日书"建除"比较研究》即是有益的尝试。② 三是王子今的《睡虎地秦简〈日书〉甲种疏证》。该书作为基础性的集成之作，以睡虎地秦简整理小组所作之释文为底本，具引诸家之观点并加以按语，或补证，或择善，或补苴，或商榷，或辩驳，或阙疑，征引材料十分广泛，以传世文献、出土材料和民族学与人类学等不同来源的证据相互印证，充分发掘材料背后所隐含的社会历史内容，使之成为复原当时历史面貌的信息源。③ 然限于研究侧重，一些问题还未得到圆满解决，幸得线索若干，令后来学者得以沿之进行深入思考。四是工藤元男的《睡虎地秦简所见秦代国家与社会》，书中集合了《睡虎地秦墓竹简〈日书〉研究》《云梦睡虎地秦墓竹简〈日书〉所见法与习俗》《〈日书〉中看到的风景——通过数据化浮现出来的先秦社会的各种形态》等研究成果，通过睡虎地秦简考察中国古代社会，包括日书的基础性研究、所见国家与社会、行神信仰和禹、道教风俗、反映的秦与楚目光、秦国的法和习俗等内容，透过"法和习俗"的视角对生存于基层社会之人的心性进行分析，对他们日常的精神世界进行可视化的尝试。④ 他还有《中国古代"日书"所见时间与占卜——以田律的分析为中心》一文，亦运用了相似的思路

---

① 参见刘乐贤《睡虎地秦简日书研究》，文津出版社1994年版。

② 高明、张纯德：《秦简日书"建除"与彝文日书"建除"比较研究》，《江汉考古》1993年第2期。

③ 参见王子今《睡虎地秦简〈日书〉甲种疏证》，湖北教育出版社2003年版。

④ 参见［日］工藤元男《睡虎地秦简所见秦代国家与社会》，［日］广濑薰雄、曹峰译，上海古籍出版社2010年版。

与方法。① 此外还有魏德胜的《〈睡虎地秦墓竹简〉语法研究》《〈睡虎地秦墓竹简〉词汇研究》，通过语言文字的考察为具体研究提供了基础参照。②

关于放马滩秦简《日书》的研究重在简册复原。在何双全的《天水放马滩秦简综述》、任步云的《天水放马滩秦简刍议》之考释的基础上，刘信芳的《〈天水放马滩秦简综述〉质疑》、邓文宽的《天水放马滩秦简〈月建〉应名〈建除〉》提出的分章释字新说亦得到了学界的认同。③ 晏昌贵的《天水放马滩秦简乙种〈日书〉分篇释文（稿）》根据图版对乙种简牍释文进行了标点与校正并重新编联竹简。④ 程少轩的《放马滩简式占古佚书研究》以为，乙种简牍中存在自成系统且独立的"式占文献"，可命名为"钟律式占"，其内容包括围绕式图的系统说明、各种卦辞与占辞、对占卜方法的说明。⑤ 海老根量介的《放马滩秦简抄写年代蠡测》则根据"黔首"等词语的使用情况推断简牍为秦代抄本，且墓葬年代不可能早到战国时代。⑥ 孙占宇的《天水放马滩秦简集释》完成了细致的简册整理与释文校注并就置建法、葬日等问题进行了专题研究，是目前较为完备的版本。⑦

可见在现有文本整理中，针对睡虎地秦简《日书》的研究包含丰富的个人成果，功底扎实而不乏新意，材料运用广泛且灵活，极大拓宽了研究的空间。针对放马滩秦简《日书》的研究亦趋完备，个别字句仍有新说，文献性质还需明确。而语言文字方法的运用或有助于疑难问题的解决，亦可从文书学角度重新审视文本。

---

① ［日］工藤元男：《中国古代"日书"所见时间与占卜——以田律的分析为中心》，《都市史学》2009 年第 5 号。

② 参见魏德胜《〈睡虎地秦墓竹简〉语法研究》，首都师范大学出版社 2000 年版；魏德胜《〈睡虎地秦墓竹简〉词汇研究》，华夏出版社 2003 年版。

③ 何双全：《天水放马滩秦简综述》，《文物》1989 年第 2 期；任步云：《天水放马滩秦简刍议》，《西北史地》1989 年第 3 期；刘信芳：《〈天水放马滩秦简综述〉质疑》，《文物》1990 年第 9 期；邓文宽：《天水放马滩秦简〈月建〉应名〈建除〉》，《文物》1990 年第 9 期。

④ 晏昌贵：《天水放马滩秦简乙种〈日书〉分篇释文（稿）》，载武汉大学简帛研究中心主办《简帛》（第 5 辑），上海古籍出版社 2010 年版。

⑤ 参见程少轩《放马滩简式占古佚书研究》，中西书局 2018 年版。

⑥ ［日］海老根量介：《放马滩秦简抄写年代蠡测》，载武汉大学简帛研究中心主办《简帛》（第 7 辑），上海古籍出版社 2012 年版。

⑦ 参见孙占宇《天水放马滩秦简集释》，甘肃文化出版社 2013 年版。

三　丰富多彩的社会生活

李学勤的《睡虎地秦简〈日书〉与楚、秦社会》以为，日书研究可做数术史考察，亦可做社会史考察。① 故关于睡虎地秦简《日书》之社会史层面的研究历来十分丰富，大体可分为以下四类。

一是衣食住行。蒲慕州的《睡虎地秦简〈日书〉的世界》全面梳理了有关衣食住行的迷信与禁忌，还涉及日书的结构、所见家庭及社会人际关系、所见农业及工商业等经济生活、所见政治及社会秩序问题、宗教信仰等方面，具有开拓意义。② 贺润坤的《云梦秦简〈日书〉所反映秦人的衣食状况》具体考证了秦代普通民众的日常服饰与饮食结构。他的《从云梦秦简〈日书〉看民居建筑的概况》从建筑学的角度分析了与居住环境相关的材料。而《从〈日书〉看秦国的谷物种植》《云梦秦简所反映的秦国渔猎活动》《从云梦秦简〈日书〉看秦国的六畜饲养业》等文还进一步考察了与农业相关的问题。③ 熊铁基的《秦代的邮传制度——读云梦秦简札记》、高敏的《秦汉邮传制度考略》均较早关注了与交通相关的邮传制度问题。④ 而王子今的《云梦睡虎地秦简〈日书〉所反映的秦楚交通状况》《睡虎地秦简〈日书〉秦楚行忌比较》则在广泛运用材料的基础上分析楚、秦两地的水陆交通状况与出行频率。⑤ 此后亦有以数术占卜为切入点的研究，如刘增贵的《秦简〈日书〉中的出行礼俗与信仰》、工藤元男的《被埋没了的行神——以秦简〈日书〉为主要依据》。⑥

---

① 李学勤：《睡虎地秦简〈日书〉与楚、秦社会》，《江汉考古》1985 年第 4 期。

② 蒲慕州：《睡虎地秦简〈日书〉的世界》，《史语所集刊》1993 年第 62 本第 4 分。

③ 贺润坤：《云梦秦简〈日书〉所反映秦人的衣食状况》，《江汉考古》1996 年第 4 期；贺润坤：《从云梦秦简〈日书〉看民居建筑的概况》，《国际简牍学会会刊》1996 年第 2 号；贺润坤：《从〈日书〉看秦国的谷物种植》，《文博》1988 年第 3 期；贺润坤：《云梦秦简所反映的秦国渔猎活动》，《文博》1989 年第 3 期；贺润坤：《从云梦秦简〈日书〉看秦国的六畜饲养业》，《文博》1989 年第 6 期。

④ 熊铁基：《秦代的邮传制度——读云梦秦简札记》，《学术研究》1979 年第 3 期；高敏：《秦汉邮传制度考略》，《历史研究》1985 年第 3 期。

⑤ 王子今：《云梦睡虎地秦简〈日书〉所反映的秦楚交通状况》，《国际简牍学会会刊》1993 年第 1 号；王子今：《睡虎地秦简〈日书〉秦楚行忌比较》，载秦始皇兵马俑博物馆《论丛》编委会编《秦文化论丛》（第 2 辑），西北大学出版社 1993 年版。

⑥ 刘增贵：《秦简〈日书〉中的出行礼俗与信仰》，《史语所集刊》2001 年第 72 本第 3 分；［日］工藤元男：《被埋没了的行神——以秦简〈日书〉为主要依据》，《东洋文化研究所纪要》1988 年第 106 册。

　　二是婚姻家庭。赵浴沛的《睡虎地秦墓简牍所见秦社会婚姻、家庭诸问题》讨论了秦代社会中婚姻的形成与解除、家庭形态、家庭财产、家庭关系等具体问题。① 宁江英的《秦及汉初家庭结构研究》则勾勒出秦国之家庭人口政策的演变轨迹。② 太田幸男的《从睡虎地秦墓竹简〈日书〉看"室""户""同居"的意义》更是通过简牍日书材料明晰了相关秦律的常见概念，对理解秦代家庭结构问题有所助益。③

　　三是风俗信仰。王桂钧的《〈日书〉所见早期秦俗发微——信仰、习尚、婚俗及贞节观》较早关注了民间风俗的问题。④ 沈刚的《睡虎地秦简〈日书〉所见秦时民间信仰活动探微》则重在民间祠祀。⑤ 林富士的《试释睡虎地秦简〈日书〉中的"梦"》试图通过对梦与鬼神、梦与疾病、梦的禳除等问题之考察来理解先秦的风俗信仰，并探研中国的"术数"传统。⑥ 工藤元男的《云梦睡虎地秦墓竹简〈日书〉和道教的习俗》、吴小强的《论秦人宗教思维特征——云梦秦简〈日书〉的宗教学研究》均涉及宗教信仰问题。⑦

　　四是医疗文化。杨华的《出土日书与楚地的疾病占卜》关注地域特色⑧，朱玲与杨峰的《睡虎地秦简〈日书〉医疗疾病史料浅析》细致梳理史料⑨，均可为思想文化之考察提供有益的资料与新颖的视角。

　　可见，社会史作为秦简日书的核心研究领域，研究资料丰富且角度多样。刘乐贤的《睡虎地秦简〈日书〉研究二十年》以为，社会史研究应

---

　　① 赵浴沛：《睡虎地秦墓简牍所见秦社会婚姻、家庭诸问题》，《中国社会经济史研究》2003年第4期。

　　② 宁江英：《秦及汉初家庭结构研究》，《西安财经学院学报》2009年第4期。

　　③ ［日］太田幸男：《从睡虎地秦墓竹简〈日书〉看"室""户""同居"的意义》，《东洋文化研究所纪要》1986年第99册。

　　④ 王桂钧：《〈日书〉所见早期秦俗发微——信仰、习尚、婚俗及贞节观》，《文博》1988年第4期。

　　⑤ 沈刚：《睡虎地秦简〈日书〉所见秦时民间信仰活动探微》，《西安财经学院学报》2009年第1期。

　　⑥ 林富士：《试释睡虎地秦简〈日书〉中的"梦"》，《食货》1987年复刊第17卷第3、4期。

　　⑦ ［日］工藤元男：《云梦睡虎地秦墓竹简〈日书〉和道教的习俗》，《东方宗教》1990年第76号；吴小强：《论秦人宗教思维特征——云梦秦简〈日书〉的宗教学研究》，《江汉考古》1992年第1期。

　　⑧ 杨华：《出土日书与楚地的疾病占卜》，《武汉大学学报》2003年第5期。

　　⑨ 朱玲、杨峰：《睡虎地秦简〈日书〉医疗疾病史料浅析》，《中国中医基础医学杂志》2007年第5期。

该充分吸收文献学与数术史的研究成果，并对战国、秦、汉时代的各种日书写本进行比较研究。① 孙占宇与张艳玲的《简牍日书社会生活史研究述评》亦以为，关于"数术文化对秦汉中下层社会生活的影响"这一课题的探讨是有待突破之处。② 故未来研究可在家庭问题与社会群体等方面着力，前者是民间世界的基本单位，后者则是基层社会的典型代表。其实除了反映出丰富多彩的社会生活之外，简牍日书之中亦涉及其他领域的不同问题。

四 具体集中的传统领域

一是基层管理与家庭结构。林剑鸣的《秦汉政治生活中的神秘主义》以为，日书中的内容能起到直接指导官吏处理政务的作用，这也是秦汉吏治的特色。③ 贺润坤的《从云梦秦简看秦的吏治》以为，日书作为来自秦国民间的记载，较任何官方文献及封建史家传述都更可信。④ 他还关注到社会阶层问题，写成《云梦秦简〈日书〉"寓人""寄者""寄人"身份考》《云梦秦简〈日书〉所反映的秦国社会阶层》等文。⑤ 而琴载元的《战国秦汉基层官吏的〈日书〉利用及其认识》以为，战国秦汉的基层官吏与一般百姓一样相信数术知识，并会在生活方面积极地利用日书。⑥ 具体到家庭层面，尹在硕的《睡虎地秦简〈日书〉所见"室"的结构与战国末期秦的家族类型》以为，秦简日书不仅反映出当时人们生活中最普遍的现象，还反映出当时民间的思维结构。⑦ 他的《秦汉〈日书〉所见"序"和住宅及家庭结构再探》则以为，秦汉日书中住宅结构所反映的三世同堂型的联合家庭，与当时现实社会中多数存在的夫妻中心型小家庭，以及由父子、长子夫妻和孙子构成的直系家庭是并存的，而了解秦民的家庭结构亦有助于重新解读商鞅的家庭

---

① 刘乐贤：《睡虎地秦简〈日书〉研究二十年》，《中国史研究动态》1996 年第 10 期。

② 孙占宇、张艳玲：《简牍日书社会生活史研究述评》，《甘肃高师学报》2011 年第 1 期。

③ 林剑鸣：《秦汉政治生活中的神秘主义》，《历史研究》1991 年第 4 期。

④ 贺润坤：《从云梦秦简看秦的吏治》，《西安石油学院学报》1993 年第 1 期。

⑤ 贺润坤：《云梦秦简〈日书〉"寓人""寄者""寄人"身份考》，《文博》1991 年第 3 期；贺润坤：《云梦秦简〈日书〉所反映的秦国社会阶层》，《江汉考古》1995 年第 1 期。

⑥ ［韩］琴载元：《战国秦汉基层官吏的〈日书〉利用及其认识》，《史学集刊》2013 年第 6 期。

⑦ ［韩］尹在硕：《睡虎地秦简〈日书〉所见"室"的结构与战国末期秦的家族类型》，《中国史研究》1995 年第 3 期。

改革令。①

　　二是天文历法与数术占卜。曾宪通的《楚月名初探——兼谈昭固墓竹简的年代问题》较早关注到秦与楚用历的异同及其相互关系。② 张铭洽的《睡虎地秦简〈日书·玄戈篇〉解析》以为，简牍日书中包含着丰富的天象、历法知识及古代天文学理论，反映出秦人鬼神观念中的重要内容。③ 而工藤元男的《云梦睡虎地秦墓竹简〈日书〉所见秦、楚二十八宿占——先秦社会文化的地域性和普遍性》、张铭洽的《〈日书〉中的二十八宿问题》均将目光投向了星宿。④ 具体到时制问题，于豪亮的《秦简〈日书〉记时记月诸问题》以为，秦汉时期并行着两种记时制度。⑤ 张闻玉的《云梦秦简〈日书〉初探》细致分析了记时、日、月的方法。⑥ 尚民杰的《云梦〈日书〉十二时名称考辨》在时称问题上有所深入。⑦ 程少轩的《谈谈放马滩简的一组时称》则从占卜角度对二十八时称系统进行了复原。⑧

　　孙占宇的《战国秦汉时期建除术讨论》考察了秦地与楚地不同类型的建除术⑨，涉及占卜的地域性问题。森和的《中国古代的占卜与地域性》以为，日书可能并不是能反映占卜地域性的文献。⑩ 孙占宇的《简帛日书所见早期数术考述》又考察了"禹步""反支""咸池""太岁"等问题⑪，与民间传说相关。闫喜琴的《秦简〈日书〉涉禹出行巫术考论》分

　　① ［韩］尹在硕：《秦汉〈日书〉所见"序"和住宅及家庭结构再探》，李瑾华译，载武汉大学简帛研究中心主办《简帛》（第8辑），上海古籍出版社2013年版。

　　② 曾宪通：《楚月名初探——兼谈昭固墓竹简的年代问题》，《中山大学学报》1980年第1期。

　　③ 张铭洽：《睡虎地秦简〈日书·玄戈篇〉解析》，载中国秦汉史研究会编《秦汉史论丛》（第4辑），内蒙古大学出版社1989年版。

　　④ ［日］工藤元男：《云梦睡虎地秦墓竹简〈日书〉所见秦、楚二十八宿占——先秦社会文化的地域性和普遍性》，《古代》1989年第88号；张铭洽：《〈日书〉中的二十八宿问题》，《秦陵秦俑研究动态》1992年第2期。

　　⑤ 参见于豪亮《秦简〈日书〉记时记月诸问题》，载《于豪亮学术论集》，上海古籍出版社2015年版。

　　⑥ 张闻玉：《云梦秦简〈日书〉初探》，《江汉论坛》1987年第4期。

　　⑦ 尚民杰：《云梦〈日书〉十二时名称考辨》，《华夏考古》1997年第3期。

　　⑧ 程少轩：《谈谈放马滩简的一组时称》，载卜宪群、杨振红主编《简帛研究二〇一二》，广西师范大学出版社2013年版。

　　⑨ 孙占宇：《战国秦汉时期建除术讨论》，《西安财经学院学报》2010年第5期。

　　⑩ ［日］森和：《中国古代的占卜与地域性》，《湖南大学学报》2013年第6期。

　　⑪ 孙占宇：《简帛日书所见早期数术考述》，《湖南大学学报》2011年第2期。

析了禹步、禹须臾、禹符三种涉禹巫术产生的原因。① 王青的《禹步史料的历史民俗文献分析》则探讨了禹步与大禹之历史人物史料、数术民俗文献及先秦社会史三者间的关系。② 此外，清水康教的《关于六十干支的吉凶》以命理学为切入点。③ 饶宗颐的《秦简中的五行说与纳音说》、刘信芳的《〈日书〉四方四维与五行试探》关注到五行问题。④ 张铭洽的《云梦秦简〈日书〉占卜术初探》更对多种占卜方术进行归纳分析并考察其源流。⑤ 陈伟的《放马滩秦简日书〈占病祟除〉与投掷式选择》考察"占病祟除文"与"占病祟除图"及其操作的方法。⑥ 姜守诚的《放马滩秦简〈日书〉"行不得择日"篇考释》结合道家文献，以为所谓"直五横"正是后世道教"四纵五横"方术的滥觞。⑦ 董涛的《秦汉简牍〈日书〉所见"日廷图"探析》则利用"日廷图"对先秦的巫者进行了研究。⑧ 又有音律问题，戴念祖的《试析秦简〈律书〉中的乐律与占卜》关注到放马滩秦简《律书》的乐律内容与历史价值并对简文佚字有所增补。⑨ 谷杰的《从放马滩秦简〈律书〉再论〈吕氏春秋〉生律次序》则对音律相生的顺序有所探讨。⑩

可见在针对不同领域问题的研究之中，基层管理与家庭结构中所蕴含的生活观念反映出一定的民间性与地方性，或可成为未来思考的方向。而天文历法与数术占卜是秦简日书的两大重要课题，应是受到其文本性质的影响。其中数术多重实用，还应注意考察地方特色之外的普适性。

以上均是以秦代简牍日书为主的研究，至于其他年代的简牍日书，相关研究较为零散。战国简牍中以九店楚简为主，释文整理已趋完备。专题方面多侧重于历法使用与日常生活，如李守奎的《江陵九店楚简〈岁〉

① 闫喜琴：《秦简〈日书〉涉禹出行巫术考论》，《历史教学》2011 年第 2 期。
② 王青：《禹步史料的历史民俗文献分析》，《西北民族研究》2011 年第 1 期。
③ ［日］清水康教：《关于六十干支的吉凶》，《福星》1986 年复刊第 119 号。
④ 饶宗颐：《秦简中的五行说与纳音说》，载中国古文字研究会、吉林大学中国古文字研究中心编《古文字研究》（第 14 辑），中华书局 1986 年版；刘信芳：《〈日书〉四方四维与五行试探》，《考古与文物》1993 年第 2 期。
⑤ 张铭洽：《云梦秦简〈日书〉占卜术初探》，《文博》1988 年第 3 期。
⑥ 陈伟：《放马滩秦简日书〈占病祟除〉与投掷式选择》，《文物》2011 年第 5 期。
⑦ 姜守诚：《放马滩秦简〈日书〉"行不得择日"篇考释》，《鲁东大学学报》2012 年第 4 期。
⑧ 董涛：《秦汉简牍〈日书〉所见"日廷图"探析》，《鲁东大学学报》2013 年第 5 期。
⑨ 戴念祖：《试析秦简〈律书〉中的乐律与占卜》，《中国音乐学》2001 年第 2 期。
⑩ 谷杰：《从放马滩秦简〈律书〉再论〈吕氏春秋〉生律次序》，《音乐研究》2005 年第 3 期。

篇残简考释》、晏昌贵的《简帛〈日书〉岁篇合证》即研究了楚历的相关问题。① 刘金华与刘玉堂的《九店楚简〈日书·相宅〉辨析》则通过相宅术揭示出楚地居民建筑居址设计的若干理念。② 汉代简牍中包括孔家坡汉简、西北汉简等多批材料，往往是秦简研究的补充。如刘乐贤的《释孔家坡汉简〈日书〉中的几个古史传说人物》、晏昌贵的《悬泉汉简日书〈死吉凶〉研究》均是有益的探索。③ 又有高明的硕士学位论文《随州孔家坡汉墓简牍〈日书〉虚词研究》，对孔家坡汉简中出现的虚词进行了穷尽性的统计与调查分析，试图还原汉代初年虚词使用的概貌并为汉语史的进一步研究提供材料。④ 汪冰冰的硕士学位论文《孔家坡汉墓简牍语词通释》则进行了字词校读与词语通释的工作并对孔家坡汉简《日书》中的疑难词语加以考辨。⑤ 然现有研究中，融合各时代简牍日书材料以成全面系统之考察尚显不足。李天虹的《秦汉时分纪时制综论》充分利用秦简、汉简等材料来研究秦汉时期的分段记时问题，可作为综合运用材料来解决问题的良好范本。⑥ 而简牍日书之间的比较研究也应成为未来研究的重要方向。

现有简牍日书研究涉及战国楚简、秦简以及汉简等材料，其中又以睡虎地秦简与放马滩秦简尤为重要，其他简牍多作为印证补充而使用。现有研究中不乏优秀的集成性努力，比较性思考与专题性思考仍是重要的方向。基础性文本整理工作已较为成熟。而社会史与数术史是两个重要的角度，前者在睡虎地秦简中格外显著，主要涉及衣食住行、婚姻家庭、风俗信仰、医疗文化等问题；后者在放马滩秦简中研究充分，与天文历法、数术占卜等问题息息相关，是秦简日书研究领域中的重要课题。两类材料之侧重点正为对方之短板。此外虽不乏对基层管理与家庭结构的关照，却仍有待投入更多的精力。以往关于战国秦汉史的研究虽牵涉问题甚广，但大一统中央王朝之背景仍是多数思考的基本立足点。简牍日书作为通于民间

① 李守奎：《江陵九店楚简〈岁〉篇残简考释》，《古籍整理研究学刊》2001 年第 3 期；晏昌贵：《简帛〈日书〉岁篇合证》，《湖北大学学报》2003 年第 1 期。

② 刘金华、刘玉堂：《九店楚简〈日书·相宅〉辨析》，《史学月刊》2009 年第 11 期。

③ 刘乐贤：《释孔家坡汉简〈日书〉中的几个古史传说人物》，《中国史研究》2010 年第 2 期；晏昌贵：《悬泉汉简日书〈死吉凶〉研究》，《中国史研究》2013 年第 2 期。

④ 高明：《随州孔家坡汉墓简牍〈日书〉虚词研究》，硕士学位论文，西南大学，2009 年。

⑤ 汪冰冰：《孔家坡汉墓简牍语词通释》，硕士学位论文，华东师范大学，2010 年。

⑥ 李天虹：《秦汉时分纪时制综论》，《考古学报》2012 年第 3 期。

并用于民间的直接材料，可提供一种崭新的下层视角。其研究不仅能突破传统之上层思路，反映出鲜活的时代特征，更能借助科学技术史之方法，在数术方面填补空白，并为后世之历书通书的研究奠定基础。

需要注意的是，参考资料之丰富程度与思考背景之广阔程度对简牍日书的研究尤为重要。前者可借鉴帛书中的内容，如马王堆帛书《阴阳五行甲篇》中有"徙""祭""诸神吉凶""室""筑""五行禁日""宜忌"等，《阴阳五行乙篇》中有"择日表"。① 后者则应留意海外研究成果。欧美学者中，马克（Marc Kalinowski）将日书定位为选择文献，又讨论了中国古代的二十八宿记日法。② 夏德安（Donald Harper）通过日书来考察中国古代自然哲学与神秘技术的关系，又专门研究睡虎地秦简《日书》"梦"篇中的驱梦仪式。③ 他们二人还编有《早期中国的命书与大众文化：战国秦汉时期的简牍日书》（*Books of Fate and Popular Culture in Early China: The Daybook Manuscripts of the Warring States, Qin, and Han*）一书，共收录有国内外的相关研究论文 11 篇，涉及简牍日书与流行文化、日常生活、精神世界等多个问题，更关注到近代中国、中世纪欧洲、古巴比伦等不同时代与地区的日占传统，具有宏观且新颖的国际视角，对未来简牍日书的研究工作具有重要的指导意义。④ 此外，鲁惟一（Michael Loewe）对日书的内容进行了全面介绍与分析。⑤ 胡司德（Roel Sterckx）则对睡虎地秦简《日书》"马禖"篇进行了专门讨论，试图从思想史与宗教史角度研究中国古代动物。⑥

---

① 裘锡圭主编：《长沙马王堆汉墓简帛集成（五）》，中华书局 2014 年版，第 69—104、130—134 页。

② 参见 Marc Kalinowski, "Les traits de Shuihudi et l'hémérologie chinoise a la fin des Royaumes-combattants", *T'ong Pao*, LXXII, 1986; Marc Kalinowski, "The Use of the Twenty-eight Xiu as Day-Count in Early China", *Chinese Science*, No. 13, 1996.

③ 参见 Donald Harper, "Warring States, Qin, and Han Manuscripts Related to Natural Philosophy and the Occult", in Edward L. Shaughnessy, *New sources of early Chinese history: An introduction to the reading of inscriptions and manuscripts*, Berkeley: Institute of East Asian Studies, 1997; Donald Harper, "A Note on Nightmare Magic in Ancient and Medieval China", *Tang Studies*, No. 6, 1988.

④ 参见 Donald Harper, Marc Kalinowski, *Books of Fate and Popular Culture in Early China: The Daybook Manuscripts of the Warring States, Qin, and Han*, Boston: Brill, 2017.

⑤ 参见 Michael Loewe, "Divination, mythology and monarchy in Han China", in *The Almanacs* (*jiu-shu*) *from Shui-hu-ti: a preliminary survey*, Cambridge: Cambridge University Press, 1994.

⑥ Roel Sterckx, "An Ancient Chinese Horse Ritual", *Early China*, No. 21, 1996.

第一章

简牍日书的性质与内容

性质方面，简牍日书并非"日者之书"而是"每日之书"，既流行于民间亦进入官方视野之中。内容方面，简牍日书所涉具体行为可分为婚姻家庭、信仰风俗、日常生活、集体行动、财产出入、政法其他六大类，又以日常生活类所占比例最高。虽出土地点不同，但现有较完整的简牍日书之内容基本相似，应是秦汉时期普通民众每日参考的工具书。

第一节　简牍日书性质考辨

《墨子·贵义》中载，墨子北之齐遇"日者"，以墨子不可北行，而墨子以"是围心而虚天下也，子之言不可用也"[1]。此番对话涉及吉凶占测，学者多因其名以简牍日书为"日者之书"。如饶宗颐以为，日书是"日者"所用以占候时日宜忌之书。[2] 曾宪通以为，日书是"日者"用来占候时日宜忌，预测人事休咎，以教人如何避凶趋吉的历忌之书。[3] 而何双全以为，周、秦、汉三代是"日者"大兴之时，随之产生的著述就是日书。[4] 孙雍长以为，日书是"日者"替当时社会中下阶层人们占候时日、推演吉凶的工具书。[5] 吴小强以为，"日者"是活跃于当时社会中专司卜测时日吉凶的宗教职业者，其所使用的工具书即是日书。[6] 张铭洽以

---

① 吴毓江撰，孙启治点校：《墨子校注》，中华书局 1993 年版，第 689 页。
② 饶宗颐、曾宪通：《云梦秦简日书研究》，香港中文大学出版社 1982 年版，第 1 页。
③ 刘乐贤：《睡虎地秦简日书研究》，文津出版社 1994 年版，第 4 页。
④ 何双全：《汉简〈日书〉丛释》，载西北师范大学文学院历史系、甘肃省文物考古研究所编《简牍学研究》（第 2 辑），甘肃人民出版社 1998 年版。
⑤ 吴小强：《秦简日书集释》，岳麓书社 2000 年版，第 7 页。
⑥ 吴小强：《秦简日书集释》，岳麓书社 2000 年版，第 13 页。

为，日书是战国至秦代秦、楚两地"日者之术"的总汇，是"日者"据以占卜时日凶吉的工具书。① 刘乐贤以为，专司占候时日之人即是"日者"，他们所使用的主要书籍就是今天我们见到的各种日书抄本。② 然此类理解尚存在有待商榷之处。

其一，若"日者之书"即题名为"日书"，则何以其名称与内容仅见于出土简牍而不见于传世文献？《史记》虽有《日者列传》，却未言"日者"有书。太史公曰："古者卜人所以不载者，多不见于篇。"③ 纵《索隐》以褚先生所记不全④，然考《汉书·艺文志》，天文有《泰壹杂子星》二十八卷，历谱有《黄帝五家历》三十三卷，五行有《泰一阴阳》二十三卷，蓍龟有《龟书》五十二卷，杂占有《黄帝长柳占梦》十一卷，形法有《山海经》十三篇。⑤ 同属数术领域，却未见"日者之书"之相关著述。且仅就简牍所见而言，"日书"之名亦不算常见。尽管简牍日书的完整程度各不相同，仍难以理解其名称出现之规律。

其二，若日书为"日者"所使用，则何以其内容既缺乏明确系统亦没有固定格式？《汉书·艺文志》载阴阳二十一家，三百六十九篇⑥，多阐明思想于著述中。然简牍日书既与阴阳数术之学相关，却未见理论性综述而只重实用性操作。故汉武帝时聚会占家问某日可否娶妇，"五行家曰可，堪舆家曰不可，建除家曰不吉，丛辰家曰大凶，历家曰小凶，天人家曰小吉，太一家曰大吉"。制曰："避诸死忌，以五行为主。"⑦ 是系统不建而抵牾频生，朝廷之选择应是参考了理论之完备程度。且各时各地之简牍日书虽在篇章内容方面存在相似之处，但其编排顺序与细节描述却也不尽相同。

因此简牍日书所以得名或系偶然，恐难以为"日者"所通用，且更没有完整成熟的"日者之书"流行于世。太史公曰："齐、楚、秦、赵为

---

① 张铭洽：《秦代"巫现象"杂谈——兼谈秦代的"日者"》，载陕西历史博物馆编《陕西历史博物馆馆刊》（第11辑），三秦出版社2004年版。

② 刘乐贤：《简帛数术文献探论》，中国人民大学出版社2012年版，第255页。

③ 《史记》卷127《日者列传》，中华书局1959年标点本，第3221页。

④ 《史记》卷130《太史公自序》，中华书局1959年标点本，第3318页。

⑤ 《汉书》卷30《艺文志》，中华书局1962年标点本，第1763—1774页。

⑥ 《汉书》卷30《艺文志》，中华书局1962年标点本，第1734页。

⑦ 《史记》卷127《日者列传》，中华书局1959年标点本，第3222页。

日者，各有俗所用。"① 即说明其工作往往因地制宜。《集解》更以"古人占候卜筮，通谓之'日者'"②。他们虽分散各地，却均掌握着丰富的专业性知识。如有楚人司马季主"卜于长安东市"，宋忠、贾谊"游于卜肆中"，见其"分别天地之终始，日月星辰之纪，差次仁义之际，列吉凶之符，语数千言，莫不顺理"③。针对《日者列传》，张铭洽以为"日者"是以占卜为职业并居于民间、身份地位不高、通天文历法而有成系统的理论、有"高世绝人"之风的"贤人"。其所操"日者之术"则是一个较为庞杂的占卜体系，特点在于利用历书、天象、占卜器具等预测某日、某时做某件事的吉凶祸福。④ 刘乐贤则以为，古代"日者"之词义有广、狭之别，主要区别在于是否将卜筮之术包括在内。太史公所说的"日者"是狭义的"日者"，即专司占候时日之人。且今本《日者列传》非太史公所作，所载术士司马季主乃是"卜者"而非"日者"。太史公原作的主要内容可能是介绍并评论列国的择日之术，在评述过程中也可能提到一些著名"日者"的行迹。⑤ 可见分歧的产生源于对"日者"概念的界定。彭浩以为，包山楚简中有职业化的"贞人"，不仅为贵族占卜，也为社会地位较低的人占卜。而当时民间的卜祝活动亦十分活跃，"日者"即从事卜筮占候之人的通称，他们上出入于王侯之家，下交于市井之中，被社会上许多人当作通晓万事、知吉凶福祸、预测未来前途的精神寄托者。⑥ 孙占宇以为，"日者"以卜算禄命、禳解灾祸、崇祀鬼神为职，所占候卜筮的对象其实十分广泛，非仅时日吉凶，而天文之学乃"日者"占测吉凶的本源，亦是他们知识结构中必不可少的一环。⑦ 可见所谓"日者"源起先秦时期的民间占候卜筮活动，乃掌握天文之学等专业性知识的职业化人群。他们遍及各地而各有其术，意在占卜吉凶且不限于时日。《史记·秦始皇本纪》言"秦法，不得兼方，不验，辄死"⑧。这反映出秦代各种方

① 《史记》卷 130《太史公自序》，中华书局 1959 年标点本，第 3318 页。
② 《史记》卷 127《日者列传》，中华书局 1959 年标点本，第 3215 页。
③ 《史记》卷 127《日者列传》，中华书局 1959 年标点本，第 3215—3216 页。
④ 张铭洽：《〈史记·日者列传〉小察》，《简牍学报》1994 年第 15 期。
⑤ 刘乐贤：《简帛数术文献探论》，中国人民大学出版社 2012 年版，第 250—263 页。
⑥ 彭浩：《包山二号楚墓卜筮和祭祷竹简的初步研究》，载湖北省荆沙铁路考古队编《包山楚墓》（上册），文物出版社 1991 年版，第 558 页。
⑦ 孙占宇：《天水放马滩秦简集释》，甘肃文化出版社 2013 年版，第 3 页。
⑧ 《史记》卷 6《秦始皇本纪》，中华书局 1959 年标点本，第 258 页。

术交叉重叠的复杂现象。张铭洽以为,秦代"日者"还兼任某些巫师的职能。此后在法令的影响下发生分化,汉武帝时从内容庞杂转为分门别类、专司一种。演变到东汉时,"日者"甚至已经不是指人而仅成为众多方术中的一种称呼了。①

至于日书,则篇章庞杂且多可独立使用,工具性质强而专书性质弱。又往往可见图文并茂的篇章,如有"占病祟除"篇涉及投掷式选择的内容,辅以文字配有占病祟除图,为指导实用的示意蓝本。② 李零以为日书都采用复式结构,即以时日为纲而选择之事为目,以选择之事为纲而吉凶之日为目,前者体现了"术"且列有不同门派的时间表,后者则更切近实用且又经不断扩充。③ 他还指出,日书都是世代相传、反复使用的手册,内容完全是设计好的和程式化的,并不是实际的占卜记录,更不是社会生活的写实。④ 这则有待辨析。

时日占卜可谓由来已久。李学勤与彭裕商指出,甲骨卜辞中有"丁酉卜贞王其田无灾",以为早期尚无选择日期的现象,后来才有吉凶宜忌之分,应为后世这类学说的滥觞。⑤ 董莲池与刘坤进一步研究卜辞,以为商人俗有出行择日、用兵择日、生育择日、婚娶择日、丧葬择日、祭祀择日。⑥ 连劭名更以为,卜辞中有"可日""言日""又日",又有利用干支的阴阳数术意义编制的日名如"往成""乍宗""协成",还有专门的卜日术语如"即日""遘日""职日""正日""至日""帝日"等,故商代应有日书。⑦ 然殷商时期的择日对占卜条件要求较高,恐非人人都能进行。常耀华以为,虽在武丁时代即已"诹日",包括出入、田猎、征伐等内容,但还无法脱离龟卜筮占而独立存在,故日书作为指导选择诸事吉凶宜忌的历日书,其产生条件在殷商与西周时期尚不具备。⑧ 因此早期的时日占卜应

① 张铭洽:《秦代"巫现象"杂谈——兼谈秦代的"日者"》,载陕西历史博物馆编《陕西历史博物馆馆刊》(第11辑),三秦出版社2004年版。

② 陈伟:《秦简牍校读及所见制度考察》,武汉大学出版社2017年版,第319页。

③ 李零:《中国方术考》,东方出版社2000年版,第45页。

④ 李零:《中国方术考》,东方出版社2000年版,第216页。

⑤ 李学勤、彭裕商:《殷墟甲骨分期研究》,上海古籍出版社1996年版,第367页。

⑥ 董莲池、刘坤:《殷墟卜辞所见商人择日之俗考》,载教育部人文社会科学重点研究基地、华东师范大学中国文字研究与应用中心、华东师范大学语言文字工作委员会主办《中国文字研究》(第1辑),社会科学文献出版社2009年版。

⑦ 连劭名:《商代的日书与卜日》,《故宫博物院院刊》2001年第3期。

⑧ 常耀华:《殷商旅行诹日卜辞研究》,《中国国家博物馆馆刊》2011年第3期。

系官方行为，尚不具备普及能力，其内容亦多关乎国计，是统治阶层行事的重要参考。《周礼·春官宗伯》有"大卜"条言："以邦事作龟之八命，一曰征，二曰象，三曰与，四曰谋，五曰果，六曰至，七曰雨，八曰瘳"，又以此"观国家之吉凶，以诏救政"①。此外，由于颇具未来学功能的占卜行为可以得知神明的意志从而慰藉人心，使人向善，其还具有了教化的作用。②

然而时日占卜仍与百姓生活息息相关。《史记·日者列传》言："自古受命而王，王者之兴何尝不以卜筮决于天命哉"③。《龟策列传》言："自古圣王将建国受命，兴动事业，何尝不宝卜筮以助善"④。太史公曰："三王不同龟，四夷各异卜，然各以决吉凶。"⑤《白虎通义·蓍龟》言："天子下至士，皆有蓍龟者，重事决疑，亦不自专"⑥。卜筮虽本为立国决疑之助，然《索隐》以褚先生取太卜占龟之杂说⑦，有"卜系者出不出""卜求财物""卜有卖若买臣妾马牛""卜求当行不行"⑧ 等条目，是知卜筮亦可为日常需求之用。故经春秋战国时期学术下移之变，借助卜筮来指导每日生活的时日占卜不仅可为"日者"所掌握，其内容也更加贴近民生，为现实所服务。

不过时日占卜虽脱胎于卜筮，却逐渐独立发展。《论衡·卜筮篇》言："俗信卜筮，谓卜者问天，筮者问地，故舍人议而就卜筮，违可否而信吉凶。其意谓天地审告报，蓍龟真神灵也。"⑨《讥日篇》言："世俗既信岁时，而又信日。举事若病、死、灾、患，大则谓之犯触岁、月，小则谓之不避日禁。岁、月之传既用，日禁之书亦行。"并举葬历、祭祀之历、沐书、裁衣书、工伎之书等时日之书，以"夫祸福随盛衰而至，代谢而然。举事曰凶，人畏凶有效；曰吉，人冀吉有验。祸福自至，则

---

① 《十三经注疏·周礼注疏》卷24《大卜》，中华书局2009年影印本，第1734—1735页。
② ［韩］赵容俊：《殷商甲骨卜辞所见之巫术》，文津出版社2003年版，第133页。
③ 《史记》卷127《日者列传》，中华书局1959年标点本，第3215页。
④ 《史记》卷128《龟策列传》，中华书局1959年标点本，第3223页。
⑤ 《史记》卷130《太史公自序》，中华书局1959年标点本，第3318页。
⑥ （清）陈立撰，吴则虞点校：《白虎通疏证》，中华书局1994年版，第327页。
⑦ 《史记》卷130《太史公自序》，中华书局1959年标点本，第3319页。
⑧ 《史记》卷128《龟策列传》，中华书局1959年标点本，第3241页。
⑨ 黄晖：《论衡校释》，中华书局1990年版，第998页。

述前之吉凶，以相戒惧。此日禁所以累世不疑，惑者所以连年不悟也"①。此外更还另撰有"四讳""谰时""辨祟""难岁""诘术""解除""祀义""祭意"等篇，其篇章分列反映出当时社会中的不同现象，说明时日占卜已有事项具体的实用之书流传。此即作为"每日之书"的日书。

考察日书之生成过程，工藤元男指出，在楚文化圈中以战国晚期为界限，随葬"卜筮祭祷简"的习俗逐渐消失，与之交替的正好是"日书"开始出土。到西汉以后，其出土地更超越楚、秦向全国各地扩展开来。②他又以为睡虎地秦简《日书》是以吉或凶、吉祥或不祥、祸或福等二元论的价值体系为基础，在吸收阴阳五行学说、天文历法、神话传说、鬼神信仰等因素之后形成的。秦简"日书"占辞不一定只是在秦或楚某一地方使用，其内容反映出先秦社会的普遍面貌，没有狭隘的地域性。③何双全则指出，武威汉简《日书》显系民间抄件，内容为《日书·忌》之残章，与占无关，或是墓主人择抄了有关章节为己所用。汉代是"日者"大发展的一个时期，综合于天干地支之下行事的汉代"日书"源自秦时，在归并后趋于系统化、专门化，不像秦代"日书"那样混杂。④可见日书在不断发展中具备了广泛使用的基础。常耀华以为，日书使旧有之"诹日"变得越来越格式化与世俗化。⑤李零则以为，择日与历忌皆由式法派生，乃积累实际占卜之辞所编成。如此把各种举事宜忌按历日排列，可令人开卷即得、吉凶立见而不必假乎式占，即使是没有受过训练的人也很容易掌握。⑥他又指出，日书的主要构成要素是"历"与"忌"，前者为历表，后者为吉凶宜忌，故常见日书前面是历忌总表，后面是分类选择。日书不仅试图打通各类数术，还是日常生活的百科全书，

① 黄晖：《论衡校释》，中华书局1990年版，第989页。

② 参见［日］工藤元男《社会史研究与"卜筮祭祷简""日书"》，载［日］佐竹靖彦主编《殷周秦汉史学的基本问题》，中华书局2008年版。

③ ［日］工藤元男：《睡虎地秦简所见秦代国家与社会》，［日］广濑薰雄、曹峰译，上海古籍出版社2010年版，第112、165页。

④ 何双全：《汉简〈日书〉丛释》，载西北师范大学文学院历史系、甘肃省文物考古研究所编《简牍学研究》（第2辑），甘肃人民出版社1998年版。

⑤ 常耀华：《殷商旅行诹日卜辞研究》，《中国国家博物馆馆刊》2011年第3期。

⑥ 李零：《中国方术考》，东方出版社2000年版，第43页。

且重"忌"不重"历"。① 邓文宽更以为秦汉以来的日书是与历谱相配合、对照使用的，而记录在历谱简牍上的历注会受到书写空间的限制。② 故日书的存在形式是与历日分开的。因此日书在扩展地域性与增强实用性的基础上，由历代时日占卜结果积累而成，普通百姓亦可直接使用，具有综合与简便的特点。其内容围绕延续性较强的日常生活展开，故多有程式相似之处。

此外，日书虽主要流行于民间，却也曾进入官方视野。时令禁忌的依循向来在国家行政中受到关注。先秦阴阳家"牵于禁忌"而"敬授民时"③ 即是力求以数术方法来指导现实生活。《管子·幼官》言节气以便民用，有"十二地气发，戒春事。十二小卯，出耕。十二天气下，赐与。十二义气至，修门闾。十二清明，发禁。十二始卯，合男女"④。《吕氏春秋》言孟秋时"完堤防，谨壅塞，以备水潦；修宫室，坿墙垣，补城郭"⑤。《淮南子·天文》言"甲子受制则行柔惠，挺群禁，开阖扇，通障塞，毋伐木"⑥。这些皆是统治者配合时令运行来颁布政令的表现。而天子之"春令""夏禁""秋计""冬禁"⑦ 或正是来源于孟冬之时的"命太卜祷祠龟策，占兆审卦吉凶"⑧。又有《礼记·月令》融汇阴阳五行之说，因循四时节律，以时叙述相应天文物候、天子起居、祭祀礼仪、政令发布及民众日常等。为天子循时序政以期实现天人合一提供了基本的依据和参照。⑨ 至于《四民月令》言三月"农事尚闲，可利沟渎，葺治墙屋，以待雨；缮修门户，警设守备，以御春饥草窃之寇"⑩。农闲备寇之举或也是受到旧令的影响。

考察月令之源流，张小稳以为，月令编撰于春秋时期，此即《周书·月令》。其文本依据是西周时期类似于《夏大正》的国家政令书。战

---

① 李零：《视日、日书和叶书——三种简帛文献的区别和定名》，《文物》2008 年第 12 期。
② 邓文宽：《出土秦汉简牍"历日"正名》，《文物》2003 年第 4 期。
③ 《汉书》卷 30《艺文志》，中华书局 1962 年标点本，第 1734—1735 页。
④ 黎翔凤撰，梁运华整理：《管子校注》，中华书局 2004 年版，第 147 页。
⑤ 张双棣、张万彬、殷国光、陈涛：《吕氏春秋译注》，吉林文史出版社 1987 年版，第 181 页。
⑥ 何宁：《淮南子集释》，中华书局 1998 年版，第 226 页。
⑦ 黎翔凤撰，梁运华整理：《管子校注》，中华书局 2004 年版，第 1529—1540 页。
⑧ 张双棣、张万彬、殷国光、陈涛：《吕氏春秋译注》，吉林文史出版社 1987 年版，第 260 页。
⑨ 霍耀宗：《〈月令〉与秦汉社会》，博士学位论文，苏州大学，2017 年。
⑩ （汉）崔寔著，石声汉校注：《四民月令校注》，中华书局 2013 年版，第 29 页。

国时期后儒为之加入五行系统，收入《明堂阴阳》中，此即《明堂月令》。西汉后期，戴圣将《明堂月令》收入《礼记》中，此即《礼记·月令》。《吕氏春秋·十二纪》当是以《明堂月令》为主要参考文本，二者又皆为《淮南子》的主要参考文本。① 杨振红以为，西汉王朝施行的月令，一方面源自秦以来的法令制度与习俗，一方面则是根据传世月令与儒家经书结合现实而制定的。② 可见月令的经典化过程中蕴含了民间的实际需要与官方的统治意图。薛梦潇即以为早期中国对自然时间所作的"规范"至少有两种形式，一是根据时间判断吉凶进而择吉避凶，二是根据时间来安排生活节律并形成按年或月或日来制定的时宪。③ 此外，敦煌悬泉置出土有《月令诏条》，其中的"四时月令"记录了十二月政之所行事项，保留了许多传统农业社会积累起来的宝贵生产经验与保护自然资源及生态环境的合理规划。而"颁月令"成为王莽建明堂、辟雍之后的一个重要举措，是他实现篡位野心的神圣保障。胡平生以为，《月令》中所说的一套理论在汉初已有一定影响，在西汉中期相当流行。王莽从中抽选出与基层及百姓有关的内容制定成条文，既便于地方执行亦便于使者考核监察。然配置非常不均衡，其规定是根据王莽、刘歆对五行的理解添加上去的。对敦煌军民来说并没有多少实际作用，抄录在白墙上只不过是为了应付"使者和仲"的督察。④ 及至后世，编月令甚至成了士大夫的一种职业，仅来源于书本知识而逐渐脱离实践。⑤

至于基层官吏施政则更需使用日书。余英时以为，日书是官吏们收集的地方风俗记录，是在移风易俗时参考的文书。⑥ 此说虽在内容判断方面有待商榷，却注意到日书对民众生活的反映并具有官方参考价值。林剑鸣指出，秦汉时代的官吏墓葬中日书与律令共存的现象十分普遍。当时的官吏不仅要根据政府律令，而且要依据风俗信仰来处理公务，甚至对当地禁忌、崇尚也需要尊重、考虑，否则就很难称职。因此日书同律令一样，都是官员为

---

① 张小稳：《月令源流考》，《中国史研究》2020 年第 4 期。

② 杨振红：《月令与秦汉政治再探讨——兼论月令源流》，《历史研究》2004 年第 3 期。

③ 参见薛梦潇《早期中国的月令与"政治时间"》，上海古籍出版社 2018 年版。

④ 参见胡平生《敦煌悬泉置出土〈月令诏条〉研究》，载《胡平生简牍文物论稿》，中西书局 2012 年版。

⑤ 竺可桢撰，施爱东编：《天道与人文》，北京出版社 2005 年版，第 129 页。

⑥ 余英时：《汉代循吏与文化传播》，载《中国思想传统的现代诠释》，联经出版事业公司 1990 年版。

政的必备工具书。① 工藤元男亦以为施行法律时需通过日书来观察基层社会的习俗。② 这也与《商君书·算地》所言"观俗立法则治"③ 的理念相契合。

其实日书作为工具性极强的"每日之书"，对于基层官吏而言不仅有助于了解民间生活常态以顺势施政，亦本就是其日常使用的私人读本。山田胜芳以为，对于长年在外奔波的地方官吏阶层，日书是不可或缺的占卜指南。④ 琴载元亦以为，地方基层官吏跟百姓一样相信数术知识，并在生活方面积极利用日书。⑤ 考察湖北云梦睡虎地 11 号秦墓的墓葬信息可知，其墓主身份为从事司法相关工作的县级官吏。其随葬器物中的文书工具包括毛笔（附笔套）与削刀。⑥ 毛笔笔杆上端削尖，或是插于发冠之中以备随时书写的簪笔。笔套中间两侧镂空便于取笔。削刀为铜制并带有木鞘，有所残缺应是使用所致。足见墓主生前刀笔之吏的工作日常。至于同墓所出简牍在摆放位置上亦有所差异。《语书》置于墓主右手之下，《秦律十八种》置于墓主骨架右侧，《效律》《秦律杂抄》《为吏之道》置于墓主腹部之上，《法律答问》《封诊式》置于墓主头部右侧。⑦ 这种安排或非随意。《商君书·定分》言："诸官吏及民有问法令之所谓也于主法令之吏，皆各以其故所欲问之法令明告之。"⑧ 则置于墓主头侧的简牍应是其作为法令之吏的重要工作参考。以此推之，置于墓主头部右侧的日书甲种与置于墓主足部的日书乙种亦应颇为实用。然无论是用于工作参考还是私人阅读，日书并不具备行政文书那样的时效性与强制性，其对基层官吏的指导也更为灵活随意。

---

① 林剑鸣：《秦汉政治生活中的神秘主义》，《历史研究》1991 年第 4 期。

② ［日］工藤元男：《睡虎地秦简所见秦代国家与社会》，［日］广濑薰雄、曹峰译，上海古籍出版社 2010 年版，第 146 页。

③ 高亨：《商君书注译》，清华大学出版社 2011 年版，第 80 页。

④ 参见［日］山田胜芳《前汉时代的地方"文人"のあり方——东海郡功曹师饶の场合》，载村上哲见先生古稀纪念论文集刊行委员会编《中国文人の思考と表现》，东京：汲古书院 2000 年版。

⑤ ［韩］琴载元：《战国秦汉基层官吏的〈日书〉利用及其认识》，《史学集刊》2013 年第 6 期。

⑥ 孝感地区第二期亦工亦农文物考古训练班：《湖北云梦睡虎地十一号秦墓发掘简报》，《文物》1976 年第 6 期。

⑦ 参见陈伟主编《秦简牍合集（一）·睡虎地秦墓简牍》，武汉大学出版社 2014 年版。

⑧ 高亨：《商君书注译》，清华大学出版社 2011 年版，第 193—194 页。

需要注意的是，日书之中所蕴含的对历日的重视与政府行为关系密切，或影响到其演变进程。时有"视日"之说，李零以为是查看时日的意思，供当值官员填写政事记录，类似值班日志，用以考核政绩。[①] 工藤元男以为，"视日"由节气、节日及历谱构成且为基层政府制作，其出现源于秦汉时期官僚制与郡县制的发展大大增加了官吏出行的机会。[②] 藤田胜久以为，历谱每年由国家中央朝廷制成，在向地方传递过程中又被编成各种各样的形式，适用于各种各样的用途。[③] 故日书既为"每日之书"，虽杂含数术信息而不止于时日，却本就与历谱性质相似，重日用且依时令，用于民间而系于官方。工藤元男以为，日书最初是战国后期各种占卜时日宜忌的数术整合而成的产物，至汉武帝时逐渐崩散，各种数术变成各占家的专门学问编入其他占书之中，形成不同流派。在这个解体过程中，日书中的数术部分也被历谱所吸收。[④] 此或有助于思考日书的消亡问题。

第二节　简牍日书内容分析

简牍日书作为指导现实的工具书，其内容中蕴含了大量的日常行为。综合整理现有出土材料，在明确各个具体行为所涉日名及判断用语、区分时代与篇章先后顺序并参之以相关性的基础上，可将简牍日书涉及行为分类归纳为 6 大类 24 小类，几乎涵盖当时普通百姓生活的各个方面。

具体来说，简牍日书涉及行为可分为：婚姻家庭类，包括嫁娶、生育、家室、寄居，占比 8%；信仰风俗类，包括祭祠、解除、结约、疾病，占比 19%；日常生活类，包括建筑、服饰、饮乐、出行，占比 27%；集体行动类，包括野事、兵事、作事、农事，占比 16%；财产出入类，包括奴隶、逃亡、畜粟、货物，占比 16%；政法其他类，包括狱讼、为官、观念、其他，占比 14%。

---

① 李零：《视日、日书和叶书——三种简帛文献的区别和定名》，《文物》2008 年第 12 期。
② ［日］工藤元男：《具注历的渊源——"日书"·"视日"·"质日"》，《东洋史研究》2013 年第 72 卷第 2 号。
③ 参见［日］藤田胜久《中国古代国家と社会システム——长江流域出土资料の研究》，东京：汲古书院 2009 年版。
④ ［日］工藤元男：《具注历的渊源——"日书"·"视日"·"质日"》，《东洋史研究》2013 年第 72 卷第 2 号。

表 1 - 1　　　　　　　　　简牍日书涉及行为分类

大类	小类
婚姻家庭	嫁娶、生育、家室、寄居
信仰风俗	祭祠、解除、结约、疾病
日常生活	建筑、服饰、饮乐、出行
集体行动	野事、兵事、作事、农事
财产出入	奴隶、逃亡、畜粟、货物
政法其他	狱讼、为官、观念、其他

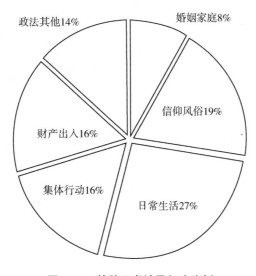

图 1 - 1　简牍日书涉及行为比例

一　婚姻家庭类与信仰风俗类

如果仅从排列顺序来看，婚姻家庭类问题是简牍日书首要关注的对象，其中以嫁娶与生育所占比例较重，亦展现出特殊的家室寄居现象。信仰风俗类中祭祠门类繁多。"祭"有小大、上下之分，李家浩以为，祭小、大是小祭与大祭，祭上、下则是祭天地。① 居延新简中还有"车祭"之说。②

① 湖北省文物考古研究所、北京大学中文系编：《九店楚简》，中华书局 2000 年版，第 88 页。
② 甘肃省文物考古研究所、甘肃省博物馆、文化部古文献研究室、中国社会科学院历史研究所编：《居延新简：甲渠候官与第四燧》，文物出版社 1990 年版，第 88 页。

而"祠"有"亲""行""巫""户"等别。汪桂海以为,"行"是指行神、行路之神,"祠行"即祭祀行神,亦即汉代的祖道之礼,反映出当时人们对于这一仪式举行日期的选择十分注意。① 谢桂华又指出,居延新简中有"祠社稷"之说,即"三月廿八日丙辰直建□(可祠社稷)"与"八月廿六日己巳直成可祠社稷","直建"系指"于建除之次,其日当建",正可与睡虎地秦简《日书》甲种"秦除"篇中的"建日"可以"祠"相对应,说明"祠社稷"需要选择吉日。② 此外还有"祷祠"与"祝祠",《韩非子·内储说下六微》言:"卫人有夫妻祷者而祝曰:'使我无故,得百束布。'"《外储说右下》言秦襄王病时"百姓为之祷",病愈则又"杀牛塞祷"。③ 是知当时民间多祷祝祈福。至于解除,《论衡·解除篇》言:"世信祭祀,谓祭祀必有福;又然解除,谓解除必去凶。"④ 故解除与祭祀同理,又与结约盟诅、疾病死亡一样具有神秘色彩。

二 日常生活类

日常生活类中建筑所占比例最重,具体到组成部分则有序、垣、门、户、井等分别。又格外关注与"水事"相关的行为。服饰除"制衣"有忌之外,亦看重"带剑"与"冠"的择日。秦始皇九年(前238)己酉"王冠,带剑"⑤。《新书》言:"古者,天子二十而冠,带剑;诸侯三十而冠,带剑;大夫四十而冠,带剑。隶人不得冠,庶人有事得带剑,无事不得带剑。"⑥ 足见古礼中以此二者为男子成年后的基本着装要求。饮乐则包括"饮食"与"歌乐",古代宴饮大多以音乐助兴,贺润坤以为此二者关系密切,属于同时举行的活动。⑦ 至于民间则或与社日宴乐的节庆化有关。⑧ 出行信息更为丰富,有"远行""大行""久行""长行""急行"。工藤元男以为,"远行"与"大行"是空间概念,既是结果,又是

① 汪桂海:《秦汉简牍探研》,文津出版社2009年版,第232页。
② 参见谢桂华《西北汉简所见祠社稷考补》,载《汉晋简牍论丛》,广西师范大学出版社2014年版。
③ (清)王先慎撰,钟哲点校:《韩非子集解》,中华书局1998年版,第246、336页。
④ 黄晖:《论衡校释》,中华书局1990年版,第1041页。
⑤ 《史记》卷6《秦始皇本纪》,中华书局1959年标点本,第227页。
⑥ (汉)贾谊著,阎振益、钟夏校注:《新书校注》,中华书局2000年版,第452页。
⑦ 贺润坤:《云梦秦简〈日书〉所反映秦人的衣食状况》,《江汉考古》1996年第4期。
⑧ 马新:《两汉乡村社会史》,齐鲁书社1997年版,第219页。

预测；"久行"是时间概念，回来时的结果为"久"；"长行"是空间、时间概念，出行时的预测为"长"；即便在凶日也要冒险出行则是"急行"。① 此外还涉及"船行""乘车马"等交通工具，放马滩秦简《日书》乙种"归行"篇中更有"千里之行"的表述。② 王子今以为，睡虎地秦简《日书》简文中直接涉及出行归返者占 35.7%，在各项卜问内容中与"行"有关者数量最多，说明在当时的社会生活中，出行已占据重要地位。③

三　集体行动类

集体行动类中的野事即野外进行的渔猎等活动。有"弋猎"，《史记·平准书》言："世家子弟富人或斗鸡走狗马，弋猎博戏，乱齐民"④。王子今以为，"弋猎"对于贵族官僚是游逸生活的内容，对于下层民众则可能是基本的生产形式。⑤《史记·天官书》言："毕曰罕车，为边兵，主弋猎"⑥。是其又与"之四邻"而"见兵"之事相关。兵事包括出征俘获、交战围攻等不同环节。至于作事，《吕氏春秋·音律》言黄钟之月"土事无作"，夹钟之月"无或作事"，仲吕之月"无聚大众"，林钟之月"无发大事"。⑦ 可与"作土事""聚众""作大事"等说相对应。则作事应是指发动劳役所作的土木工程之事。杨振红考察岳麓书院藏秦简 2132 + 1998 有"作功上"，以为是一条涉及官徒劳役分配的法令，规定了地方除留下必要的官徒外，其余官徒必须全部输作宫司空等中央营造机构。法令出台的背景是秦始皇统一后至秦二世时期大肆营建宫室与郦山墓等土木工程。⑧ 此外还有农事，涉及多种作物的种植与收获时间。

四　财产出入类

财产出入类中奴隶买卖最为重要，有"人民""奴婢""黔首""臣

---

① 参见［日］工藤元男《社会史研究与"卜筮祭祷简""日书"》，载［日］佐竹靖彦主编《殷周秦汉史学的基本问题》，中华书局 2008 年版。

② 陈伟主编：《秦简牍合集（四）·放马滩秦简牍》，武汉大学出版社 2014 年版，第 80 页。

③ 王子今：《秦汉交通史稿》，中国人民大学出版社 2013 年版，第 21 页。

④ 《史记》卷 30《平准书》，中华书局 1959 年标点本，第 1437 页。

⑤ 王子今：《睡虎地秦简〈日书〉甲种疏证》，湖北教育出版社 2003 年版，第 111 页。

⑥ 《史记》卷 27《天官书》，中华书局 1959 年标点本，第 1305 页。

⑦ 张双棣、张万彬、殷国光、陈涛：《吕氏春秋译注》，吉林文史出版社 1987 年版，第 156 页。

⑧ 杨振红：《岳麓秦简中的"作功上"与秦王朝大兴土木——兼论〈诗·豳风·七月〉"上入执宫功"句义》，《湖南师范大学社会科学学报》2019 年第 1 期。

妾"等名，并多有逃亡相关的占测。石洋以为秦简日书中的占盗、占亡文辞截然可辨，有刻意区分的痕迹。占盗文辞对盗贼信息推究详细，而占亡则十分简单，仅判断能否捕得。两种文辞中均不同程度显出了辖界的意识。这些现象应与秦律令的施行有关，分别受到律法中"盗""亡"概念之别、王朝对捕盗与捕亡强调程度的差异以及官吏执法时辖境观念的影响。且日书中占盗、占亡的内容会随情势改变而调整，尤其是官吏执法中经常参考的部分，与律令、现实环境的联动更为密切。① 牲畜的买卖则以马、牛、豕、鸡为主，还涉及养殖问题。粮食的储存同样受到关注，有"囷""仓"，可与考古所发现的粮食贮藏设施相对应。② 货物的买卖又有"作卯事"之说。李家浩以为"卯"应读为"贸"，是指贸易之事。③ 而"钱财"的出入与"贾市"之说也可反映出当时商业活动的开展情况。

五　政法其他类

政法其他类内容相对薄弱，狱讼仅涉及盗贼追捕、系囚亟出等问题，这与出土所见秦汉法律条文的繁密程度并不匹配。《潜夫论·爱日》言："万官挠民，令长自炫，百姓废农桑而趋府庭者，非朝晡不得通，非意气不得见，讼不讼辄连月日，举室释作，以相瞻视，辞人之家，辄请邻里应对送饷，比事讫，竟亡一岁功。"④ 或正因狱讼之劳民伤财使得普通百姓望而却步。又言孝明皇帝敕公车受章可无避反支，⑤ 以"民既废农远来诣阙，而复使避反支，是则又夺其日而冤之也"。故知"上明圣主为民爱日如此，而有司轻夺民时如彼"⑥。为官则包括任免、转徙等不同阶段的占测。"啬夫"这一人群尤其受到关注。工藤元男以为，这反映出基层社会权势阶层与国家的关系。⑦ 又有"小啬夫""大啬夫"之别。夏利亚以

① 石洋：《秦简日书所见占盗、占亡之异同》，载中华书局编辑部编《文史》（第132辑），中华书局2020年版。

② 中国社会科学院考古研究所编：《中国考古学·秦汉卷》，中国社会科学出版社2010年版，第587—591页。

③ 湖北省文物考古研究所、北京大学中文系编：《九店楚简》，中华书局2000年版，第94页。

④ （汉）王符著，汪继培笺，彭铎校正：《潜夫论笺校正》，中华书局1985年版，第214页。

⑤ "反支"即在干支下间书"反"字，支日为禁忌之日。

⑥ （汉）王符著，汪继培笺，彭铎校正：《潜夫论笺校正》，中华书局1985年版，第221页。

⑦ 参见［日］工藤元男《社会史研究与"卜筮祭祷简""日书"》，载［日］佐竹靖彦主编《殷周秦汉史学的基本问题》，中华书局2008年版。

为，啬夫源于收获庄稼的人，啬为"穑"的初文，后用于称呼管理农田的官员，如"田啬夫"，再用于"乡啬夫"一类下级基层治民官吏。"大啬夫""县啬夫"是县令的不同称呼，或是其职责所致，即作为一县之长管理一县事务则被称为"县啬夫"，而作为各类啬夫的总头则被称为"大啬夫"。① 至于时人观念中的核心关切乃是"有为"与否。

六　特殊行为类

特殊行为则较为孤立，如"杀"之忌，涉及不同牲畜，疏勒河流域出土汉简中亦有"不可杀牛"之说。② 另有"始杀"，陈伟武以为即初杀，古人对初次行动的成败至为关注。③ 又如"学书"，《史记·项羽本纪》言其少时"学书不成"，泷川资言引雨森精翁之说以为书即六书，据此则下记姓名，犹曰名刺之用。又以《高祖本纪》言高祖及壮"试为吏"，乃因其曾与卢绾学书。④ 而《论衡·谰时篇》言学书者讳丙日是因"仓颉以丙日死也"⑤。吴福助指出居延汉简记载吏员的业务能力有"能书、会计、治官民、颇知律令文"，《汉书·贡禹传》又言："史书而仕宦"，是秦汉吏员分文、武二途，所谓"学书"即学写字，书姓名，识名物，是学做文吏的首要课程。文吏的业务主要为"史匠"，所谓"史书"即佐史之流的刀笔小吏在办理文案、治作簿籍等官民庶务中所使用的通行时书体，今所见秦汉简牍文字应皆属当时的"史书"。⑥ 于豪亮亦指出居延汉简中有"校甲渠候移正月尽三月四时吏名籍第十二燧长张宣，史。案府籍宣不史。不相应解何"。所谓"史书"即是当时流行的，也是居延汉简所使用的隶书，称"史书"则是因令史、书佐这样的人在草拟、誊写公文时常写这样的字。⑦ 汪桂海更以为"史书"在汉代是较为常用的几种书体的代名词，既可指隶书，也可指草书，在别的许多场合是指官府文书。作为文职小吏，负责撰拟、抄写文书所要求的书法水准经过小学教育已基本上够了，狱案文书以及奏记、教令等文书则是当时的学校教育中所

---

① 夏利亚：《睡虎地秦简文字集释》，上海交通大学出版社 2019 年版，第 373、388 页。
② 林梅村、李均明编：《疏勒河流域出土汉简》，文物出版社 1984 年版，第 88 页。
③ 陈伟武：《睡虎地秦简核诂》，《中国语文》1998 年第 2 期。
④ ［日］泷川资言：《史记会注考证》，新世界出版社 2009 年影印本，第 529、609 页。
⑤ 黄晖：《论衡校释》，中华书局 1990 年版，第 995—996 页。
⑥ 吴福助：《睡虎地秦简论考》，文津出版社 1994 年版，第 150—151、298—299 页。
⑦ 参见于豪亮《居延汉简丛释》，载《于豪亮学术论集》，上海古籍出版社 2015 年版。

没有的内容，需要专门拜吏为师学习或自学。① 富谷至即以为"史书"应释为以"得为吏"为目的而学习的书体与书法。② 此外，在长沙子弹库帛书中有《月忌》，涉及战争、嫁娶、修造、祭祀等内容。③ 刘乐贤以为出土五行类简帛还可与日本阴阳道文献对读，涉及建除十二客、反支、归忌、帝临日、天李日、四激日等内容，而日本《医心方》中的《产经》又有生子占文。④ 可见关于简牍日书行为的研究需要参考各类资料。

在判断方面，主要是"可"否、"利"否、"吉"否的差异，以及相关积极或消极后果的具体表述。吴小强以为，睡虎地秦简《日书》的占卜用语可分为肯定性、否定性、中性三大类型，每个类型又可分为不同种类的用语习惯，反映出显著的时代特征。⑤ 这也是考察秦汉时期观念意识的独特视角。

若以历史沿革为标准，则现有简牍日书之出土地点可划分为楚地与秦地。另有边塞地区的特殊性与散见及入藏等因素需要考量。故加之以时间维度，则具体行为中的小类所涉及的分布情况可列表如下：

表 1-2　　　　　　　　　简牍日书涉及行为分布

	战国楚地	秦楚地	汉楚地	战国秦地	汉边塞	汉其他
嫁娶	√	√	√	√		√
生育	√	√	√	√		√
家室	√	√	√	√		√
寄居	√	√	√	√	√	
祭祠	√	√	√	√		
解除	√	√	√	√		
结约	√	√	√	√		√
疾病	√	√	√	√	√	√
建筑	√	√	√	√	√	√

---

① 汪桂海：《秦汉简牍探研》，文津出版社 2009 年版，第 38、41 页。

② ［日］富谷至：《"史书"考》，《西北大学学报》1983 年第 1 期。

③ 李学勤：《论楚帛书中的天象》，载湖南省文物考古研究所编《湖南考古辑刊》（第 1 辑），岳麓书社 1982 年版。

④ 刘乐贤：《简帛数术文献探论》，中国人民大学出版社 2012 年版，第 263—282 页。

⑤ 吴小强：《睡虎地秦简〈日书〉占卜用语习惯与规律分析》，《古籍整理研究学刊》2010 年第 4 期。

续表

	战国楚地	秦楚地	汉楚地	战国秦地	汉边塞	汉其他
服饰	√	√	√	√	√	√
饮乐	√	√	√	√		
出行	√	√	√	√		√
野事	√					√
兵事	√	√	√	√		
作事	√	√	√	√		
农事		√	√	√		√
奴隶	√	√		√		
逃亡	√	√	√	√	√	√
畜粟	√	√	√	√		√
货物	√	√	√	√		√
狱讼	√	√	√	√		
为官		√	√	√		√
观念	√					
其他		√	√	√	√	√

可见，仅从行为分布情况来看，现有较完整的简牍日书内容基本相似。楚地所出简牍日书自战国至汉代保持了一定的延续性，楚简内容得到全面继承，唯不见农事、为官等内容，或值得关注。而秦地所出简牍日书不见解除、野事等内容，其原因亦尚待解释。汉代边塞与其他所出简牍日书均较零散，内容残缺在所难免。历来学者或试图比较楚、秦文化，以为二者价值取向既不相同，数术方法亦存在差异。① 刘信芳以为，秦人入楚后渐为当地巫风所染，遂有秦简日书这样的杂抄之书。但也不排除秦人原有日书，灭楚后又对楚地的各种日书兼收并蓄的可能性。② 琴载元更以南郡为例，指出其从"楚故都"到"秦属郡"，在反秦战争末期可能还存有故楚风俗。但其毕竟从战国末期即被秦统治，"秦化"程度也应不少，甚

---

① 何双全：《天水放马滩秦简甲种〈日书〉考述》，载甘肃省文物考古研究所编《秦汉简牍论文集》，甘肃人民出版社 1989 年版；林剑鸣：《〈睡〉简与〈放〉简〈日书〉比较研究》，《文博》1993 年第 5 期；刘乐贤：《楚秦选择术的异同及影响——以出土文献为中心》，《历史研究》2006 年第 6 期；孙占宇：《天水放马滩秦简集释》，甘肃文化出版社 2013 年版。

② 刘信芳：《秦简中的楚国〈日书〉试析》，《文博》1992 年第 4 期。

至展现出在秦文化之影响力逐渐扩大的情况下楚文化被淘汰的过程。① 然
森和以为日书各条占辞并非以特定地域为限制，而是指向普遍性。② 工藤
元男则以为存在着秦与楚的占法交织使用的情况，这渗透着一种想要相互
确认对方占法差异的意志，影响到秦对占领地的统治方式。秦通过占卜所
要掌握的并不是占卜本身，而是在深层规定着人们生活与精神的固有习
俗。③ 故若回归到日常生活层面，简牍日书的内容应始终没有发生过太大
的变化。其本就杂糅诸家数术，却并不会因此影响到使用。虽难免因异时
异地产生增减修改，却仍是战国秦汉普通民众每日参考的相似工具书。

---

　　① ［韩］琴载元：《反秦战争时期南郡地区的政治动态与文化特征——再论"亡秦必楚"
形势的具体层面》，载西北师范大学文学院历史系、甘肃省文物考古研究所编《简牍学研究》
（第 5 辑），甘肃人民出版社 2014 年版。

　　② ［日］森和：《中国古代的占卜与地域性》，《湖南大学学报》2013 年第 6 期。

　　③ 参见［日］工藤元男《社会史研究与"卜筮祭祷简""日书"》，载［日］佐竹靖彦主
编《殷周秦汉史学的基本问题》，中华书局 2008 年版。

第二章

简牍日书所见家庭问题

　　家庭问题中常见关于生子的占测，期望趋利避害，表现为对长寿健全、富贵吉祥的追求及对妨害家人、贫贱失意的回避。又有寄居现象，常见"寓人""寄人""客"，前两者不同地域用字有异而含义相同，均是寄居他家并与之有血缘关系的"室人"，无血缘关系者则称为"客"。秦汉时期的寄居是一种特殊的"同居"现象，即与本家同户而不同室。随着个人财产保护制度的健全与民间宗族势力的加强，寄居逐渐消失而客居仍有生存空间。

第一节　秦汉时期生子期望研究

　　生育占卜可谓由来已久，《左传·昭公三十二年》言："昔成季友，桓之季也，文姜之爱子也。始震而卜，卜人谒之曰：生有嘉闻，其名曰友，为公室辅。及生，如卜人之言，有文在其手曰友。遂以名之，既而有大功于鲁。"[①] 生育占卜亦是简牍日书中的重要内容，包括吉凶判断、性别判断等不同的预测方向。如九店楚简《日书》"丛辰"篇中以禾日"长子吉，幼子者不吉"[②]。放马滩秦简《日书》甲种"生男女"篇中有"平旦生女，日出生男"[③]。又以生子期望所占比例最重，整理归纳后可

---

　　① 《十三经注疏·春秋左传正义》卷53《昭公三十二年》，中华书局2009年影印本，第4622页。

　　② 湖北省文物考古研究所、北京大学中文系编：《九店楚简》，中华书局2000年版，第49页。

　　③ 陈伟主编：《秦简牍合集（四）·放马滩秦墓简牍》，武汉大学出版社2014年版，第14页。

列表如下。

表 2－1 简牍日书所见生子期望①

分类	判断	日名	出处
对家人的影响	无弟,如有弟,必死	结日	九店·丛辰
	无弟,有弟必死		睡甲·除
	不弟	辛卯	岳山·生子
	弟凶	秀日	睡甲·除
	数孤	绝日	睡甲·除
	少孤	甲午	睡甲·生子
	无它同生	虚	睡甲·星
	无母	丁未	睡甲·生子
	无子	巳	孔家坡·生子
自身存活几率	男不寿	绝日	九店·丛辰
	子死	危阳	睡甲·稷辰
	不盈三岁死	斗	睡甲·星
			孔家坡·星官
	三月死,不死无晨	须女	睡甲·星
	旬而死	东井	睡甲·星
			孔家坡·星官
	子不产	敫	睡甲·稷辰
	子死,不产	孔家坡·□	
	年	垈、外阴之日	睡乙·除
自身外貌情况	男女必美	央光日	睡甲·除
	既美且长,有贤等	秀	睡甲·稷辰
	美且长,贤其等		孔家坡·□
	长大	癸未	睡甲·生子
	肥	柳	睡甲·星
			孔家坡·星官

---

① 参见湖北省文物考古研究所、北京大学中文系编《九店楚简》,中华书局 2000 年版;陈伟主编《秦简牍合集》,武汉大学出版社 2014 年版;湖北省文物考古研究所、随州市考古队编《随州孔家坡汉墓简牍》,文物出版社 2006 年版;刘乐贤《印台汉简〈日书〉初探》,《文物》2009年第 10 期。

续表

分类	判断	日名	出处
自身性格特点	巧	氐	睡甲·星
	喜斗	卯	睡甲·星
		昴	孔家坡·星官
	武而好衣剑	壬辰	睡甲·生子
	武而贫	庚戌	睡甲·生子
	武有力	甲午	睡甲·生子
	武以工巧	乙丑	睡甲·生子
	武以圣	丙寅	睡甲·生子
	工巧，孝	丁亥	睡甲·生子
	勇	壬子	睡甲·生子
	鬼	己巳	睡甲·生子
	有力	庚午	睡甲·生子
	狂	酉	孔家坡·生子
自身健全程度	有疾	乙未	睡甲·生子
	少疾	癸丑	睡甲·生子
	多病	辰	孔家坡·生子
	不完	东壁	睡甲·星
			孔家坡·星官
	不全	申	睡甲·十二支占死咎
	疟	毕	睡甲·星
	往		孔家坡·星官
	眚于目	丁丑	睡甲·生子
	癃	舆鬼	睡甲·星
			孔家坡·星官
	不死，癃，不行		孔家坡·生子
	有疵于体而勇	丙辰	睡甲·生子
	不正，乃有疵前	丁卯	睡甲·生子

分类	判断	日名	出处
自身爱好能力	好乐	乙酉	睡甲·生子
	好言语	丁丑	睡甲·生子
	好女子	庚辰	睡甲·生子
	好家室	丙申	睡甲·生子
	好田野邑屋	戊戌	睡甲·生子
	好水	癸丑	睡甲·生子
	男好衣佩而贵	庚寅	睡甲·生子
	善得	癸未	睡甲·生子
	善田	午	孔家坡·生子
	嗜酒	丁酉	睡甲·生子
	嗜酒而疾	丙午	睡甲·生子
	嗜酒及田猎	戊午	睡甲·生子
婚姻情况预测	女必出于邦	达日	睡甲·除
	去其邦	己卯	睡甲·生子
	去其邦北	戊子	睡甲·生子
	去父母南	戊寅	睡甲·生子
	三妻	卯	孔家坡·生子
	三夫	寅	孔家坡·生子
	女复寡	辰	孔家坡·生子
	必为上君妻	未	孔家坡·生子
犯罪行为预测	男女为盗	阴	睡甲·稷辰
	为盗		孔家坡·□
	善盗	午	孔家坡·生子
	必尝系囚	丁未	睡甲·生子
	必奸	戊	孔家坡·生子
身份地位预测	为吏	奎	睡甲·星
			孔家坡·星官
		癸丑	睡甲·生子
	为大吏	营宫	睡甲·星
		营室	孔家坡·星官

续表

分类	判断	日名	出处
	史	丑	孔家坡·生子
	为大夫	牵牛	睡甲·星
		午	孔家坡·生子
	为正	觜嶲	睡甲·星
	为邑杰	张	睡甲·星
			孔家坡·星官
	必为上君	子	孔家坡·生子
	必临国	未	孔家坡·生子
	必有爵	亢	睡甲·星
	必使	胃	睡甲·星
	使人		睡乙·官
	有身事	甲申	睡甲·生子
	有事	丙戌	睡甲·生子
	有商	己酉	睡甲·生子
	有飯	丁巳	睡甲·生子
	有宠	戊辰	睡甲·生子
	宠，事君	戊申	睡甲·生子
	肉食	辛未	睡甲·生子
	闻	壬申	睡甲·生子
	老为人治也，又数诣风雨	危	睡甲·星
	老为人治之		印台·5
	必为人臣妾	己巳	睡甲·生子
生活状况预测	富	房	睡甲·星
			孔家坡·星官
		巳	孔家坡·生子
	大富	申	孔家坡·生子
	贫	尾	睡甲·星
			孔家坡·星官
		庚午	睡甲·生子
		卯	孔家坡·生子

分类	判断	日名	出处
	贫富半	箕	睡甲·星
			孔家坡·星官
	贫而疾	己丑	睡甲·生子
	饮食急	甲戌	睡甲·生子
	污	庚子	睡甲·生子
	衣污	甲子	睡甲·生子
职业行为预测	乐	七星	睡甲·星
			孔家坡·星官
	男为觋，女为巫	翼	睡甲·星
	为巫，男为觋		孔家坡·星官
	为巫	丑	孔家坡·生子
	为大巫	酉	孔家坡·生子
	女为贾	庚寅	睡甲·生子
	女子为医	壬寅	睡甲·生子
整体评价判断	必驾	轸	睡甲·星
			孔家坡·星官
	必贺		睡乙·官
	人爱之	心	睡甲·星
			孔家坡·星官
	谷而富	乙亥	睡甲·生子
	谷而武	壬午	睡甲·生子
	谷而美	丁巳	睡甲·生子
	谷且武而利弟	甲辰	睡甲·生子
	谷	乙酉	睡甲·生子
	有终	辛丑	睡甲·生子
	无终	癸亥	睡甲·生子
	亡者人意之	娄	睡甲·星

　　根据表 2 - 1 可知，简牍日书所见生子期望包括趋利与避害两个方面，即试图通过占卜预测达到外貌情况与性格特点的完善，在爱好能力、婚姻情况、身份地位、生活状况、整体评价等方面有所追求；避免对家人产生不良影响，提高自身存活几率与健全程度，并对犯罪行为与职业行为有所

把握。吴小强以为，通过内容丰富的生育禁忌可知，秦人的基本生育观念
有多子多福、恐畏绝后、期望子女成材、重男轻女，尤其重视生育日期的
选择。① 这正是研究秦汉时期生子期望的有益尝试。若进一步解读材料，
则不难发现其中蕴含着丰富的社会历史信息。

一　趋利类期望

外貌情况方面，简牍日书反映出对"美""长大""肥"的追求。
《诗经·硕人》言庄姜之美有"硕人其颀"，传曰："颀，长貌。"② 足见
审美具有一定的延续性。而《史记·张丞相列传》言张苍"身长大，肥
白如瓠"，王陵"见而怪其美士"。③ 亦可见审美之旨。至于"贤等"，晏
昌贵以为"贤"是重点，乃优秀品德，"等"为说明，即多重等级。④ 范
常喜亦以为"贤等"指好的等级，与好的社会地位近似。⑤ 然从承接关系
来看，"贤等"或仍关乎外貌，即因"既美且长"而出众。

性格特点方面则更为多样。"喜斗""武""勇""狂"均体现出时人
之好武斗狠、勇健刚强的倾向。然此风并不为先秦学人所提倡，《荀子·
荣辱》言："斗者，忘其身者也，忘其亲者也，忘其君者也。行其少顷之
怒而丧终身之躯，然且为之，是忘其身也；家室立残，亲戚不免乎刑戮，
然且为之，是忘其亲者也；君上之所恶也，刑法之所大禁也，然且为之，
是忘其君者也。"⑥ 又《议兵》言："秦人，其生民也狭厄，其使民也酷
烈，劫之以执，隐之以厄，忸之以庆赏，鰌之以刑罚，使天下之民所以要
利与上者，非斗无由也。"⑦ 是知秦人有争斗之风而明其缘由。及至汉代，
百姓与儒生却持有不同的态度。《后汉书·逸民传》言周党复仇而伤，乡
佐"服其义"归养之。⑧《风俗通义·过誉》则言："凡报仇者，谓为父
兄耳，岂以一朝之忿，而肆其狂怒者哉？既远《春秋》之义，殆令先祖

---

① 参见吴小强《秦人婚姻家庭生育观念新探》，载《秦简日书集释》，岳麓书社2000年版。
② 《十三经注疏·毛诗正义》卷3《卫风·硕人》，中华书局2009年影印本，第679页。
③ 《史记》卷96《张丞相列传》，中华书局1959年标点本，第2675页。
④ 参见晏昌贵《〈日书〉札记十则》，载丁四新主编《楚地出土简帛文献思想研究（一）》，
湖北教育出版社2002年版。
⑤ 范常喜：《孔家坡汉简〈日书〉札记四则》，《东南文化》2008年第3期。
⑥ （清）王先谦撰，沈啸寰、王星贤点校：《荀子集解》，中华书局1988年版，第55页。
⑦ （清）王先谦撰，沈啸寰、王星贤点校：《荀子集解》，中华书局1988年版，第273页。
⑧ 《后汉书》卷83《逸民传》，中华书局1965年标点本，第2761页。

不复血食，不孝不智，而两有之；归其义勇，其义何居？"① 然在民间私斗成风的同时，又有对国家意志的服从。所谓"武以圣"，睡虎地秦简《为吏之道》言："为人上则明，为人下则圣"。整理者读"圣"为"听"，指听从命令。② 而所谓"鬼"，或读为"猥"，以鄙贱之谓。③ 然其亦可形容上位者，《为吏之道》言："君鬼臣忠，父慈子孝，政之本也"。或读"鬼"为"惠"，指通慧。④ 至于"孝"，更是时人提倡的品格。《墨子·兼爱下》言："故君子莫若欲为惠君、忠臣、慈父、孝子、友兄、悌弟。"⑤《韩非子·忠孝》言："天下皆以孝悌忠顺之道为是也。"⑥《吕氏春秋·孝行》言："务本莫贵于孝。"⑦ 其又有地域之别，《荀子·性恶》言："天非私齐、鲁之民而外秦人也，然而于父子之义，夫妇之别，不如齐、鲁之孝具敬父者，何也？以秦人之从情性，安恣睢，慢于礼义故也。"⑧ 然不同于传世文献中的记载，"孝"在简牍日书中不仅出现频率较低，且与儒家思想存在抵牾之处。《孟子·离娄下》言："世俗所谓不孝者五：惰其四支，不顾父母之养，一不孝也；博弈好饮酒，不顾父母之养，二不孝也；好货财，私妻子，不顾父母之养，三不孝也；从耳目之欲，以为父母戮，四不孝也；好勇斗狠，以危父母，五不孝也。"⑨ 其中的不孝之行如"嗜酒""喜斗"恰恰屡见于简牍日书之中。而睡虎地秦简《日书》乙种"生"篇言："丁亥生，考。"或释为"巧"。⑩ 王子今以为"考"兼"巧""孝"之字义。⑪ 是知简牍日书所见之生子期望中对"孝"的要求并不突出，或仅作为次要概念出现。

　　爱好能力方面，重在"好"，即喜好。《管子·小匡》言齐桓公"寡

① （汉）应劭著，王利器校注：《风俗通义校注》，中华书局 2010 年版，第 181 页。

② 睡虎地秦墓竹简整理小组编：《睡虎地秦墓竹简》，文物出版社 1990 年版，第 169—170 页。

③ 睡虎地秦墓竹简整理小组编：《睡虎地秦墓竹简》，文物出版社 1990 年版，第 205 页。

④ 陈伟主编：《秦简牍合集（一）·睡虎地秦墓简牍》，武汉大学出版社 2014 年版，第 329 页。

⑤ 吴毓江撰，孙启治点校：《墨子校注》，中华书局 1993 年版，第 181 页。

⑥ （清）王先慎撰，钟哲点校：《韩非子集解》，中华书局 1998 年版，第 465 页。

⑦ 张双棣、张万彬、殷国光、陈涛：《吕氏春秋译注》，吉林文史出版社 1987 年版，第 379 页。

⑧ （清）王先谦撰，沈啸寰、王星贤点校：《荀子集解》，中华书局 1988 年版，第 442 页。

⑨ 《十三经注疏·孟子注疏》卷 8 下《离娄下》，中华书局 2009 年影印本，第 5940 页。

⑩ 陈伟主编：《秦简牍合集（一）·睡虎地秦墓简牍》，武汉大学出版社 2014 年版，第 563 页。

⑪ 王子今：《睡虎地秦简〈日书〉甲种疏证》，湖北教育出版社 2003 年版，第 275—276 页。

人有污行，不幸而好色"①。《商君书·去强》言："国好力，日以难攻；国好言，日以易攻。"② 是所谓"女子""言语"之"好"并非褒义。故"乐""家室""田野邑屋""水""衣佩"亦应是关乎物质享受而有待警惕。至于"善"则应指能力上的积极状态，如睡虎地秦简《日书》乙种"生"篇言"壬辰生，必善医"③。又言"丁酉生，吉，臽酒"。刘乐贤以为"臽"可读为"陷"，训为溺，溺酒与"嗜酒"相近。④ 是知当时饮酒风气之盛。

婚姻情况预测方面主要关注出嫁距离。王子今以为"去其邦北"指离乡向北方远行，说明楚地之人以北方中原更具有文化吸引力。⑤ 然考察文例可知，此番去邦远行恐仍与"女必出于邦""去父母南"含义相近。《吕氏春秋·上农》即言："苟非同姓，农不出御，女不外嫁，以安农也。"⑥ 彭卫更以为，直到汉代，广大小农、佃农及凭借土地对农民进行盘剥的地主阶级，仍以近距离结婚为主，即百里之内的同村、同乡、同县、同郡之中。⑦ 故远嫁现象自然会受到重视。至于具体婚姻状态则对次数、地位等问题有所强调。

身份地位方面则高低虚实各不相同，既有"吏""史""大夫""邑杰""上君"，贺润坤以为皆属统治阶级⑧，亦有"为正""临国"等统治状态，王子今以为"为正"即"为政"，是当时社会通行的政治文化术语。⑨ 周家寨汉简《日书》"禹汤生子占"亦言"必临邦"⑩。

此外还追求"有爵""有事""有商""有敀""有宠""肉食""闻"，皆体现出高官厚禄、显贵名望的吸引力。然不济者则会"为人臣

---

① 黎翔凤撰，梁运华整理：《管子校注》，中华书局2004年版，第446页。

② 高亨：《商君书注译》，清华大学出版社2011年版，第58页。

③ 陈伟主编：《秦简牍合集（一）·睡虎地秦墓简牍》，武汉大学出版社2014年版，第563页。

④ 刘乐贤：《睡虎地秦简日书研究》，文津出版社1994年版，第397页。

⑤ 王子今：《睡虎地秦简〈日书〉甲种疏证》，湖北教育出版社2003年版，第279页。

⑥ 张双棣、张万彬、殷国光、陈涛：《吕氏春秋译注》，吉林文史出版社1987年版，第916页。

⑦ 彭卫：《汉代婚姻形态》，三秦出版社1988年版，第60页。

⑧ 贺润坤：《云梦秦简〈日书〉所反映的秦国社会阶层》，《江汉考古》1995年第1期。

⑨ 王子今：《睡虎地秦简〈日书〉甲种疏证》，湖北教育出版社2003年版，第174页。

⑩ 湖北省文物考古研究所、随州市曾都区考古队：《湖北随州市周家寨墓地M8发掘简报》，《考古》2017年第8期。

妾"，属被统治者。故时人理想的生子期望应是"使人"而不"老为人治之"。《墨子·尚同下》言："凡使民尚同者，爱民不疾，民无不使。"① 应亦是当权者的目标。

生活状况方面的核心关照是贫富差异。《商君书·错法》言："同列而相臣妾者，贫富之谓也。"② 是贫富差距影响到社会分化。至汉代崇富之风更甚，《新书·时变》言："今俗侈靡，以出伦逾等相骄，以富过其事相竞。今世贵空爵而贱良，俗靡而尊奸；富民不为奸而贫为里俙也，廉吏释官而归为邑笑；居官敢行奸而富为贤吏，家处者犯法为利为材士。故兄劝其弟，父劝其子，则俗之邪至于此矣。"③《潜夫论·考绩》亦言："富者乘其材力，贵者阻其势要，以钱多为贤，以刚强为上。"④ 至于贫者的具体表现，为"饮食急"与"衣污"，即衣食方面的贫困低贱。刘乐贤以为，"急"是困难窘迫的意思。⑤ 王子今则以为，"污"指身为下层劳动者，又指生存于社会底层者所承担的劳作。⑥ 整体评价方面"驾""贺""谷"皆是积极状态。而"有终"可释为"有成"⑦，并与"无终"相对。至于"人意之"则断句不同且解释各异，或可参照"人爱之"的句式来进行思考。

二　避害类期望

生子会对家人产生影响似是时人共识，关乎父母、兄弟、子女。整理者释"数孤"为"窭孤"。⑧ 刘乐贤则以为是贫穷而孤苦无援之意。⑨ 然若是与家人有关，"孤"或可指"鳏寡孤独"里年幼丧父的孩子。《礼记·王制》言："少而无父者谓之孤。"⑩ 而生子害于"同生"的观念或因受当时医疗卫生条件的影响。

---

① 吴毓江撰，孙启治点校：《墨子校注》，中华书局1993年版，第142页。

② 高亨：《商君书注译》，清华大学出版社2011年版，第98页。

③ （汉）贾谊著，阎振益、钟夏校注：《新书校注》，中华书局2000年版，第97页。

④ （汉）王符著，汪继培笺，彭铎校正：《潜夫论笺校正》，中华书局1985年版，第68页。

⑤ 刘乐贤：《睡虎地秦简日书研究》，文津出版社1994年版，第182页。

⑥ 王子今：《睡虎地秦简〈日书〉甲种疏证》，湖北教育出版社2003年版，第280页。

⑦ 睡虎地秦墓竹简整理小组编：《睡虎地秦墓竹简》，文物出版社1990年版，第205页。

⑧ 睡虎地秦墓竹简整理小组编：《睡虎地秦墓竹简》，文物出版社1990年版，第181页。

⑨ 刘乐贤：《睡虎地秦简日书研究》，文津出版社1994年版，第26—27页。

⑩ 《十三经注疏·礼记正义》卷13《王制》，中华书局2009年影印本，第2915页。

生子存活几率同样受到关注。"不寿""死""不产"均是较常见的现象。"年"相对珍稀，陈伟武以为是"得年"的缩略语，即"得寿"。[1]健全程度亦十分重要。除疾病之外，"不完"与"不全"，即身体残疾，多不为社会接受。睡虎地秦简《法律答问》言："'擅杀子，黥为城旦舂。其子新生而有怪物其身及不全而杀之，勿罪。'今生子，子身全也，无怪物，直以多子故，不欲其生，即弗举而杀之，何论？为杀子。"[2] 是杀"不全"之子为无罪。

《汉书·五行志》亦言："长安女子有生儿，两头异颈面相乡，四臂共匈俱前乡，尻上有目长二寸所。"引京房《易传》曰："凡妖之作，以谴失正，各象其类。"[3] 是当时社会以非常态之新生儿为"妖"。至于"疰""往""眚"皆是指眼疾，"癃""疵"亦是身体方面的不足。《淮南子·时则》言："有不戒其容止者，生子不备，必有凶灾。"高诱注曰："生子必有喑聋、通精、痴狂之疾。"[4] 是各类疾病均可成为生子时不完备之标志。睡虎地秦简《日书》乙种"生"篇言："凡己巳生，勿举，不利父母，男子为人臣，女子为人妾。"[5] 吴小强以为"勿举"即不哺育，是指杀婴或弃婴。[6]《韩非子·六反》言："且父母之于子也，产男则相贺，产女则杀之。此俱出父母之怀衽，然男子受贺，女子杀之者，虑其后便，计之长利也。"[7]《风俗通义·正失》言："今俗间多有禁忌生三子者，五月生者，以为妨害父母，服中子犯礼伤孝，莫肯收举。"[8] 王子今以为，秦汉时期基于神秘主义信仰的民间礼俗导致"生子不举"与弃婴现象的频繁发生。溺杀女婴的情况尤为普遍。贫穷也是致使初生婴儿生存权利受到严重侵害的主要社会原因。[9] 此类行为自然不被法律与舆论所认可，《风俗通义·释忌》言："今人多生三子，子悉成长，父母完安，岂有天

①　陈伟武：《出土战国秦汉文献中的缩略语》，《中国语言学报》1999 年第 9 期。

②　陈伟主编：《秦简牍合集（一）·睡虎地秦墓简牍》，武汉大学出版社 2014 年版，第 223 页。

③　《汉书》卷 27 下之上《五行志下之上》，中华书局 1962 年标点本，第 1473—1474 页。

④　何宁：《淮南子集释》，中华书局 1998 年版，第 387 页。

⑤　陈伟主编：《秦简牍合集（一）·睡虎地秦墓简牍》，武汉大学出版社 2014 年版，第 564 页。

⑥　吴小强：《〈日书〉与秦社会风俗》，《文博》1990 年第 2 期。

⑦　（清）王先慎撰，钟哲点校：《韩非子集解》，中华书局 1998 年版，第 417 页。

⑧　（汉）应劭著，王利器校注：《风俗通义校注》，中华书局 2010 年版，第 128 页。

⑨　王子今：《秦汉"生子不举"现象和弃婴故事》，《史学月刊》2007 年第 8 期。

所孕育而害其父母兄弟者哉?"① 然对待残疾子女的态度却远非如此,这应是受制于风俗观念、生活能力等多方条件。此外,犯罪情况预测涉及"盗"与"奸"两类罪行,另还有"系囚"之说,足见当时民间之法律环境。而职业行为中则包括"乐""巫觋""贾""医",香港中文大学藏汉简《日书》"生子"篇亦言"为人巫"②,应均是当时社会地位较低的职业。

总体来看,秦汉时期生子期望的核心是趋利避害,基本表现为对长寿健全、富贵吉祥的追求及对妨害家人、贫贱失意的回避。《韩非子·解老》言:"人莫不欲富贵全寿,而未有能免于贫贱死夭之祸也。"③《新论·离事篇》则言人之五福为"寿、富、贵、安乐、子孙众多"④。而对于外貌情况、性格特点、爱好能力的描写及对婚姻情况、犯罪行为、职业行为的预测更反映出丰富的社会历史信息,有助于了解时人的精神世界与物质生活。

第二节　秦汉时期寄居现象研究

在简牍日书中屡见有"寓人""寄人""客"的相关记载,若具体整理归纳则可列表如下。

表 2-2　　　　　　　　　简牍日书所见寄居现象⑤

行为	判断	日名	出处
寓人	夺之室	□日	九店·丛辰
	必夺其室	窨、罗之日	睡乙·除
寓人及臣妾	不可;必代居室	戊辰、己巳、辛酉、辛卯、己未、庚午	睡甲·去父母同生
寄人	必夺主室	结日	睡甲·除

---

① (汉)应劭著,王利器校注:《风俗通义校注》,中华书局 2010 年版,第 561 页。

② 陈松长编:《香港中文大学文物馆藏简牍》,香港中文大学文物馆 2001 年版,第 42 页。

③ (清)王先慎撰,钟哲点校:《韩非子集解》,中华书局 1998 年版,第 136 页。

④ (汉)桓谭著,朱谦之校辑:《新辑本桓谭新论》,中华书局 2009 年版,第 45 页。

⑤ 参见湖北省文物考古研究所、北京大学中文系编《九店楚简》,中华书局 2000 年版;陈伟主编《秦简牍合集》,武汉大学出版社 2014 年版;湖北省文物考古研究所、随州市考古队编《随州孔家坡汉墓简牍》,文物出版社 2006 年版;甘肃省博物馆、中国科学院考古研究所编《武威汉简》,文物出版社 1964 年版。

续表

行为	判断	日名	出处
入寄人	毋；反寄之	戊辰、己巳	睡乙·寄人室
入寄者	不可	阴	睡甲·稷辰
	毋；必代居其室	辛酉	睡甲·去父母同生
	不出岁亦寄焉	己巳	睡甲·去父母同生
	不可；不出三岁必代寄焉	五巳	睡乙·入寄者
	毋；入之所寄之	戊辰、己巳	睡乙·杂忌
入寄者及臣妾	不可；必代居室	子、卯、午、酉	睡甲·入寄者
入臣妾及寄者	不可以；有咎主	丁、癸不……巳、未、卯、亥，壬戌，庚申，己亥，壬寅	睡乙·杂忌
出寄者	利；毋歌	晦日	睡甲·晦日朔日
入寄之	必代当家	辛酉、卯、癸卯	睡乙·寄人室
赐客	可	平日	放甲·建除
	可		放乙·建除
入客	不可；必代居室	戊辰、己巳、辛酉、辛卯、己未、庚午	睡甲·去父母同生
	夺主人家	阴日	孔家坡·□
召客	毋；不闹若伤	酉	武威·日忌丙

根据表 2-2 可知，"寓人"既可强调"寓"之动作，亦可代表特定人群，与"臣妾"应有别。"寄人"与"寄者"的核心特征是"寄"，有"入寄之"，且可"入"或"出"，亦应不同于"臣妾"。"客"所代表人群则更为特殊。在以往研究之中，睡虎地秦简整理小组以为，"寓人"与"寄人"均是让人寄居。[1] 李学勤又以为"寓""寄""客"三字在古书中可互训而意义相近。"寓人""寄人""客"就是古书所讲"庸客"，楚铜器铭文中的"铸客"之类，他们与主人的关系是依附或雇佣。[2] 然从现有日书材料来看，此三者既非全然相同亦非依附之人。贺润坤以为，"寓人"是专有名词，与"客"及"臣妾"有别，其身份与"寄人"相同或相近，是以各种原因在食宿形式上寄居他人房屋之人，当时称为"旅

---

① 睡虎地秦墓竹简整理小组编：《睡虎地秦墓竹简》，文物出版社 1990 年版，第 181、232 页。

② 李学勤：《睡虎地秦简〈日书〉与楚、秦社会》，《江汉考古》1985 年第 4 期。

人"。他们属秦国社会中的自由人，因失去生活与生产资料，需依附或投托他人以谋生。包括多子女人家之子女送出他人者、孤儿、赘婿、商贾破产者、破产流亡之农民与被解放之奴隶，部分迁移之民，部分三晋等国入秦耕种之人，经商、客居、游历游说之人及其后裔。这也说明了当时普通农民的社会地位并不稳定。① 刘乐贤则以为，"寄人"或"寄者"不见得就是特指某一种身份的人，也许凡是寄居于他人之处者皆可以之相称。② 然简牍日书之中的"寓人""寄人"可"夺室"，"客"亦可"代居室"，往往为民间所警惕，这应非所有无法独立生活而寄居之人都能做到的。

从文字本义看，"寓"即"寄"。《说文解字》以"寄，托也"。段玉裁注曰："字从奇，奇异也。"③ 又"寓，寄也"④。《孟子·离娄下》中"无寓人于我室"注曰，"寓，寄也"⑤。而"寓人"最早见于九店楚简《日书》，或是楚地说法。睡虎地秦简《日书》承之又增同义之"寄人"。李家浩指出，睡虎地秦简《日书》甲、乙种首篇本就是属于楚的两个不同本子。⑥ 至于"客"，《说文解字》中有"客，寄也"，段玉裁注曰："字从各，各异词也。故自此托彼曰客。"⑦ 可见"客"本就有"寄"的属性。不同于西周与春秋早期的"私徒"或是"私属"等依附人口⑧，"客"接受主人的奉养而又来去自由。《史记·孟尝君列传》即言孟尝君"招致诸侯宾客及亡人有罪者""舍业厚遇之"，且又有"食客数千人，无贵贱一与文等"⑨。而《廉颇蔺相如列传》言廉颇失势后"故客尽去"，及其复用则"客又复至"。⑩ 又有《楚元王世家》言汉高祖微时曾"与宾客过巨嫂食"，然"嫂厌叔，叔与客来，嫂详为羹尽，栎釜，宾客以故去"⑪。接受奉养需要回报，或是以客出仕，或是成为庸客。黄留珠以为，

---

①　贺润坤：《云梦秦简〈日书〉"寓人""寄者""寄人"身份考》，《文博》1991 年第 3 期。

②　刘乐贤：《睡虎地秦简日书研究》，文津出版社 1994 年版，第 99 页。

③　(汉) 许慎著，(清) 段玉裁注：《说文解字注》，上海古籍出版社 1981 年版，第 341 页。

④　(汉) 许慎著，(清) 段玉裁注：《说文解字注》，上海古籍出版社 1981 年版，第 341 页。

⑤　《十三经注疏·孟子注疏》卷 8 下《离娄下》，中华书局 2009 年影印本，第 5941 页。

⑥　湖北省文物考古研究所、北京大学中文系编：《九店楚简》，中华书局 2000 年版，第 12 页。

⑦　(汉) 许慎著，(清) 段玉裁注：《说文解字注》，上海古籍出版社 1981 年版，第 341 页。

⑧　何兹全：《中国古代社会》，北京师范大学出版社 2001 年版，第 49—51 页。

⑨　《史记》卷 75《孟尝君列传》，中华书局 1959 年标点本，第 2353—2354 页。

⑩　《史记》卷 81《廉颇蔺相如列传》，中华书局 1959 年标点本，第 2448 页。

⑪　《史记》卷 49《楚元王世家》，中华书局 1959 年标点本，第 1987 页。

秦自惠文王十年（前328）以魏人张仪为相之后，高级官员的选拔便多出于客，并逐渐发展为客卿制度。① 而秦之丧失土地的小农多成为佃耕于他人的雇佣劳动者，即《汉书·陈胜传》注曰："受其雇直而为之耕，言卖功佣也。"② 来去自由正是源于关系的疏远。凡外来之人皆可以称为客人，吴小强以为所谓"赐客"即是接待客人。③ 而周家台秦简《日书》"系行"篇"门有客"，所言诸事者亦应是种泛称。④ 甚至战争中的敌军亦可以称为"客"，《礼记·月令》即言孟春之月不可以称兵，正义曰："起兵伐人者谓之客。"⑤ 这种敌对关系或是"召客"之"不闹若伤"的原因。故若比较"客"与"寄"，尽管身份较为模糊，睡虎地秦简《法律答问》有："何谓旅人？寄及客，是谓旅人。"或以为是秦以外诸侯国使者或来往者。⑥ 即所谓"诸侯客来者，以火炎其衡轭"⑦。王子今则以为西北边地出土汉简中的"客"应是经历长途行程的中原人，"客"也许仅是一种体现户籍管理状况的身份标志。⑧ 他们也是人口构成中带有较显著流动性的特殊人群，与"吏""民""卒"具有不同的社会身份。虽受到严格的检查监控，但具有相对的人身自由，如果能够保持与边防军事组织军官的良好关系，活动会更为方便。⑨ 李解民又以为，"客"指外国侨民，"寄"指国内流民。⑩ 或许区分二者的关键正在于明晰这种内外之别。

　　从判断用语看，"寄人"有"夺""代"之举，从而令主人有"咎"。《吕氏春秋·侈乐》注曰："咎，殃也。"⑪ 可见"寄人"之举多会被民间视为灾祸。而这灾祸所发生的场所则是主人之"室"或"家"。简牍日书

---

① 黄留珠：《秦汉仕进制度》，西北大学出版社1998年版，第40页。

② 《汉书》卷31《陈胜项籍传》，中华书局1962年标点本，第1785页。

③ 吴小强：《秦简日书集释》，岳麓书社2000年版，第262页。

④ 陈伟主编：《秦简牍合集（三）·周家台秦墓简牍》，武汉大学出版社2014年版，第22—26页。

⑤ 《十三经注疏·礼记正义》卷14《月令》，中华书局2009年影印本，第2938页。

⑥ 陈伟主编：《秦简牍合集（一）·睡虎地秦墓简牍》，武汉大学出版社2014年版，第277页。

⑦ 陈伟主编：《秦简牍合集（一）·睡虎地秦墓简牍》，武汉大学出版社2014年版，第268页。

⑧ 王子今：《秦汉交通史稿》，中国人民大学出版社2013年版，第433—436页。

⑨ 王子今：《秦汉社会史论考》，商务印书馆2006年版，第239、259页。

⑩ 李解民：《睡虎地秦简所载魏律研究》，《中华文史论丛》1987年第1期。

⑪ （汉）高诱注：《吕氏春秋》，上海书店1986年版，第47页。

中的"室"应与"家"含义相同，可替换并用。如睡虎地秦简《日书》甲种"土忌"篇中有"入月十七日，以毁垣，其家日减"。乙种"囷忌日"篇中有"入月旬七日毁垣，其室日减"。又屡见有"家室"之说。①而《孟子·滕文公下》中亦有："丈夫生而愿为之有室，女子生而愿为之有家"②。

"室"之含义，既可是家人与财物，亦可是居住之建筑。刘乐贤以为，"其家日减"指家庭人员或财产日益减少。③类似于睡虎地秦简《日书》甲种"娶妻出女"篇之"室必尽"。王子今亦以为此"尽"是指家人的死丧。④同简乙种"除"篇又有"纳室"，其判断用语以"必入资货"。侯马盟书第67坑有不得"纳室"，李学勤以为是夺取他人家属资产。⑤同样，在《国语·晋语》中有："杀三却而尸诸朝，纳其室以分妇人"，注曰："纳，娶也；室，妻妾货贿。"⑥《韩非子·外储说右下》中齐桓公令"男子年二十而室，女年十五而嫁"⑦。仍以"室"为妻妾之谓。至于建筑之"室"包括大内、序、垣等不同部分，并可以种植树木。睡虎地秦简《日书》乙种"祠五祀"篇有"祠室中"，《白虎通义·五祀》又有"门、户、井、灶、中溜"之祀。⑧同简甲种"星"篇以房时可"为室屋"。《新语·道基》言先民"野居穴处，未有室屋"⑨。《淮南子·修务》亦言"舜作室""令民皆知去岩穴，各有家室"⑩。均关乎建筑。且"室"与"宫"含义相同。在睡虎地秦简《日书》之中，甲种"秦除"篇有"筑宫室"，甲种"星"篇"为室"日名正为"营宫"。而甲种"土忌"篇有"神以毁宫"，尚民杰以为，其含义应与甲种"帝"篇中之"为室日"近同，"室"亦即"宫"，"帝"则指土神。⑪故甲种

① 参见陈伟主编《秦简牍合集（一）·睡虎地秦墓简牍》，武汉大学出版社2014年版。

② 《十三经注疏·孟子注疏》卷6上《滕文公下》，中华书局2009年影印本，第5895页。

③ 刘乐贤：《睡虎地秦简日书研究》，文津出版社1994年版，第293页。

④ 王子今：《睡虎地秦简〈日书〉甲种疏证》，湖北教育出版社2003年版，第318页。

⑤ 李学勤：《东周与秦代文明》，上海人民出版社2007年版，第34页。

⑥ 徐元诰撰，王树民、沈长云点校：《国语集解》，中华书局2002年版，第394页。

⑦ （清）王先慎撰，钟哲点校：《韩非子集解》，中华书局1998年版，第345页。

⑧ （清）陈立撰，吴则虞点校：《白虎通疏证》，中华书局1994年版，第77页。

⑨ 王利器：《新语校注》，中华书局1986年版，第11页。

⑩ 何宁：《淮南子集释》，中华书局1998年版，第1313页。

⑪ 尚民杰：《睡虎地秦简〈日书〉中的"土神"与"土忌"》，载陕西历史博物馆编《陕西历史博物馆馆刊》（第7辑），三秦出版社2000年版。

"杂忌"篇中之"神以治室"可由居住之所引申为神位所在。晏昌贵与梅莉以为，简牍日书"二室""四室"等说应即十二月所代表的十二室，并非实际生活中的住室。① 又《新书·六术》以三庙"上室为昭，中室为穆，下室为孙嗣令子"②。若是分析与"室"相关之行为，则睡虎地秦简《日书》中有"入室""去室""到室"与"久行""长行""远行"相对，其差异之处是安居在家与奔波在外，即"居室"与否。故同简甲种"室忌"篇以"筑室"可能"不居"，乙种"室忌"篇以"除室"可令"百虫弗居"。至于放马滩秦简《日书》甲、乙种"建除"篇有"居处"之说③，所表达的也应是对于"居"的关注。

所谓"居"，段玉裁注《说文解字》以《论语》中之"寝不尸，居不客"乃是"谓生不可似死，主不可似客也"④。且"今字用蹲居字为尻处字，而尻字废矣。又别制踞字为蹲居字，而居之本义废矣"⑤。是"居"之含义经演变而为主人居处之谓。

在秦汉法律材料中屡见有"同居"之说，睡虎地秦简《法律答问》有："盗及诸它罪，同居所当坐。何谓同居？户为同居，坐隶，隶不坐户谓也"⑥。夏利亚以为，凡是同户的都可以称为"同居"，也就是说只要在一起居住即可，包括父母、妻子及兄弟或兄弟之子，无子之人的养子，甚至还包括作为财产的隶臣妾。⑦ 所谓"隶"，李力根据睡虎地秦简与张家山汉简等材料研究认为，其既可作动词表附属、归属，亦可作名词表执贱役者、奴隶、罪隶。⑧ 孙闻博则根据里耶秦简与岳麓秦简等材料，在裘锡圭将战国家庭的依附人口分为眷属子弟、臣妾、徒役、宾客四类人的基础上提出，"隶"并非臣妾与宾客，或属眷属子弟与徒役一类的依附人口。⑨ 然不断涌现的新出简牍材料也在刷新人们以往的认知。吴方基

①　晏昌贵、梅莉：《楚秦〈日书〉所见的居住习俗》，《民俗研究》2002 年第 2 期。
②　（汉）贾谊著，阎振益、钟夏校注：《新书校注》，中华书局 2000 年版，第 317 页。
③　参见陈伟主编《秦简牍合集（四）·放马滩秦墓简牍》，武汉大学出版社 2014 年版。
④　（汉）许慎著，（清）段玉裁注：《说文解字注》，上海古籍出版社 1981 年版，第 341 页。
⑤　（汉）许慎著，（清）段玉裁注：《说文解字注》，上海古籍出版社 1981 年版，第 399 页。
⑥　陈伟主编：《秦简牍合集（一）·睡虎地秦墓简牍》，武汉大学出版社 2014 年版，第 203 页。
⑦　夏利亚：《睡虎地秦简文字集释》，上海交通大学出版社 2019 年版，第 440 页。
⑧　参见李力《"隶臣妾"身份再研究》，中国法制出版社 2007 年版。
⑨　孙闻博：《秦及汉初的司寇与徒隶》，《中国史研究》2015 年第 3 期。

指出，里耶秦简有"户隶"，是户籍中一种与户主之关系为"隶"的成员，其身份是民。而"户隶"的性质与附籍一致，是一种依附户籍，产生原因包括因年龄问题不立户、无户籍无归属的女子重新编入户籍、因"名田宅"制度的执行无法占有田宅等。秦及汉初，附籍者可跨县迁徙并单独统计人数。① "户隶"是秦同户即为"同居"并单向连坐于附籍之"隶"。

至于"同居"之人，彭年以为"同居"即"同居业"，含"同籍"与"同财"两项。秦汉时期父母妻子属于"同居"，没有分异的兄弟及兄弟之子亦在"同居"之列。奴婢在户主家中并不算"同居"，而是一种与牛马相类的"户资"。② 然睡虎地秦简《法律答问》中既言："士伍甲无子，其弟子以为后，与同居，而擅杀之，当弃市"③，又言："父子同居，杀伤父臣妾、畜产及盗之，父已死，或告，勿听，是谓家罪"④。同简《秦律十八种·金布律》中有："毋责妻、同居"⑤。是秦"同居"主要涉及父系亲属关系。《汉书·惠帝纪》注曰："同居，谓父母、妻、子之外，若兄弟及兄弟之子等，见与同居业者。"⑥ 是汉"同居"亦只强调兄弟关系。

此外，张家山汉简《二年律令·置后律》中还有："同产相为后，先以同居，毋同居乃以不同居，皆先以长者。其或异母，虽长，先以同母者"⑦。所谓"同产"，《后汉书·明帝纪》注曰："同母兄弟也。"⑧ 其性别应无限制，《二年律令·杂律》有："同产相与奸，若娶以为妻，及所娶皆弃市"⑨。而居延汉简24·1B有"男同产"与"女同产"之别。⑩ 且

① 吴方基：《里耶"户隶"简与秦及汉初附籍问题》，《中国史研究》2019 年第 3 期。

② 彭年：《秦汉"同居"考辨》，《社会科学研究》1990 年第 6 期。

③ 陈伟主编：《秦简牍合集（一）·睡虎地秦墓简牍》，武汉大学出版社 2014 年版，第 224 页。

④ 陈伟主编：《秦简牍合集（一）·睡虎地秦墓简牍》，武汉大学出版社 2014 年版，第 239 页。

⑤ 陈伟主编：《秦简牍合集（一）·睡虎地秦墓简牍》，武汉大学出版社2014 年版，第 99 页。

⑥ 《汉书》卷 2《惠帝纪》，中华书局 1962 年标点本，第 88 页。

⑦ 张家山二四七号汉墓竹简整理小组编：《张家山汉墓竹简（二四七号墓）》，文物出版社 2006 年版，第 60 页。

⑧ 《后汉书》卷 2《显宗孝明帝纪》，中华书局 1965 年标点本，第 97 页。

⑨ 张家山二四七号汉墓竹简整理小组编：《张家山汉墓竹简（二四七号墓）》，文物出版社 2006 年版，第 34 页。

⑩ 谢桂华、李均明、朱国炤编：《居延汉简释文合校》，文物出版社 1987 年版，第 35 页。

《二年律令·贼律》以谋反者"其父母、妻子、同产，无少长皆弃市"①。是汉之"同产"只要求同母所生，应类似于睡虎地秦简《秦律十八种·司空律》之"百姓有母及同生为隶妾"中的"同生"。②"同产"是继承法律中的重要条件，《汉书·平帝纪》即规定，"令诸侯王、公、列侯、关内侯亡子而有孙若子同产子者，皆得以为嗣"③。但若严格执行应仍需"同居"。

张家山汉简《二年律令·置后律》又有："死毋子男代户，令父若母，毋父母令寡，毋寡令女，毋女令孙，毋孙令耳孙，毋耳孙令大父母，毋大父母令同产子代户。同产子代户，必同居数"④。更言"实不徙数"，整理者以为"数"即户口。⑤ 然贾丽英以为存在"同居"而不同"数"的情况，即同财共居或依托型家庭。"同居"经法律确认后，便产生继承权、减免赋役权等权利及相互扶养、监督与连坐、经济偿负等义务。⑥ 故在现实生活与法律规定的双重作用下，秦汉"同居"应并不严格要求同户，而是格外强调父系血缘关系。

其实秦汉时期的"户"是一个较宽泛的概念。孙筱以为，秦代户籍登录已初步制度化，往往与田土登录一起进行，以成丁户主为主，以家为单位组成编户齐民，且还有明显的等级区别。⑦ 张金光则以为，秦代的户籍中包括名、籍贯、籍注等部分，涉及自然体状、社会家庭身份、社会政治职份与租赋徭役完给情况等内容。⑧ 在出土材料之中，睡虎地秦简《封诊式》"封守"篇有："封有鞫者某里士伍甲家室、妻、子、臣妾、衣器、畜产。甲室、人：一宇二内，各有户，内室皆瓦盖，木大具，门桑十木。妻某；子大女子某，未有夫；子小男子某。臣某，妾小女子某。牡犬一。"⑨

① 张家山二四七号汉墓竹简整理小组编：《张家山汉墓竹简（二四七号墓）》，文物出版社 2006 年版，第 7 页。

② 陈伟主编：《秦简牍合集（一）·睡虎地秦墓简牍》，武汉大学出版社 2014 年版，第 54 页。

③ 《汉书》卷 12《平帝纪》，中华书局 1962 年标点本，第 349 页。

④ 张家山二四七号汉墓竹简整理小组编：《张家山汉墓竹简（二四七号墓）》，文物出版社 2006 年版，第 60 页。

⑤ 张家山二四七号汉墓竹简整理小组编：《张家山汉墓竹简（二四七号墓）》，文物出版社 2006 年版，第 54 页。

⑥ 贾丽英：《秦汉律简"同居"考论》，《石家庄学院学报》2013 年第 2 期。

⑦ 孙筱：《秦汉户籍制度考述》，《中国史研究》1992 年第 4 期。

⑧ 张金光：《秦制研究》，上海古籍出版社 2004 年版，第 778—788 页。

⑨ 陈伟主编：《秦简牍合集（一）·睡虎地秦墓简牍》，武汉大学出版社 2014 年版，第 288 页。

又"告子"篇有"甲亲子同里士伍丙不孝"①，描述秦代家庭时包括成员与财产，且父子别居而同里。张荣强指出，湖南里耶北护城壕所出户籍残简之典型书写方式是分为五栏，分别著录壮男、壮女、小男、小女及老男（女），与商鞅变法后秦国的户口统计方式基本一致。且一户所有家口都写在一枚版上，版的宽度因各户家口情况的不同而宽窄各异。② 黎明钊以为由里耶北对比户籍档案的内容及其所显示的家庭类别可知，秦并未严格执行分异法，小家庭虽是主导的家庭类型，但社会上仍存在相当数量的扩大家庭与联合家庭。③ 此外，里耶秦简中还有"从户"④ 之说，类似《商君书·境内》所谓："其有爵者乞无爵者以为庶子，级乞一人。其无役事也，其庶子役其大夫月六日；其役事也，随而养之"⑤。所从养之"户"更偏重于一种爵位身份的象征。

及至汉代，居延汉简所见吏卒家属名籍包括妻、子及媳、同产、父母等人。⑥ 王彦辉指出，湖北云梦睡虎地4号汉墓出土的6号木牍与11号木牍之家信表明，出征者黑夫、惊在参加秦始皇二十四年（前223）的灭楚战争期间，曾向其母及兄衷索取钱与衣物。惊还询问了新妇及女儿的近况。故衷和他的兄弟是同居共财的，其家是以衷为户主的三代同堂的联合家庭。⑦ 可见出于国家对编户齐民进行管理的需要，秦汉时期的"户"既可登录全部家庭成员与财产，亦具有独特的象征意义。

既然同户概念如此宽泛，则"同居"还需进一步规定。睡虎地秦简《法律答问》有："何谓室人？何谓同居？同居，独户母之谓也。室人者，一室，尽当坐罪人之谓也。"⑧ 栗劲以为"独户母"是同居之中同母所生而未分居的兄弟。⑨ 富谷至则以为"户母"之"母"应读作"戍"，"户

① 陈伟主编：《秦简牍合集（一）·睡虎地秦墓简牍》，武汉大学出版社2014年版，第304页。

② 张荣强：《湖南里耶所出"秦代迁陵县南阳里户版"研究》，《北京师范大学学报》2008年第4期。

③ 黎明钊：《里耶秦简：户籍档案的探讨》，《中国史研究》2009年第2期。

④ 陈伟主编：《里耶秦简牍校释（第一卷）》，武汉大学出版社2012年版，第297页。

⑤ 高亨：《商君书注译》，清华大学出版社2011年版，第155页。

⑥ 参见谢桂华、李均明、朱国炤编《居延汉简释文合校》，文物出版社1987年版。

⑦ 王彦辉：《张家山汉简〈二年律令〉与汉代社会研究》，中华书局2010年版，第109页。

⑧ 陈伟主编：《秦简牍合集（一）·睡虎地秦墓简牍》，武汉大学出版社2014年版，第277页。

⑨ 栗劲：《秦律通论》，山东人民出版社1985年版，第208页。

戊"即居延汉简之"户关",或称"户关戊",王国维释作门闩。而"独户母"即拥有同一个门闩的居住房屋,正符合同一住所的户籍登记基础。① 然同母与同户毕竟范围过大,若参考汉代继承法律中"同产"之条件,秦代"同居"强调"独户母"亦应是为便于一户之中的财产分割。其实春秋以降,随着宗法制度的崩溃与小农经济的发展,父母同成年儿子分居已是普遍现象。《孟子·离娄下》言:"私妻子,不顾父母之养"②。秦有"分异"之法,《史记·商君列传》言:"民有二男以上不分异者,倍其赋。"③ 又言"令民父子兄弟同室内息者为禁"④。张金光以为,当时不仅是劳动者,即使在官僚、富庶人家亦普遍建立起个体小家庭。⑤《史记·高祖本纪》言,刘邦称帝后在栎阳与父亲太公异宅别居,其"五日一朝太公,如家人父子礼"⑥。宋杰指出,西汉太后与皇帝分居两宫,这种别居乃是承袭秦制,既便于私生活的隐秘,也含有战国以来风俗演变、儿子成年后多与父母分户另居的影响。⑦ 另睡虎地秦简《日书》甲种"艮山"篇有"离日不可以嫁女、娶妇及入人民畜生,唯利以分异"⑧。李学勤以为"分异"就是分家。⑨ "分异"又与"同居"对举,同简甲种"去父母同生"篇即有"戊午去父母同生,异者焦窭,居癯。丙申以就,同居必窭"。或以为所谓"就"即往、归。⑩ 是离开父母与"同生"为"异",归则为"同居"。《说文解字》又以"窭,无礼尻也"。段玉裁注曰:"谓宫室不中礼。"⑪ 故讲求"同居"或本就是为了"分异"。且所谓"分异"同样含有异户异财与同户别居两种情况。

① ［日］富谷至:《秦汉刑罚制度研究》,柴生芳、朱恒晔译,广西师范大学出版社 2006 年版,第 155 页。

② 《十三经注疏·孟子注疏》卷 8 下《离娄下》,中华书局 2009 年影印本,第 5940 页。

③ 《史记》卷 68《商君列传》,中华书局 1959 年标点本,第 2230 页。

④ 《史记》卷 68《商君列传》,中华书局 1959 年标点本,第 2232 页。

⑤ 张金光:《商鞅变法后秦的家庭制度》,《历史研究》1988 年第 6 期。

⑥ 《史记》卷 8《高祖本纪》,中华书局 1959 年标点本,第 382 页。

⑦ 宋杰:《汉代皇室"两宫"分居制度的演变》,《中国史研究》2019 年第 4 期。

⑧ 陈伟主编:《秦简牍合集(一)·睡虎地秦墓简牍》,武汉大学出版社 2014 年版,第 383 页。

⑨ 李学勤:《睡虎地秦简中的〈艮山图〉》,《文物天地》1991 年第 4 期。

⑩ 陈伟主编:《秦简牍合集(一)·睡虎地秦墓简牍》,武汉大学出版社 2014 年版,第 384—385 页。

⑪ (汉)许慎著,(清)段玉裁注:《说文解字注》,上海古籍出版社 1981 年版,第 341 页。

　　至于"室人",《礼记·昏义》注曰:"女姒女叔诸妇也。"① 以室为妻妾。《诗经·北门》笺曰:"在室之人。"② 以室为房屋。而睡虎地秦简《封诊式》有:"又讯甲室人,甲到室居处及腹痛子出状"③。《法律答问》有:"或自杀,其室人弗言吏,即葬埋之"④。高恒以为,"室人"即房屋内的人,同一室的人不一定是亲属。⑤ 且连坐与否亦无法明确关系。《史记·商君列传》有:"令民为什伍,而相牧司连坐。"《索隐》言:"一家有罪而九家连举发,若不纠举,则十家连坐"⑥。此连坐对象便非亲属。富谷至指出,"室人"既为"一室尽当坐罪之人",则不包括奴婢。⑦ 文霞以为,秦人所用之"室人"既表建筑意义,又表法律意义,然更偏向于居住空间上的"家"而非行政管理上的"户",主要指同居一室的有血缘或婚姻关系的亲人,既不包括奴婢及其他家庭的依附成员,也不包括析分出去单独立"室"的成年兄弟。⑧ 尹在硕则以为,日书把"室"作为每个人活动的最小空间,"室人"指同一"室"内共居共食的所有人,即包括非血缘隶属者。而"室"是按以父母为中心,子女、兄弟、夫妇及孙子等三代同居的三世同堂家族类型之居住结构来设计的。战国末期,秦国社会活跃的社会分化诱发了家族的分解,为阻止小农分解,国家也推行了保护父母与(成年)子息兄弟同居之政策。⑨ 故同室的意义主要在于共同生活而非分割关系。

　　如此,考张家山汉简《二年律令·户律》中"孙为户,与大父母居,养之不善,令孙且外居,令大父母居其室,食其田,使其奴婢,勿贸卖。

---

　　① 《十三经注疏·礼记正义》卷61《昏义》,中华书局2009年影印本,第3649页。
　　② 《十三经注疏·毛诗正义》卷2《邶风·北门》,中华书局2009年影印本,第653页。
　　③ 陈伟主编:《秦简牍合集(一)·睡虎地秦墓简牍》,武汉大学出版社2014年版,第314页。
　　④ 陈伟主编:《秦简牍合集(一)·睡虎地秦墓简牍》,武汉大学出版社2014年版,第227页。
　　⑤ 高恒:《读秦简牍札记》,载中国社会科学院简帛研究中心编《简帛研究》(第1辑),法律出版社1993年版。
　　⑥ 《史记》卷68《商君列传》,中华书局1959年标点本,第2230页。
　　⑦ [日]富谷至:《秦汉刑罚制度研究》,柴生芳、朱恒晔译,广西师范大学出版社2006年版,第154页。
　　⑧ 文霞:《试论秦汉简牍中的"室"和"室人"——以秦汉奴婢为中心》,《史学集刊》2013年第3期。
　　⑨ [韩]尹在硕:《睡虎地秦简〈日书〉所见"室"的结构与战国末期秦的家族类型》,《中国史研究》1995年第3期。

孙死，其母而代为户。令毋敢逐夫父母及入赘，及道外取其子财"①。"外居"即在"户"不变的前提下居于他人之"室"。此群体或正是秦法中的"室人"，因无法独立生活而选择寄居于外家，仅同室而不同户，民间称之为"寓人"或"寄人"。针对本家是同户而别居，既未得"分异"而仍属于法律意义上的"同居"。针对外家是同居而异户，虽未入籍却已是生活实态上的"同居"。唐代律令中可以称为"同居别籍"，即"同财共居，不限籍之同异，虽无服者，并是"②。至于"夺室""代室"即侵占主家的财产或房屋，甚至"代当家"，魏德胜以为是主持家政。③ 这种资源的消耗必然会造成主家的损失，乃至于发生"反寄"或"代寄"。故简牍日书中多视之为不祥，以不可"入"而利于"出"。此外，"室人"之间的血缘关系尚难以明确，唐时即可为"无服者"。故"室人"中或还包括"客"，与寄居之人一样养于他家并可能带来风险，且又比附属于主人的奴婢拥有更多的人身自由。二者的区别正在于血缘关系，即亲属寄居而外人客居。

　　然从记载情况来看，见于秦代简牍日书的"寓人"与"寄人"应仅是民间所称，法律文书中可以"室人"相代。而其不见于汉代简牍日书之中，类似表达的对象仅余有"客"。究其原因，一是制度的健全，使得寄居行为难以为继。张家山汉简《二年律令·户律》有："代户、贸卖田宅，乡部、田啬夫、吏留弗为定籍，盈一日，罚金各二两"④。是户籍管理日渐严格，异户寄居不入定籍不得官方支持。又"民大父母、父母、子、孙、同产、同产子，欲相分予奴婢、马牛羊、它财物者，皆许之，辄为定籍"⑤。是个人财产既得自由转让亦受定籍保护，寄者夺代触犯法律。二是民间宗族势力的加强，使得不再有寄居他家求生的需要。《风俗通义·过誉》言："兄弟无离异之义也。凡同居，上也；通有无，次也；让其下

　　① 张家山二四七号汉墓竹简整理小组编：《张家山汉墓竹简（二四七号墓）》，文物出版社2006年版，第55页。
　　② 刘俊文：《唐律疏议笺解》，中华书局1996年版，第466页。
　　③ 魏德胜：《〈睡虎地秦墓竹简〉词汇研究》，华夏出版社2003年版，第97页。
　　④ 张家山二四七号汉墓竹简整理小组编：《张家山汉墓竹简（二四七号墓）》，文物出版社2006年版，第53页。
　　⑤ 张家山二四七号汉墓竹简整理小组编：《张家山汉墓竹简（二四七号墓）》，文物出版社2006年版，第55页。

耳"①。《后汉书·循吏列传》言，许荆祖父欲令其二弟成名，先借"礼有分异之义，家有别居之道"。三分财产而自取大者，以成其弟克让之名，后又推财于弟。和帝时许荆迁桂阳太守，有"兄弟争财，互相言讼"，荆乃行教化而使知礼禁。② 是时人推崇"同居"而非"分异"。马新即以为两汉时的社会活动单位是宗族。③ 杜正胜更以为，"汉型"家庭结构是以夫妇及其子女组成的核心家庭为主体，父母同居者不多，兄弟姊妹同居者更少。而东汉全国平均家口数比西汉晚期略高，似是儒家伦理普及后矫正生分之俗的结果。至于"唐型"家庭结构则是尊长犹在，子孙多合籍、同居、共财，共祖父的家庭成员成为一家。究其变化原因，主要是战国以来里间普遍推行什伍编组，在基层社会结构中地缘因素逐渐取代了以前的血缘结合。而秦汉时期的"族"多指三族，即父母、兄弟、妻子，此外便疏远了，故也不负法律连坐相收的责任。"宗"比三族并大不了多少。这种狭窄的"宗族"范围正显示出，古代氏族遗习社会解体后，以编户齐民为主的基层社会结构中血缘的功能甚为淡薄。西汉宣帝以降，儒学复兴，古代宗族的社会功能也有所恢复，以血缘为基础的人群结合在社会与政治层面逐渐发挥主导作用，最明显的就是世家大族。所谓累世同居，即无官无爵或官卑职微的大族同居且共财，正发源于世家兴盛之时，而当世家逐渐没落后也依然存在，影响却只在基层社会。④ 故寄居原本仅为亲属双方的自愿行为而不具法律约束力，其后受到户籍财产制度之发展完善与民间聚族而居之生活方式的影响，逐渐遭到淘汰。反倒是全无血缘关系的客居仍有存在空间，得以维持其在历史材料中的记载。

---

① （汉）应劭著，王利器校注：《风俗通义校注》，中华书局 2010 年版，第 200 页。

② 《后汉书》卷 76《循吏列传》，中华书局 1965 年标点本，第 2471—2472 页。

③ 马新：《两汉乡村社会史》，齐鲁书社 1997 年版，第 230 页。

④ 参见杜正胜《传统家族试论》，载黄宽重、刘增贵主编《家族与社会》，中国大百科全书出版社 2005 年版。

第三章

简牍日书所见社会群体

简牍日书中常见的社会群体有官吏和农商。常见的官吏行为包括行政职能与仕途生活两方面。其备受关注的原因与秦汉时期的政治环境有关。农商活动二者密不可分且相得益彰，为编户齐民所普遍从事，涉及种植、畜牧、渔猎、林木、买卖等不同方面，反映出秦汉时期基层社会生活情态的诸多细节。

第一节　秦汉时期官吏行为考察

官吏作为行政运行的主体，是秦汉时期政治史研究的重要对象。其具体指代历来为学者们所关注。强汝询较早利用传世文献对汉代州、郡、县的吏员设置、职官沿革、机构职能等问题进行了整理，指出县吏应主要包括令、县丞、县尉、功曹、户曹、奏曹、辞曹、法曹、尉曹、贼曹、决曹、兵曹、金曹、仓曹、门下书佐、门下掾、廷掾、狱掾、狱史、狱小吏、主簿、劝农掾、制度掾、门士、厩啬夫、市吏、候吏、孝者、悌者、力田、县三老、乡三老、啬夫、乡佐、游徼、亭长、都亭刺佐、里魁、什伍等。① 严耕望又对秦汉郡县组织机构分门别类，指出属吏可分为纲纪、门下、列曹三部分。② 陈梦家则利用居延汉简对汉代边郡太守府与部都尉府的组织机构进行了复原，指出其属吏可分为阁下与诸曹。③ 仲山茂还根

---

① 强汝询：《汉州郡县吏制考》，《中国学报》1913 年第 6、8 期。
② 严耕望：《中国地方行政制度史·秦汉地方行政制度》，上海古籍出版社 2007 年版，第 229—234 页。
③ 陈梦家：《汉简缀述》，中华书局 1980 年版，第 37—124 页。

据睡虎地秦简指出，"官"与"曹"应是不同性质的机构，即秦县属吏的工作场所可分为"官（府）"与"廷（府）"，前者的工作人员包括官啬夫、佐、史，负责之"官"有官印且独立性较强，是县的下级机构。后者的工作人员包括令、丞、令史，负责之"曹"没有官印且独立性较弱。① 故关于秦汉时期地方行政的研究主要围绕县级行政单位展开，县统摄诸乡，设有层级分工不尽相同的诸长吏与属吏，而他们的办公场所可统称为"官署"。

一　行政职能类行为

针对县级官吏来说，最需关注的便是其行政职能。萧吉《五行大义》"论诸官"条引《洪范五行传》以为，仓曹共农赋、户曹共口数、辞曹共讼诉、贼曹共狱捕、功曹共除吏、田曹共群畜、金曹共钱布、尉曹共本使、时曹共政教、集曹共纳输，而传舍掌出入敬忌、司空掌守将班治、市官掌平准卖买、乡官掌亲事五教、少府掌金铜钱布、邮亭掌行书驿置、尉官掌驰逐追捕、厨官掌百味悉具、库官掌兵戎器械、仓官掌五谷畜积、狱官掌讯具备、宰官掌闭藏完具。② 足见分工之细致。瞿兑之与苏晋仁则以为，两汉县的职能主要分为教化、户籍、赋税、保卫、刑讼、振恤、供应等几方面。③ 邹水杰又认为，两汉县政有理讼断狱、治安管理、征发徭役、管理军队、户籍管理、赋税征收、劝课农桑、兴办学校、教化吏民、移风易俗、尊贤奖孝、振恤穷寡之分。④ 纸屋正和更是充分利用出土材料指出，汉代县、道廷及其吏员掌管着编制与管理户籍、登记民众田宅、恢复原有田宅、教化县道百姓、授予民爵、赐予田宅等方面的事务，并推测县、道可能还负责发放过所、征发徭役、审判案件、管理牢狱、主持祭祀与战死士兵的葬礼、管理谷物等物品、管理邮书传递、征收租赋、进行案比、施行劝农政策、管理市场与官营工场、货币铸造、向郡与国上计、维持治安、管理道路等工作。⑤ 参照以上标准，整理简牍日书材料后可列表如下。

①　［日］仲山茂：《秦汉时代の"官"と"曹"——县の部局组织》，《东洋学报》2001年第82卷第4号。

②　［日］中村璋八：《五行大义校注》，东京：汲古书院1998年版，第190—191页。

③　瞿兑之、苏晋仁：《两汉县政考》，中国联合出版公司1944年版，第17—36、79—121页。

④　邹水杰：《两汉县行政研究》，湖南人民出版社2008年版，第112—149页。

⑤　［日］纸屋正和：《汉代郡县制的展开》，朱海滨译，复旦大学出版社2016年版，第31—51页。

表 3 - 1　　　　　　　　　　简牍日书所见官吏职能①

行为	判断	日名	出处
起众	可	成日	放甲·建除
	可		放乙·建除
	可以		睡甲·秦除
	可以		孔家坡·建除
	不可	日辰星	阜阳·日书
最众	必乱者	害日	睡甲·除
作事	吉	平日	放甲·建除
	吉		放乙·建除
	不成	结日	睡甲·除
	吉	成、外阳之日	睡乙·除
行作	不可以	外害日	睡甲·除
	利	小彻之日	周家台·戎历日（一）
	不可	未	孔家坡·忌日
作	不可以	午、辰	港中文藏·稷辰
兴土	利	二月；西方	睡甲·作事
起土功	不死必亡	甲申、乙酉	放甲·土功
	必死亡	春乙亥、夏丁亥、秋辛亥、冬癸亥	放乙·土功（二）
	不可	正月寅、二月巳、三月申、四月亥、五月卯、六月午、七月酉、八月子、九月辰、十月未、十一月戌、十二月丑	睡甲·土忌（二）
	不可	土□月所在	孔家坡·土功
作土功	毋	戊己	放乙·十干占行
作土事	不可	日辰星	阜阳·日书

　　① 　参见陈伟主编《秦简牍合集》，武汉大学出版社 2014 年版；湖北省文物考古研究所、随州市考古队编《随州孔家坡汉墓简牍》，文物出版社 2006 年版；张存良、吴荭《水泉子汉简初识》，《文物》2009 年第 10 期；阜阳汉简整理小组《阜阳汉简简介》，《文物》1983 年第 2 期；连云港市博物馆、东海县博物馆、中国社会科学院简帛研究中心、中国文物研究所编《尹湾汉墓简牍》，中华书局 1997 年版；刘乐贤《印台汉简〈日书〉初探》，《文物》2009 年第 10 期；陈松长编《香港中文大学文物馆藏简牍》，香港中文大学文物馆 2001 年版。

续表

行为	判断	日名	出处
操土功	不死必亡	卯、丑、寅、午、辰、巳、酉、未、申、子、戌、亥	放乙·土功（二）
	毋	十一月先望日、望日、后望一日	孔家坡·土功事
为土功	不可	土徼正月壬，二月癸，三月甲，四月乙，五月戊，六月巳，七月丙，八月丁，九月戊，十月庚，十一月辛，十二月乙	睡甲·土忌（一）
为土事	可以	东井	睡甲·星
	可以		睡乙·官
起大事	利	秀日	睡甲·除
	利	成、决光之日	睡乙·除
兴大事	可以	成日	睡甲·秦除
	可以		孔家坡·建除
作大事	不可以	怨、结之日	睡乙·除
举大事	利	大彻之日	周家台·戎历日（一）
言盗	盗必得	开日	放甲·建除
	得		睡甲·秦除
	必得		孔家坡·建除
执盗贼	利	敓日	睡甲·陷日敓日
朝盗不得，昼夕得	子	睡乙·十二支占	
逐盗	可以	执日	孔家坡·建除
逐捕人	可以	戊、丑、辰、未	水泉子·封三：4
捕人	可以	危日	孔家坡·建除
除罪	可以	除日	放甲·建除
	可以		放乙·建除
系囚	亟出	子朔巳亥，丑朔子午，寅朔子午，卯朔丑未，辰朔丑未，巳朔寅申，午朔寅申，未朔卯酉，申朔卯酉，酉朔辰戌，戌朔辰戌，亥朔巳亥	放乙·反支

续表

行为	判断	日名	出处
系	亟出	秀	睡甲·稷辰
	亟出	爰	睡乙·秦
	亟出	秀日	孔家坡·□
	无罪	卯、辰、巳、午、未、申、酉、戌、亥、子、丑、寅	印台·15
击者	毋罪	端时	尹湾·刑德行时

根据表3-1可知，简牍日书所见秦汉时期的官吏职能主要有徭役征发与治安管理。"起众""最众"即聚集民众。《礼记·月令》言，孟春之月"毋聚大众，毋置城郭"①。是聚众之事尤需慎重，否则会造成"必乱"的后果。《管子·乘马数》亦言"作功起众，立宫室台榭，民失其本事"②。是兴发动众而为土木之役乃劳民之举。王子今以为所谓"作事"可理解为经营大事，还可理解为社会活动。③ 然考睡虎地秦简《日书》甲种"作事"篇中所言乃为"兴土"，即土木之事，同"起土功""作土功""作土事""操土功""为土功""为土事"相类似。《吕氏春秋》言，季夏"不可以兴土功，不可以合诸侯"。注曰："土功，筑台穿池"。④ 是"作事"的指代应更为具体。而"作"有"行作"，应指外出劳动。《商君书·垦令》言："声服无通于百县，则民行作不顾，休居不听"⑤。王子今将"行""作"进行拆分。⑥ 张家山汉简《二年律令》即言："伏闭门，止行及作田者"⑦。单言"作"便指劳作。故当时民众所劳作之事应为徭役中的土木工程。《论衡·解除》言："世间缮治宅舍，凿地掘土，功成作毕，解谢土神，名曰'解土'"⑧。是兴土作功同样为民间所重视。

需要注意的还有"大事"。秦汉时期多以"事"作为基本的行为记录

---

① 《十三经注疏·礼记正义》卷14《月令》，中华书局2009年影印本，第2938页。

② 黎翔凤撰，梁运华整理：《管子校注》，中华书局2004年版，第1233页。

③ 王子今：《睡虎地秦简〈日书〉甲种疏证》，湖北教育出版社2003年版，第226页。

④ （汉）高诱注：《吕氏春秋》，上海书店1986年版，第55页。

⑤ 高亨：《商君书注译》，清华大学出版社2011年版，第35页。

⑥ 王子今：《睡虎地秦简〈日书〉甲种疏证》，湖北教育出版社2003年版，第35页。

⑦ 张家山二四七号汉墓竹简整理小组编：《张家山汉墓竹简（二四七号墓）》，文物出版社2006年版，第51页。

⑧ 黄晖：《论衡校释》，中华书局1990年版，第1044页。

单位，如周家台秦简《日书》"系行"篇中就有"行事""请谒事""忧病事""家室事""赏赐事""狱讼事""分楬事""钱财事""变治事""急相穷事""恶事""故事""末事""善事""凶事""吉事"等分类。①额济纳汉简中亦有"十五吉得福事"与"十四凶讼畜生饮食事"等说。②至于所行之"事"或有具体指向，或是抽象集合。前者与官方行政相关，如居延汉简之"一事一封"③。汪桂海以为这是发送文书的缄封方式，还记作"一事二封"与"一事集封"。"事"在这里应指文书，一封、二封则指文书封检上所加封泥印信之数。④后者更体现出民间观念，如放马滩秦简《日书》乙种"阴阳钟"篇中之"得天者贵，得地者富，得游变者其为事成"⑤，即反映出时人在富贵之外对"成事"的追求。而所谓"大事"在传世文献中往往又因时代不同而有所差异。先秦时期多以国家为讨论对象，所涉之事亦均出于巩固政权的需要，如《左传·成公十三年》言："国之大事，在祀与戎"⑥。又如《周礼·地官司徒》有"仓人"条言"凡国之大事，共道路之谷，积食饮之具"。东汉郑玄注曰："大事谓丧戎。"⑦此种重死尚丧之观念亦见于秦时，《史记·秦始皇本纪》载始皇葬于骊山，即以"大事毕，已藏，闭中羡，下外羡门，尽闭工匠藏者，无复出者"⑧。此外，东汉有崇文之风，《后汉书·应劭传》载应劭删定律令为《汉仪》，以"夫国之大事，莫尚载籍"⑨。此后行政运作日益规范，人才需求与日俱增，故针对《尚书》之"立政"，唐孔颖达疏曰："王之大事在于任贤使能。"⑩然典籍中所见"大事"虽多立足于统治层面，却亦不乏民间视角。《礼记·月令》言，仲春之月"毋作大事，以妨农之

① 陈伟主编：《秦简牍合集（三）·周家台秦墓简牍》，武汉大学出版社 2014 年版，第22—26 页。

② 魏坚主编：《额济纳汉简》，广西师范大学出版社 2005 年版，第 190 页。

③ 谢桂华、李均明、朱国炤编：《居延汉简释文合校》，文物出版社 1987 年版，第 3 页。

④ 汪桂海：《秦汉简牍探研》，文津出版社 2009 年版，第 18 页。

⑤ 陈伟主编：《秦简牍合集（四）·放马滩秦墓简牍》，武汉大学出版社 2014 年版，第131 页。

⑥ 《十三经注疏·春秋左传正义》卷27《成公十三年》，中华书局 2009 年影印本，第4149 页。

⑦ 《十三经注疏·周礼注疏》卷 16《仓人》，中华书局 2009 年影印本，第 1616 页。

⑧ 《史记》卷6《秦始皇本纪》，中华书局 1959 年标点本，第 265 页。

⑨ 《后汉书》卷 48《应劭传》，中华书局 1965 年标点本，第 1612 页。

⑩ 《十三经注疏·尚书正义》卷 17《立政》，中华书局 2009 年影印本，第 490 页。

事"①。《汉书·韩延寿传》言"治城郭，收赋租，先明布告其日，以期会为大事，吏民敬畏趋乡之"②。王子今指出，不能将国家执政者对"大事"的理解简单化地套用于普通下层民众。③故若考之以出土材料，则"大事"主要有以下两种解释。

一是泛指日常生活的要事。睡虎地秦简《日书》甲种"除"篇中"大事"与"大祭""冠""生子"等事并列。④又与"小事"相对，同简"稷辰"篇正阳之日"是谓滋昌，小事果成，大事有庆，它无小大尽吉"⑤。晏昌贵以此"大事"泛指重大、重要之事，不一定实指某事。⑥岳麓书院藏秦简"为吏治官及黔首"篇中亦将"毋喜细说"与"毋犯大事"相连。⑦

二是实指徭役之事。郑玄注《月令》之"毋作大事"以"兵役之属"⑧。孔颖达作《周易》正义曰："大事谓兴役动众，必须大同之世方可为之。"⑨睡虎地秦简《日书》甲种"秦除"篇中更将"起众"与"兴大事"并列。⑩所谓"起大事""兴大事""作大事""举大事"均可指徭役征发。而岳麓书院藏秦简《徭律》有："兴徭及车牛及兴徭而不当者及擅使人属弟子、人复复子、小敖童、弩，乡啬夫吏主者，赀各二甲，尉、尉使、士吏、丞、令、令史见及或告而弗劾，与同罪。"⑪是徭役征发若不合律，负责官吏便会受到处罚。这也是为了避免徭役无度而使百姓生乱。《史记·项羽本纪》即载项梁反秦时"乃召故所知豪吏，论以所为起

① 《十三经注疏·礼记正义》卷15《月令》，中华书局2009年影印本，第2949页。

② 《汉书》卷76《韩延寿传》，中华书局1962年标点本，第3211页。

③ 王子今：《睡虎地秦简〈日书〉甲种疏证》，湖北教育出版社2003年版，第42—43页。

④ 陈伟主编：《秦简牍合集（一）·睡虎地秦墓简牍》，武汉大学出版社2014年版，第352页。

⑤ 陈伟主编：《秦简牍合集（一）·睡虎地秦墓简牍》，武汉大学出版社2014年版，第367页。

⑥ 参见晏昌贵《〈日书〉札记十则》，载丁四新主编《楚地出土简帛文献思想研究》（一），湖北教育出版社2002年版。

⑦ 朱汉民、陈松长编：《岳麓书院藏秦简（一）》，上海辞书出版社2010年版，第131页。

⑧ 《十三经注疏·礼记正义》卷15《月令》，中华书局2009年影印本，第2949页。

⑨ 《十三经注疏·周易正义》卷4《睽》，中华书局2009年影印本，第103页。

⑩ 陈伟主编：《秦简牍合集（一）·睡虎地秦墓简牍》，武汉大学出版社2014年版，第361页。

⑪ 陈松长主编：《岳麓书院藏秦简（四）》，上海辞书出版社2015年版，第116—117页。

大事，遂举吴中兵"①。

　　治安管理方面，"盗"是简牍日书常见的犯罪形式。《后汉书·百官志》言，县"尉主盗贼。凡有贼发，主名不立，则推索行寻，案察奸宄，以起端绪"②。刘乐贤以为"言盗"即举报、起诉盗窃者。③ 或以为是向占家卜问财物被盗事。④ 从判断结果看，"执盗贼"与"逐盗"是"利"或"可以"，其他则是"得"。或前者对象为人，与"逐捕人"类似。后者对象则为物。乡啬夫亦会参与所辖区域的追捕工作，岳麓书院藏秦简中即有"成告犯令者一人以上，为除成故徼一岁者一人。乡啬夫谨禁弗得，以为不胜任，免之，赀丞令、令史各一甲"⑤。是追捕不利会被问责。而"除罪"即免罪，《史记·平准书》言："人物者补官，出货者除罪"⑥。是以财物之损失来换取官府之豁免。至于"系"乃关乎刑狱之事，追求"亟出"与"无罪"。放马滩秦简《日书》乙种"反支"篇中有："以殴笞人者，必辱"⑦。此辱或指受刑，睡虎地秦简《法律答问》中有："妻悍，夫殴笞之，决其耳，若折肢指、胅体，问夫何论？当耐"⑧。此即耐刑，需要官吏来执行。

　　此外，简牍日书中还有其他民间行为需要官吏的介入。一是水利工程。睡虎地秦简《日书》甲种"除"篇中有"行水"之说，整理者释为乘船。⑨ 李家浩则以为当指与使水流行有关的水利之事。⑩ 刘增贵亦以为"行水"每与"凿井"并言，应释为开渠引水等开凿水利之事。⑪ 考香港中文大学藏汉简《日书》"陷日"篇中"行水"连于"除渠"。⑫《管

　　① 《史记》卷7《项羽本纪》，中华书局1959年标点本，第297页。

　　② 《后汉书》卷28《百官志五》，中华书局1965年标点本，第3623页。

　　③ 刘乐贤：《睡虎地秦简日书研究》，文津出版社1994年版，第34页。

　　④ 陈伟主编：《秦简牍合集（四）·放马滩秦简牍》，武汉大学出版社2014年版，第12页。

　　⑤ 陈松长主编：《岳麓书院藏秦简（四）》，上海辞书出版社2015年版，第220页。

　　⑥ 《史记》卷30《平准书》，中华书局1959年标点本，第1421页。

　　⑦ 陈伟主编：《秦简牍合集（四）·放马滩秦简牍》，武汉大学出版社2014年版，第84页。

　　⑧ 陈伟主编：《秦简牍合集（一）·睡虎地秦墓简牍》，武汉大学出版社2014年版，第228页。

　　⑨ 睡虎地秦墓竹简整理小组：《睡虎地秦墓竹简》，文物出版社1990年版，第182页。

　　⑩ 李家浩：《睡虎地秦简〈日书〉"楚除"的性质及其他》，《史语所集刊》1999年第70本第4分。

　　⑪ 刘增贵：《秦简〈日书〉中的出行礼俗与信仰》，《史语所集刊》2001年第72本第3分。

　　⑫ 陈松长编：《香港中文大学文物馆藏简牍》，香港中文大学文物馆2001年版，第20页。

子·四时》言："治堤防，耕耘树艺，正津梁，修沟渎，甃屋行水"①。
《孟子·离娄下》言："禹之行水也，行其所无事也"②。均是指兴修水利
之事。林剑鸣认为，秦汉时期的水利工程应包括治理水害、维修并完善旧
有水利工程、开凿新渠、兴建与修复大型水库、广泛利用小型陂池水塘、
凿井灌溉。③ 马新亦指出，西汉时的水利事业是大规模综合灌溉网的建
设与大型灌区的形成；而东汉时的大型水利工程较少，地方性水利占主
导地位且多陂池蓄水而非开渠引水；至于汉代乡间灌溉则多借助大型水
渠、陂塘与小型陂塘，并利用水井汲取地下水。④ 这些行为正对应简牍
日书中的"陂碣""劈决池""穿井""破堤"。⑤ 虽不乏民间自发性水利
工程，如《汉书·沟洫志》言："今西方诸郡以至京师东行，民皆引河、
渭山川水溉田"⑥。然《韩非子·外储说右上》言："鲁以五月起众为长
沟"⑦。是大型水利工程仍需官方兴发徭役进行。而《汉书·百官公卿表》
注引如淳曰："司空主水及罪人。"⑧ 宫宅洁根据睡虎地秦简《秦律十八种·
司空》指出，秦汉县司空掌管工程与刑徒，可能还管理水运。⑨ 然若是以
罪人为刑役，则身为司空的官吏所主之水，应还是水利工程的兴建。

　　二是兵戎之事。睡虎地秦简《日书》中屡见有"行师出征""责执
攻击""野战""围城"等说。⑩ 军旅管理自有专人负责，而兵员征发则
还需地方官吏的参与。《吕氏春秋·上农》言："不兴土功，不作师
徒"⑪。可知战争频繁之时徭役与戍役均成为百姓的负担。睡虎地秦简
《秦律杂抄·戍律》言："同居毋并行，县啬夫、尉及士吏行戍不以律，

---

① 黎翔凤撰，梁运华整理：《管子校注》，中华书局 2004 年版，第 842 页。

② 《十三经注疏·孟子注疏》卷 8 下《离娄下》，中华书局 2009 年影印本，第 5938 页。

③ 林剑鸣主编：《秦汉社会文明》，西北大学出版社 1985 年版，第 50—53 页。

④ 马新：《两汉乡村社会史》，齐鲁书社 1997 年版，第 14—27 页。

⑤ 参见陈伟主编《秦简牍合集（一）·睡虎地秦墓简牍》，武汉大学出版社 2014 年版；陈
伟主编《秦简牍合集（四）·放马滩秦墓简牍》，武汉大学出版社 2014 年版；湖北省文物考古
研究所、随州市考古队编《随州孔家坡汉墓简牍》，文物出版社 2006 年版。

⑥ 《汉书》卷 29《沟洫志》，中华书局 1962 年标点本，第 1697 页。

⑦ （清）王先慎撰，钟哲点校：《韩非子集解》，中华书局 1998 年版，第 314 页。

⑧ 《汉书》卷 19 上《百官公卿表上》，中华书局 1962 年标点本，第 731 页。

⑨ ［日］宫宅洁：《中国古代刑制史研究》，杨振红、单印飞、王安宇、魏永康译，杨振
红、石洋审校，广西师范大学出版社 2016 年版，第 201—204 页。

⑩ 参见陈伟主编《秦简牍合集（一）·睡虎地秦墓简牍》，武汉大学出版社 2014 年版。

⑪ 张双棣、张万彬、殷国光、陈涛：《吕氏春秋译注》，吉林文史出版社 1987 年版，第
916 页。

资二甲"①。是成律若征发不当,主管官吏便会受到处罚,这也与徭役征发的情况相类似。

三是农田牲畜。放马滩秦简《日书》乙种"五种忌"篇中有"始种、获及尝"之说,涉及麦、黍、稷、菽、麻、秫、稻等农作物。②农田耕种虽是农人的日常,然若是官府经营的公田或官田,则应为"田官"所负责。③又有"田啬夫",裘锡圭以为这类官吏总管全县田地等事,有部佐分管各乡,他们的主要任务是负责土地的收授分配,管理农业生产资料,督促农民进行生产。④而同简"帝"篇中有"为困、仓及盖"⑤。睡虎地秦简《日书》乙种"官"篇中有"入禾粟米及为困仓"⑥。均涉及粮食的贮存。其中固然有私家之用,即似《四民月令》所言九月"治场圃,涂困仓,修窦窖"⑦。然秦之"仓啬夫"正是官家粮仓的管理者。根据睡虎地秦简《秦律十八种·仓律》,仓啬夫主要负责谷物出入登记、出禀粮食的折合等工作。⑧至于牲畜,简牍日书中屡见"畜"牲畜之说,涉及马、牛、鸡、豕的出入,还有"筑闲牢""为羊圈""为圂厕"等行为,并对"杀六畜"有所禁忌。⑨这些同样可比对官吏的职能范围。里耶秦简中有"畜官"之计,包括牛、马、羊。有"畜官"之课,包括"畜牛死亡""畜牛产子"等。⑩睡虎地秦简《秦律十八种·仓律》言:"畜鸡离仓。用犬者,畜犬期足。猪、鸡之息子不用者,卖之,别计其钱"⑪。是仓官之职能亦涉及牲畜饲养。

---

① 陈伟主编:《秦简牍合集(一)·睡虎地秦墓简牍》,武汉大学出版社2014年版,第189页。

② 陈伟主编:《秦简牍合集(四)·放马滩秦墓简牍》,武汉大学出版社2014年版,第105页。

③ 陈伟:《里耶秦简所见的"田"与"田官"》,《中国典籍与文化》2013年第4期。

④ 参见裘锡圭《啬夫初探》,载中华书局编辑部编《云梦秦简研究》,中华书局1981年版。

⑤ 陈伟主编:《秦简牍合集(四)·放马滩秦墓简牍》,武汉大学出版社2014年版,第66页。

⑥ 陈伟主编:《秦简牍合集(一)·睡虎地秦墓简牍》,武汉大学出版社2014年版,第531页。

⑦ (汉)崔寔著,石声汉校注:《四民月令校注》,中华书局2013年版,第65页。

⑧ 参见陈伟主编《秦简牍合集(一)·睡虎地秦墓简牍》,武汉大学出版社2014年版。

⑨ 参见陈伟主编《秦简牍合集》,武汉大学出版社2014年版;湖北省文物考古研究所、随州市考古队编《随州孔家坡汉墓简牍》,文物出版社2006年版。

⑩ 里耶秦简博物馆、出土文献与中国古代文明研究协同创新中心中国人民大学中心编:《里耶秦简博物馆藏秦简》,中西书局2016年版,第168页。

⑪ 陈伟主编:《秦简牍合集(一)·睡虎地秦墓简牍》,武汉大学出版社2014年版,第89页。

　　四是财物之事。放马滩秦简《日书》甲种"建除"篇"藏、为府"即修造府库。① 睡虎地秦简《日书》甲种"秦除"篇亦言"为官府"。② 《礼记·曲礼下》言："在官言官，在府言府"，注曰："府，谓宝藏货贿之处也。"③ 而睡虎地秦简《日书》乙种"徐"篇言"藏盖"，又言"盖藏"。④《礼记·月令》言："命百官，谨盖藏"。注曰："谓府库囷仓有藏物。"⑤ 这些均属县"少内"之职。睡虎地秦简《法律答问》言："府中公金钱私贷用之，与盗同法。何谓府中？唯县少内为府中，其他不为。"⑥ 是其主管县内财政。故简牍日书之中的"出入货"与"出入财"⑦ 或亦是官吏行为。若将官奴婢群体视为官府之财产，则简牍日书中之"黔首""人奴妾""人民""臣妾""臣徒""奴婢"的出入问题及"逃人""逃亡""亡者""亡人"之"得"与"不得"的判断便需关注⑧，然这些仍有待身份的厘清与其他材料的支撑。

二　仕途生活类行为

　　以往关于官吏行为的考察多立足传统政治史视野，重在职能而非个人。睡虎地秦墓所出简牍中《语书》是南郡守腾下发给各县道的文书，包括有关"良吏"与"恶吏"的说明。《秦律十八种》是秦律的摘录，或出于地方实际需要。《效律》是篇首尾完具的律文，记载了核验县与都官物资账目的系列制度。《秦律杂抄》亦是根据应用从秦律中摘录的部分律文。《法律答问》是以问答形式对秦律的某些条文、术语及律文意图作出的解释。《封诊式》是对官吏审案的具体要求及各种案例的公文记录格

---

① 陈伟主编：《秦简牍合集（四）·放马滩秦墓简牍》，武汉大学出版社 2014 年版，第 11 页。

② 陈伟主编：《秦简牍合集（一）·睡虎地秦墓简牍》，武汉大学出版社 2014 年版，第 361 页。

③ 《十三经注疏·礼记正义》卷 5《曲礼下》，中华书局 2009 年影印本，第 2749 页。

④ 陈伟主编：《秦简牍合集（一）·睡虎地秦墓简牍》，武汉大学出版社 2014 年版，第 519 页。

⑤ 《十三经注疏·礼记正义》卷 17《月令》，中华书局 2009 年影印本，第 2991 页。

⑥ 陈伟主编：《秦简牍合集（一）·睡虎地秦墓简牍》，武汉大学出版社 2014 年版，第 208 页。

⑦ 参见陈伟主编《秦简牍合集（一）·睡虎地秦墓简牍》，武汉大学出版社 2014 年版；湖北省文物考古研究所、随州市考古队编《随州孔家坡汉墓简牍》，文物出版社 2006 年版。

⑧ 参见陈伟主编《秦简牍合集》，武汉大学出版社 2014 年版；湖北省文物考古研究所、随州市考古队编《随州孔家坡汉墓简牍》，文物出版社 2006 年版；魏德胜《居延新简、敦煌汉简中的"日书"残简》，《中国文化研究》2000 年春之卷。

式，包括县或县级机构的平行文书与乡呈县的上行文书。《为吏之道》是对吏之品行、才干、政治态度等要求的杂抄。① 这些均与当时官吏之日常工作息息相关。曹旅宁即以为《法律答问》是学吏制度下的法律实务教本。② 邢义田亦以为《为吏之道》是训练地方官吏的教材。③ 张金光不仅以为《秦律十八种》是供明习法令用的教材选编④，更指出该墓中简牍除《编年记》之外全部切关吏事，可作为识字与学书教本、吏德教本、法律教本，并提供民间庶务应酬知识。⑤ 然官吏群体固是以行政属性为主，其生活情态亦不容忽视。若整理简牍日书相关材料可列表如下。

表3－2　　　　　　　　　　简牍日书所见官吏生活⑥

行为	判断	日名	出处
为啬夫	可	建日	放甲·建除
	可		放乙·建除
	可以		睡甲·秦除
	是谓三昌	正阳	睡甲·稷辰
	必三徙官	危阳	睡甲·稷辰
	久	阴	睡甲·稷辰
	利	入月七日及冬未、春戌、夏丑、秋辰	睡甲·门
	可以	盈日	孔家坡·建除
	利	危	印台·5
为小啬夫	利	盈日	放甲·建除
为大啬夫	可	建日	孔家坡·建除

① 参见陈伟主编《秦简牍合集（一）·睡虎地秦墓简牍》，武汉大学出版社2014年版。

② 曹旅宁：《睡虎地秦简〈法律答问〉性质探测》，《西安财经学院学报》2013年第1期。

③ 邢义田：《秦汉的律令学——兼论曹魏律博士的出现》，载《秦汉史论稿》，东大图书公司1987年版。

④ 张金光：《论秦汉的学吏制度》，《文史哲》1984年第1期。

⑤ 张金光：《论秦汉的学吏教材——睡虎地秦简为训吏教材说》，《文史哲》2003年第6期。

⑥ 参见陈伟主编《秦简牍合集》，武汉大学出版社2014年版；湖北省文物考古研究所、随州市考古队编《随州孔家坡汉墓简牍》，文物出版社2006年版；林梅村、李均明《疏勒河流域出土汉简》，文物出版社1984年版；魏德胜《居延新简、敦煌汉简中的"日书"残简》，《中国文化研究》2000年春之卷；刘乐贤《印台汉简〈日书〉初探》，《文物》2009年第10期；陈松长编《香港中文大学文物馆藏简牍》，香港中文大学文物馆2001年版。

续表

行为	判断	日名	出处
治啬夫	可以	除日	放甲·建除
	可以		放乙·建除
初入官	不可以	正月丑、酉，二月寅、申，三月卯、未，四月辰，五月巳、亥，六月午、戌，七月卯、未，八月申、寅，九月酉、丑，十月戌，十一月辰、巳，十二月巳、亥	放乙·归行
入官	吉，必七徙	子丑	睡甲·入官
	久，七徙		睡乙·入官
	不计去	申	睡甲·入官
	不计而徙		睡乙·入官
	有罪	酉	睡甲·入官
			睡乙·入官
	凶	卯	睡甲·入官
			睡乙·入官
	必辱去	未	睡甲·入官
	辱而去		睡乙·入官
	以见王公，必有拜也	己丑	睡甲·入官
	必有罪	天李正月居子，二月居子，三月居午，四月居酉，五月居子，六月居卯，七月居午，八月居酉，九月居子，十月居卯，十一月居午，十二月居辰	睡甲·天李
	利	春三月丙寅、丙子	睡乙·入官
	行	戌	睡乙·入官
	伤去	亥	睡乙·入官
	吉	寅、巳、子、丑	孔家坡·入官
	不可	乙、丙丁、四废日冲之日	港中文藏·帝篇
入官视事及举百事	凶	壬癸亥子	敦煌·2369
	凶		疏勒河·882

续表

行为	判断	日名	出处
徙官	十徙	子朔巳亥，丑朔子午，寅朔子午，卯朔丑未，辰朔丑未，巳朔寅申，午朔寅申，未朔卯酉，申朔卯酉，酉朔辰戌，戌朔辰戌，亥朔巳亥	放乙·反支
	利	秀	睡甲·稷辰
	自如，其后乃昌	危阳	睡甲·稷辰
		秀日	孔家坡·□
临官莅政	相宜也	秀	睡甲·稷辰
	相宜		孔家坡·□
	是谓贵胜贱	甲子到乙亥	睡乙·入官
临官	不可	敫	睡甲·稷辰
免	复事	秀	睡甲·稷辰
	事		孔家坡·□
	弗复	结	睡甲·稷辰

　　根据表 3 - 2 可知，简牍日书所见秦汉官吏生活中最关键的便是任免问题。"啬夫"是任官预测中较常见的结果。《汉书·百官公卿表》言："十亭一乡，乡有三老、有秩、啬夫、游徼。"又"啬夫职听讼，收赋税"①。综合简牍材料知其为县及县下诸官署、诸乡主官。②《管子·君臣上》言"吏啬夫任事，人啬夫任教"③。是"啬夫"直接检束百姓，在地方基层官吏中格外重要。而"治啬夫"之人则应是级别更高的官吏。所谓"入官"，王子今以为即录用为吏员。④ 工藤元男则以为是成为官府官员。⑤ 睡虎地秦简《日书》乙种"行忌"篇以"入官"为题与"行日"

---

　　① 《汉书》卷19上《百官公卿表上》，中华书局1962年标点本，第742页。

　　② 陈伟主编：《秦简牍合集（四）·放马滩秦墓简牍》，武汉大学出版社2014年版，第10页。

　　③ 黎翔凤撰：梁运华整理：《管子校注》，中华书局2004年版，第545页。

　　④ 王子今：《睡虎地秦简〈日书〉甲种疏证》，湖北教育出版社2003年版，第308—309页。

　　⑤ ［日］工藤元男：《睡虎地秦简所见秦代国家与社会》，［日］广濑薰雄、曹峰译，上海古籍出版社2010年版，第175页。

"行者""行忌"等题并列①，似其与出行关系密切。且同简尚有"大行""远行""久行""长行""急行"之忌。②刘增贵以为"大行"指较"远行"更久远的出行。③王子今则以为，"大行"指意义较重要的出行，对官吏来说应是仪卫众多、程式隆重；"远行"指路程较遥远的出行。④刘增贵又以为"久行"是长时间，"长行"指长距离。⑤从当时的交通水平来看，时空跨度较大的出行应不是普通百姓的日常，亦不多有"急行"之需求。官吏则不然，里耶秦简中有"新地吏"，是从秦原有统辖地区选派出来的对新占领地区的管理者。又言"免废为新地吏"，是其调任带有一定惩罚色彩。⑥及至汉代，王子今指出，官僚履历多迁转数职且就仕各地，说明当时的官员频繁转换任职地点，行经地域十分广阔。西汉时已大致形成郡县长官不在原籍任职的惯例。⑦睡虎地秦简《日书》乙种"行忌"篇有"到室"之忌，其对象正为"远行者"与"久宦者"。⑧而放马滩秦简《日书》乙种"归行"篇中有"凡黔首行远役"与"入宦、远役不可到室之日"等说，又有"吏宦毋以壬戌归及远役"之说⑨，涉及黔首与吏宦的远行，或是《后汉书·南蛮西南夷列传》中"劳师远役"之强制性的集体行动。⑩王子今指出，秦汉时期的流动人口中，多有在政治权力下强制离家者，也有出于其他心理动机背井离乡的人们，涉及役人、军人、吏人、学人、贾人。⑪

此外，"入官视事及举百事"重"视事"，《新语·保傅》言："鄙谚曰：不习为吏，而视已事"⑫。可见对成例的借鉴是为官之有益方法。又

---

① 陈伟主编：《秦简牍合集（一）·睡虎地秦墓简牍》，武汉大学出版社 2014 年版，第543 页。

② 参见陈伟主编《秦简牍合集（一）·睡虎地秦墓简牍》，武汉大学出版社 2014 年版。

③ 刘增贵：《秦简〈日书〉中的出行礼俗与信仰》，《史语所集刊》2001 年第 72 本第 3 分。

④ 王子今：《睡虎地秦简〈日书〉甲种疏证》，湖北教育出版社 2003 年版，第 248 页。

⑤ 刘增贵：《秦简〈日书〉中的出行礼俗与信仰》，《史语所集刊》2001 年第 72 本第 3 分。

⑥ 于振波：《秦律令中的"新黔首"与"新地吏"》，《中国史研究》2009 年第 3 期。

⑦ 王子今：《秦汉交通史稿》，中国人民大学出版社 2013 年版，第 427—428 页。

⑧ 陈伟主编：《秦简牍合集（一）·睡虎地秦墓简牍》，武汉大学出版社 2014 年版，第543 页。

⑨ 陈伟主编：《秦简牍合集（四）·放马滩秦墓简牍》，武汉大学出版社 2014 年版，第80—81 页。

⑩ 《后汉书》卷 86《南蛮西南夷列传》，中华书局 1965 年标点本，第 2847 页。

⑪ 王子今：《秦汉社会史论考》，商务印书馆 2006 年版，第 70—85 页。

⑫ （汉）贾谊著，阎振益、钟夏校注：《新书校注》，中华书局 2000 年版，第 185 页。

有"临官莅政"，整理者释为任官并处理政务。①《荀子·荣辱》言："临官，治"。② 至于"徙官"更为官吏所重视，整理者释为调职。③ 魏德胜则释为官职升迁。④《史记·龟策列传》言："卜迁徙去官不去"⑤ 亦是对于徙官的关注。简牍日书中还有"三徙""七徙""十徙"之说，《说文解字》以"三"乃是"天地人之道也。成数也"，又以"七"为"易之正也"。段玉裁注曰："凡筮，阳不变者当为七。"而"十"是"数之具也。一为东西，丨为南北，则四方中央备矣"⑥。均体现出对稳定的期盼，渴望仕途能"久"甚至"三昌"。《风俗通义·释忌》言："俗云：五月到官，至免不迁。"⑦ 亦有升迁之盼。同时试图避免"不计而徙"与"伤去"。整理者以为"计"指上计，即未到上计之时而去职。又以"伤"读为逖，即远去。⑧ 这些均是非自愿的行为而未能"自如"，魏德胜释为如意，即符合自己的愿望。⑨ 至于"免"自然非官吏所愿，故而追求"复事"，正可与"视事"相合。

　　睡虎地秦简《日书》甲种"除"篇言"见君上，数达，无咎"⑩。工藤元男以为君上即国君。⑪ 然"君"称谓在当时的使用范围其实十分广泛，可作为统治者的泛称。《仪礼·丧服》即言："君，至尊也"。郑玄注曰："天子诸侯及卿大夫有地者，皆曰君。"⑫《荀子·不苟》亦言："君上为尊矣，不诚则卑。"⑬ 重在体现出一种上下级关系。故"君上"或可

---

① 睡虎地秦墓竹简整理小组编：《睡虎地秦墓竹简》，文物出版社 1990 年版，第 186 页。

② （清）王先谦撰，沈啸寰、王星贤点校：《荀子集解》，中华书局 1988 年版，第 59 页。

③ 睡虎地秦墓竹简整理小组编：《睡虎地秦墓竹简》，文物出版社 1990 年版，第 186 页。

④ 魏德胜：《〈睡虎地秦墓竹简〉词汇研究》，华夏出版社 2003 年版，第 100 页。

⑤ 《史记》卷 128《龟策列传》，中华书局 1959 年标点本，第 3241 页。

⑥ （汉）许慎著，（清）段玉裁注：《说文解字注》，上海古籍出版社 1981 年版，第 9、88—89、738 页。

⑦ （汉）应劭著，王利器校注：《风俗通义校注》，中华书局 2010 年版，第 564 页。

⑧ 睡虎地秦墓竹简整理小组编：《睡虎地秦墓竹简》，文物出版社 1990 年版，第 208、251 页。

⑨ 魏德胜：《〈睡虎地秦墓竹简〉词汇研究》，华夏出版社 2003 年版，第 83 页。

⑩ 陈伟主编：《秦简牍合集（一）·睡虎地秦墓简牍》，武汉大学出版社 2014 年版，第 352 页。

⑪ ［日］工藤元男：《睡虎地秦简所见秦代国家与社会》，［日］广濑薰雄、曹峰译，上海古籍出版社 2010 年版，第 172 页。

⑫ 《十三经注疏·仪礼注疏》卷 29《丧服》，中华书局 2009 年影印本，第 2381 页。

⑬ （清）王先谦撰，沈啸寰、王星贤点校：《荀子集解》，中华书局 1988 年版，第 48 页。

理解为长官。其属吏请见则追求"数达"且"无咎"。刘乐贤以为是指多次都能见到，又没有灾害。① 王子今则以为"数"可解释为速，指见君上之事不受阻滞，另可能是亲密、亲近之义。② 体现出当时政治生活中的严酷风气与从政人员的奴性心理。③ 而类似行为还出现在同简"吏"篇中，即力图选取最佳时段面见长官以求良好结果。刘乐贤以为，该篇是供官吏查阅故以"吏"为题。④ 通考各地日书，其中包括"有告""请命""造""有言""请谒""有求"时长官能否"听"或"许"。王子今以为"告"是上报，"造"是告诉，二者所得反应不尽相同，故"造"有建议的含义，并非仅是汇报。⑤ 而长官或"美言"，或"恶言"，或"后言"；或"怒"，或"悦"，或"不诒"，或"喜"；或"令复见之"。王子今以为"后"是空间而非时间概念，"后言"即密言，指吏见上官时有所密议，体现出上司的恩遇。⑥ 另有整体判断如"百事不成""百事不听""不得见""凶""吉""可"⑦。又睡虎地秦简《日书》"秦除"篇中有"请谒"之说⑧，王子今以为即请求进见、进言。⑨ 而周家台秦简《日书》"吏"篇中言："请谒，听"。又言："请谒，许"⑩。是此行为亦多发生在官吏群体之中。

总体来看，秦汉时期之官吏是重要的社会群体。他们的行政职能与仕途生活屡见于简牍日书中。《管子·权修》言："土地博大，野不可以无吏。百姓殷众，官不可以无长。"⑪ 其所受关注应是得益于当时的政治环

---

① 刘乐贤：《睡虎地秦简日书研究》，文津出版社 1994 年版，第 26 页。

② 王子今：《睡虎地秦简〈日书〉甲种"以见君上数达"解》，载陕西历史博物馆编《陕西历史博物馆馆刊》（第 7 辑），三秦出版社 2000 年版。

③ 王子今：《秦汉社会意识研究》，商务印书馆 2012 年版，第 383 页。

④ 刘乐贤：《睡虎地秦简日书研究》，文津出版社 1994 年版，第 201 页。

⑤ 王子今：《睡虎地秦简〈日书〉甲种疏证》，湖北教育出版社 2003 年版，第 302—303、306—307 页。

⑥ 王子今：《睡虎地秦简〈日书〉甲种疏证》，湖北教育出版社 2003 年版，第 306 页。

⑦ 参见陈伟主编《秦简牍合集》，武汉大学出版社 2014 年版；陈松长编《香港中文大学文物馆藏简牍》，香港中文大学文物馆 2001 年版。

⑧ 陈伟主编：《秦简牍合集（一）·睡虎地秦墓简牍》，武汉大学出版社 2014 年版，第 362 页。

⑨ 王子今：《睡虎地秦简〈日书〉甲种疏证》，湖北教育出版社 2003 年版，第 71—72 页。

⑩ 陈伟主编：《秦简牍合集（三）·周家台秦墓简牍》，武汉大学出版社 2014 年版，第 39 页。

⑪ 黎翔凤撰，梁运华整理：《管子校注》，中华书局 2004 年版，第 48 页。

境。《商君书·定分》言："故圣人必为法令置官也，置吏也，为天下师，所以定名分也。"①《史记·李斯传》言："若有欲学者，以吏为师。"② 是官吏作为直接面对百姓的国家法令执行者，在民间拥有较高的社会地位。然《盐铁论·散不足》言："古者，凶年不备，丰年补败，仍旧贯而不改作。今工异变而吏殊心，坏败成功，以匿厥意。意极乎功业，务存乎面目。积功以市誉，不恤民之急。田野不辟，而饰亭落，邑居丘墟，而高其郭。"又言："古者，人君敬事爱下，使民以时，天子以天下为家，臣妾各以其时供公职，古今之通义也。今县官多畜奴婢，坐稟衣食，私作产业，为奸利，力作不尽，县官失实。"③ 是官吏多好大喜功而徇私忘公，这亦与当时的社会环境有关。故考察秦汉时期的官吏行为还需结合时代背景，在工作与生活之外关注其心态之变化，并参考国家相关管理措施，从而对历史发展形成更为整体性的认识。

第二节　秦汉时期农商活动考察

职业历来是划分社会群体的重要标志，《商君书·去强》言："农、商、官三者，国之常官也。"④《国语·晋语》"医官"注曰："官犹职也。"⑤《吕氏春秋·上农》言："凡民自七尺以上属诸三官，农攻粟，工攻器，贾攻货。"⑥ 从国家管理者的角度看主要是强调各司其职。《管子·君臣上》言："君明、相信、五官肃、士廉、农愚、商工愿，则上下体。"⑦《荀子·荣辱》言："故仁人在上，则农以力尽田，贾以察尽财，百工以巧尽械器，士大夫以上至于公侯，莫不以仁厚知能尽官职，夫是之谓至平。"⑧ 而传世文献中更常见"四民"说，《榖梁传·成公元年》言："古者有四民，有士民，有商民，有农民，有工民。"⑨《汉书·食货志》

① 高亨：《商君书注译》，清华大学出版社 2011 年版，第 198 页。
② 《史记》卷 87《李斯列传》，中华书局 1959 年标点本，第 2546 页。
③ 王利器：《盐铁论校注》，中华书局 1992 年版，第 354—355 页。
④ 高亨：《商君书注译》，清华大学出版社 2011 年版，第 57 页。
⑤ 徐元诰撰，王树民、沈长云点校：《国语集解》，中华书局 2002 年版，第 435 页。
⑥ 张双棣、张万彬、殷国光、陈涛：《吕氏春秋译注》，吉林文史出版社 1987 年版，第 917 页。
⑦ 黎翔凤撰，梁运华整理：《管子校注》，中华书局 2004 年版，第 550 页。
⑧ （清）王先谦撰，沈啸寰、王星贤点校：《荀子集解》，中华书局 1988 年版，第 71 页。
⑨ 《十三经注疏·春秋榖梁传注疏》卷 13《成公元年》，中华书局 2009 年影印本，第 5248 页。

言："士农工商，四民有业。学以居位曰士，辟土殖谷曰农，作巧成器曰工，通财鬻货曰商。"① 东汉崔寔撰《四民月令》，石声汉以为是以农业、小手工业收入为主，商业收入为辅来维持一个士大夫阶级家庭的生活，合"四民"为一。② 霍耀宗则以为，"四"是指四时四季，"民"指编户齐民，并非在旧有政府控制社会资源的背景下统治者按职业与身份对社会成员分别管理所形成的身份固定、职业世袭、居处有别的专职社会群体，而是呈现了同一社会群体从事不同类型的生产生活事项。③ 故若跳出传统职业分划，以具体活动为切入点来综合分析诸行为之间的关联性，应能还原出更加真实的社会群体。

农业是古代世界最主要的生产部门，《盐铁论·水旱》言："农，天下之大业也"④。高一致对秦汉简帛农事资料进行辑录整理后认为，其内容包括耕作生产、粮食储藏、农神祭祀及忌日等种植业资料，牲畜饲养、牲畜医方、相畜等畜牧业资料，山林保护、植树宜忌、伐木宜忌等林业资料，渔业保护、捕鱼宜忌等渔业资料，养蚕、制酱、制酒、采猎等副业资料，气候、时令类农事资料等，并指出秦汉简帛农事资料中暂未见秦汉观念中真正意义上的农书，一些内容或是秦汉时期编撰的某些农书的资料来源。⑤ 而商业是社会生产力发展的必然产物，《史记·货殖列传》言："故待农而食之，虞而出之，工而成之，商而通之"⑥。是历来职业之分皆重农商。《荀子·儒效》言："相高下，视硗肥，序五种，君子不如农人；通财货，相美恶，辩贵贱，君子不如贾人"⑦。然《吕氏春秋·上农》以农商对立，言："民舍本而事末则其产约"⑧。若考之以具体活动，此二者却非泾渭分明，应是由同一社会群体所完成的。整理简牍日书相关材料可列表如下。

---

① 《汉书》卷24上《食货志上》，中华书局1962年标点本，第1117—1118页。

② （汉）崔寔著，石声汉校注：《四民月令校注》，中华书局2013年版，第89页。

③ 霍耀宗：《〈四民月令〉之"四民"新解》，《史学月刊》2017年第6期。

④ 王利器：《盐铁论校注》，中华书局1992年版，第429页。

⑤ 高一致：《秦汉简帛农事资料分类汇释及相关问题研究》，博士学位论文，武汉大学，2017年。

⑥ 《史记》卷129《货殖列传》，中华书局1959年标点本，第3254页。

⑦ （清）王先谦撰，沈啸寰、王星贤点校：《荀子集解》，中华书局1988年版，第122—123页。

⑧ 张双棣、张万彬、殷国光、陈涛：《吕氏春秋译注》，吉林文史出版社1987年版，第916页。

表 3 - 3　　　　　　　　　简牍日书所见农商活动①

行为	判断	日名	出处
始种及获、尝	不可	子麦、丑黍、寅稷、卯菽、辰麻、戌秋、亥稻	放乙·五种忌
	其岁或弗食		睡甲·田忌
始种获、始尝	其岁或弗食	丙及寅禾，甲及子麦，乙巳及丑黍，辰（麻）卯及戌菽，亥稻	睡乙·五种忌日
种之及初获出入之	不可	禾忌日	睡甲·禾良日
种	一人弗食	正月七日，二月十四日，三月廿一日，四月八日，五月十六，六月廿四日，七月九日，八月十八日，十月七日，十一月廿日，十二月卅	孔家坡·始种
收五种	一人弗尝	卯	孔家坡·忌日
初获禾	不可以	辛卯	睡甲·禾良日
初田	不可	丁亥、戊戌	睡甲·田忌
	毋		睡乙·初田
畜大牲	可以	建日	放甲·建除
	可以		放乙·建除
畜畜生	利	秀	睡甲·稷辰
畜六畜	不可以	剽日	睡乙·徐
畜产	利	阴日	孔家坡·□
产	可以	盈日	睡甲·秦除

①　参见陈伟主编《秦简牍合集》，武汉大学出版社 2014 年版；湖北省文物考古研究所、随州市考古队编《随州孔家坡汉墓简牍》，文物出版社 2006 年版；湖北省文物考古研究所、随州市曾都区考古队《湖北随州市周家寨墓地 M8 发掘简报》，《考古》2017 年第 8 期；魏德胜《居延新简、敦煌汉简中的"日书"残简》，《中国文化研究》2000 年春之卷；甘肃省博物馆、中国科学院考古研究所编《武威汉简》，文物出版社 1964 年版；刘乐贤《印台汉简〈日书〉初探》，《文物》2009 年第 10 期；陈松长编《香港中文大学文物馆藏简牍》，香港中文大学文物馆 2001 年版。

续表

行为	判断	日名	出处
筑闲牢	可	盈日	放甲·建除
	可以		睡甲·秦除
	可以		孔家坡·建除
为羊牢、马厩	弗居	入月五日，月不尽五日	睡甲·室忌
筑羊圈	即入之，羊必千	春三月庚辰	睡甲·良日
为羊圈	吉		港中文藏·稷辰
为圂厕	长死之	己丑	睡乙·圂忌日
为屏圂	必富	癸	睡乙·圂忌日
田猎	可以	外阳日	睡甲·除
	可	六月柳	睡乙·官
	可		孔家坡·星官
田渔	利	介日	孔家坡·□
渔	利		港中文藏·稷辰
渔猎	利	敫日	睡甲·臽日敫日
	可	爰	睡乙·秦
	利	娄	印台·13
弋猎	利	禺	睡甲·稷辰
	利	介日	孔家坡·□
	利		港中文藏·稷辰
射	可以	危日	孔家坡·建除
以猎置网	吉	毕	睡甲·星
	吉	四月毕	睡乙·官
熟网猎	获	成、外阳之日	睡乙·除
之山谷新以材木及伐空桑	不可	丁未、癸亥、酉、甲寅、五月申	放乙·伐木忌（三）
上山	斧斤不折，四肢必伤	未	孔家坡·忌日
入禾粟	可以	收日	放甲·建除
	可以		放乙·建除
	可以		睡甲·秦除
	利	胃	孔家坡·星官
入禾粟米及为困仓	利		睡乙·官
入牲	可	盈日	放甲·建除

续表

行为	判断	日名	出处
入畜生	不可	月望	睡乙·朔望忌
入六畜	可以	盈日	孔家坡·建除
入畜产	利	秀日	孔家坡·□
出入畜牲	不可以		
入牛	老一	牵牛	睡甲·星
	老一		睡乙·官
出入牛	可以	甲辰	睡乙·良日
出入鸡	可以	甲辰、乙巳、丙午、戊辰、丙辰	睡甲·良日
入豕	不可	丙寅	岳山·杀日
入马牛、畜牲	可以	闭日	孔家坡·建除
氏马牛畜生尽可	可以	收日	放甲·建除
			放乙·建除
内畜	不死必亡	戊	武威·日忌丙
内财	不保必亡	乙	武威·日忌乙
出财	不可	杀日	放乙·帝
出入财	乃后绝	甲寅、乙卯□□□□	孔家坡·金钱良日
入钱财	人必破亡	巳	孔家坡·忌日
	利	子、丑、寅、卯	港中文藏·稷辰
出钱财	不可	陷己	港中文藏·陷日
入材	利	阴日	睡甲·除
入货	可	轸	睡甲·星
			睡乙·官
	勿	□□、戊午、戊寅	孔家坡·金钱良日
出入货	不可	敫	睡甲·稷辰
	吉	九月氐、（房）	睡乙·官
出货	可以		孔家坡·星官
入人奴妾	可以	闭日	放甲·建除
	可以		放乙·建除
入奴婢	可以		孔家坡·建除
出入奴婢	良日	乙丑辛□	EPT65·165A
入奴	不可	戊申、丁卯、戊寅	港中文藏·稷辰

行为	判断	日名	出处
入婢	不可	丁卯	港中文藏·稷辰
入黔首	不可	建日	放甲·建除
	不可		放乙·建除
入臣妾	不可	子朔巳亥，丑朔子午，寅朔子午，卯朔丑未，辰朔丑未，巳朔寅申，午朔寅申，未朔卯酉，申朔卯酉，酉朔辰戌，戌朔辰戌，亥朔巳亥	放乙·反支
	利	五辰	孔家坡·五子
	大殇	癸丑、壬辰、甲寅、辛酉	印台·6
出入臣妾	毋	申	睡甲·十二支忌
入臣徒	可以	闭日	睡甲·秦除
入人民	可以	收日	睡甲·秦除
	穗	睡乙·秦	
出入人民	不可	敫	睡乙·秦
入人	可以	建日	睡甲·秦除
	可以		孔家坡·建除
	不可	离日	周家寨·根山禹之离日
	利	娄	印台·13
出入人	不利	其忌，丁巳、丁未、戊戌、戊辰、戊子	睡甲·良日
	必斗见血	彻日	孔家坡·□
市责彻□□□	利	除日	睡甲·秦除
贾市	利	斗	睡甲·星
	利		睡乙·官
	利		孔家坡·星官
行贾	利		睡甲·星
	利		睡乙·官
初市	利	戊寅、戊辰、戊申戌	睡甲·良日

一　农业活动类

根据表 3－3 可知，简牍日书所见秦汉时期农业活动主要包括种植、畜牧、渔猎、林木等类。其中种植类涉及作物播种、收割、尝新①等环节，强调若不避忌日则会有"弗食""弗尝"等不良结果。或以为"弗食"应即死。② 王子今则以为是指遭遇饥荒。③ 针对忌日，贺润坤指出其多源于劳动者在现实农业生产中的经验教训，虽在阴阳五行思想充斥社会各领域的状况下被赋予迷信的形式，但经过日书的综合记载仍可供借鉴。而记载不尽相同正说明其具体内容会根据生产实际有所变通。④ 放马滩秦简《日书》甲种"田龙"篇言"田龙田，秉不得"。或释为在种田之忌日耕种，连一把庄稼都收获不了。⑤《淮南子·要略》言："操舍开塞，各有龙忌"。注曰："中国以鬼神之事日忌，北胡、南越皆谓之请龙。"⑥ 刘乐贤以为"龙"应是"䰁"之省写，在简文中通假为"聾"，可训为"忌"。⑦ 黄晖以为忌日称"龙"得自移徙家的禁龙之术。⑧ 又有"初田"之说，张铭洽与王育龙以为是开始农事之意，"田"即耕作，杜陵汉牍《日书》中作"始田"。⑨ 王子今则以为是指垦田后的第一次耕种。⑩ 睡虎地秦简《日书》甲种"田忌"篇言："田亳主以乙巳死，杜主以乙酉死，雨师以辛未死，田大人以癸亥死。"⑪ 岳山秦牍《日书》"祠日"篇亦言："田大人丁亥死，勿以祠之。"⑫ 刘乐贤以为，"田亳主"应读为"田宅主"，即田地与屋宅之神；"杜主"应读为"社主"或"土主"，即土地之神。⑬ 睡虎地秦简整理者亦以为"田大人"当为田神。⑭ 是涉田神明众

---

① 刘乐贤：《睡虎地秦简日书研究》，文津出版社 1994 年版，第 43 页。

② 陈伟主编：《秦简牍合集（一）·睡虎地秦墓简牍》，武汉大学出版社 2014 年版，第 505 页。

③ 王子今：《睡虎地秦简〈日书〉甲种疏证》，湖北教育出版社 2003 年版，第 510 页。

④ 贺润坤：《从云梦秦简〈日书〉的良、忌日看〈氾胜之书〉的五谷忌日》，《文博》1995 年第 1 期。

⑤ 陈伟主编：《秦简牍合集（四）·放马滩秦墓简牍》，武汉大学出版社 2014 年版，第 33—34 页。

⑥ 何宁：《淮南子集释》，中华书局 1998 年版，第 1442 页。

⑦ 刘乐贤：《简帛数术文献探论》，中国人民大学出版社 2012 年版，第 73 页。

⑧ 黄晖：《论衡校释》，中华书局 1990 年版，第 1016 页。

⑨ 张铭洽、王育龙：《西安杜陵汉牍〈日书〉"农事篇"考辨》，载陕西历史博物馆编《陕西历史博物馆馆刊》（第 9 辑），三秦出版社 2002 年版。

⑩ 王子今：《睡虎地秦简〈日书〉甲种疏证》，湖北教育出版社 2003 年版，第 509 页。

⑪ 陈伟主编：《秦简牍合集（一）·睡虎地秦墓简牍》，武汉大学出版社 2014 年版，第 503 页。

⑫ 陈伟主编：《秦简牍合集（三）·岳山秦墓木牍》，武汉大学出版社 2014 年版，第 103 页。

⑬ 刘乐贤：《睡虎地秦简日书研究》，文津出版社 1994 年版，第 47—48 页。

⑭ 睡虎地秦墓竹简整理小组编：《睡虎地秦墓竹简》，文物出版社 1990 年版，第 227 页。

多且各有所忌。至于具体作物则又可列表如下。

表 3 – 4　　　　　　　　　　简牍日书所见农业作物①

出处	作物名称													
放甲·建除	禾	粟												
放乙·建除	禾	粟												
放乙·候岁	禾	粟	黍											
放乙·五种忌			黍	稷	菽	麻	秫	稻	麦					
睡甲·秦除	禾	粟												
睡甲·禾良日	禾			稷	菽	麻	秫	稻	麦	苔	葵			
睡甲·星	禾	粟												
睡甲·田忌	禾		黍		菽	麻		稻	麦					
睡乙·五种忌日	禾		黍		菽			稻	麦					
睡乙·五谷良日			黍	稷	菽	麻			麦		葵	瓜		
睡乙·官	禾	粟米												
岳山·五种忌			黍		菽	麻				苔			粲	
孔家坡·建除	禾稼	粟												
孔家坡·星官	禾	粟												
孔家坡·始种			黍	稷	菽	麻		稻	麦					
印台·22	禾		黍		菽			稻	麦					
杜陵·农事	禾	粟				麻		稻	麦					豆

可见简牍日书虽多"五种"之说，然实际所涉农业作物品种则更为齐全。金良年即以为所谓"五种"并非实指，可涵盖粮食作物与非粮食作物，栽种忌辰基本上是依据与作物所属五行相冲克的支辰来排比的，强调时令因素，符合当时阴阳五行之自然观。且这类选择宜忌盛行于战国时代，经秦汉传承而一直流行于民间，五代后才逐渐被另一套系统所取代。② 具体来说，首要作物为禾，或称"禾稼"。睡虎地秦简《秦律十八种·仓律》即

　　① 参见陈伟主编《秦简牍合集》，武汉大学出版社 2014 年版；湖北省文物考古研究所、随州市考古队编《随州孔家坡汉墓简牍》，文物出版社 2006 年版；刘乐贤《印台汉简〈日书〉初探》，《文物》2009 年第 10 期；张铭洽、王育龙《西安杜陵汉牍〈日书〉"农事篇"考辨》，载陕西历史博物馆编《陕西历史博物馆馆刊》（第 9 辑），三秦出版社 2002 年版。

　　② 金良年：《"五种忌"研究——以云梦秦简〈日书〉为中心》，《史林》1999 年第 2 期。

是关于出入禾于仓并供给每月口粮的具体规定。① 其次是粟，或称"粟米"，往往与禾并举。东汉郑玄注《周礼》以"五谷"为麻、黍、稷、麦、豆。② 东汉赵岐注《孟子》则又有稻、黍、稷、麦、菽之分。③ 是作物品种既丰而选取重点不同。贺润坤更以为，简牍日书所见农作物之排序依照多数地区种植的主次关系，已完成农圃分家。又指出秦国的主要谷物是禾、麦而非传统观点之菽、粟，且麦之地位上升并成为东汉主要的粮食。④ 彭卫亦以为，西汉中期以来在时间上呈现出小麦比重增大、菽比重降低、人口数量增加三条大致重合的曲线，小麦比重增大为更多人口的生存提供了可能，较多的人口也促使小麦种植扩大。⑤《礼记·月令》言仲秋之月"乃劝种麦"。注曰："麦者接绝续乏之谷，尤重之。"疏曰："前年秋谷，至夏绝尽，后年秋谷，夏时未登，是其绝也。夏时人民粮食短缺，是其乏也。麦乃夏时而熟，是接其绝续其乏也。尤重之者，以黍稷百谷不云劝种，于麦独劝之，而尤重故也。"⑥

《汉书·食货志》以董仲舒言"《春秋》他谷不书，至于麦禾不成则书之，以此见圣人于五谷最重禾与麦也"⑦。《氾胜之书》言："凡田有六道，麦为首种"。游修龄以为，"种"应是名词，指谷种或收获物，初夏麦收即是一年中收获最早的首种。⑧ 这正合《月令》之注疏，足见麦之重要地位。《四民月令》屡言粮食蔬菜之耕作、播种、分栽、收获等问题，涉及瓠、葱、蒜、芋、豆、姜、芥等作物。⑨ 是知汉代种植业的发展程度已十分可观。许倬云即以为汉代的农民有足够的选择余地为自己安排一个有利可图的农业生产方案。⑩ 林剑鸣指出，秦汉时期最主要的谷物生产区域集中在关中平原至黄河中下游的华北平原一带，并出现向南、向北扩展

① 陈伟主编：《秦简牍合集（一）·睡虎地秦墓简牍》，武汉大学出版社 2014 年版，第 59—90 页。

② 《十三经注疏·周礼注疏》卷 5《疾医》，中华书局 2009 年影印本，第 1436 页。

③ 《十三经注疏·孟子注疏》卷 5 下《滕文公上》，中华书局 2009 年影印本，第 5884 页。

④ 贺润坤：《从〈日书〉看秦国的谷物种植》，《文博》1988 年第 3 期。

⑤ 彭卫：《关于小麦在汉代推广的再探讨》，《中国经济史研究》2010 年第 4 期。

⑥ 《十三经注疏·礼记正义》卷 16《月令》，中华书局 2009 年影印本，第 2975 页。

⑦ 《汉书》卷 24 上《食货志上》，中华书局 1962 年标点本，第 1137 页。

⑧ 游修龄：《试释〈氾胜之书〉"田有六道，麦为首种"》，《中国农史》1994 年第 4 期。

⑨ 参见（汉）崔寔著，石声汉校注《四民月令校注》，中华书局 2013 年版。

⑩ ［美］许倬云：《汉代农业：早期中国农业经济的形成》，程农、张鸣译，邓正来校，江苏人民出版社 1998 年版，第 97 页。

的趋势。① 这在简牍日书出土地域方面亦有所反映。

畜牧类主要涉及牲畜饲养环节，特别强调相关饲养场所的修建。《墨子·天志》言"四海之内，粒食之民，莫不犓牛羊，豢犬彘"②。是知畜牧之广。行"畜"事需择吉日，《周易·离》言"亨，畜牝牛吉"。疏曰，"畜养牝牛乃得其吉"③。睡虎地秦简《日书》甲种"秦除"篇"产"字上下疑有脱文，李天虹与刘国胜以为是"入产"，即入养牲畜。④ 以文例考之亦作"畜产"，强调畜养。饲养场所的修建则有"闲牢""羊圈""圂厕"。《汉书·百官公卿表》言："龙马、闲驹、橐泉、騊駼、承华五监长丞"。注曰，"闲，阑；养马之所也"⑤。而《广雅·释宫》言"圂、圊、屏，厕也"⑥。是这些场所本为复合建筑，且在不同日期修建会有不同结果。筑"羊圈"得时入之则"羊必千"，为"羊牢""马厩"不当则"弗居"，为"圂厕""屏圂"择日亦可导致"死"或"富"。睡虎地秦简《日书》甲种"相宅"篇中即对"圈""圂"位置的选择有所占测。⑦ 这也引出了与牲畜相关的禁忌问题，主要是杀忌。尚民杰以为即屠宰牲畜之忌。⑧ 这或与时人所谓动物的神秘力量有关，如以为犬可驱鬼辟邪、占盗占病，多用犬殉葬并为祭品。⑨ 简牍日书中屡见"杀六畜""杀畜生见血""杀牲""杀牛""杀犬""杀豕""杀羊""杀鸡"之占，若正值忌日则有"人死之""必五牲死""有殃""不利田邑"等不良后果。⑩ 此即是出于民间观念的考量。而肩水金关汉简《汉居摄元年历谱》有"血忌""月杀"之说。⑪ 陈梦家指出，商代祭四方风雨的主要手段便是以家畜小

① 林剑鸣主编：《秦汉社会文明》，西北大学出版社1985年版，第47页。

② 吴毓江撰，孙启治点校：《墨子校注》，中华书局1993年版，第295页。

③ 《十三经注疏·周易正义》卷3《离》，中华书局2009年影印本，第86页。

④ 湖北省文物考古研究所、随州市考古队编：《随州孔家坡汉墓简牍》，文物出版社2006年版，第130页。

⑤ 《汉书》卷19上《百官公卿表上》，中华书局1962年标点本，第729页。

⑥ （清）王念孙撰，钟宇讯点校：《广雅疏证》，中华书局1983年版，第217页。

⑦ 陈伟主编：《秦简牍合集（一）·睡虎地秦墓简牍》，武汉大学出版社2014年版，第438页。

⑧ 尚民杰：《云梦〈日书〉与五行学说》，《文博》1997年第2期。

⑨ 张士伟：《从秦简看秦的犬文化》，《农业考古》2018年第1期。

⑩ 参见陈伟主编《秦简牍合集》，武汉大学出版社2014年版。

⑪ 何茂活：《肩水金关出土〈汉居摄元年历谱〉缀合与考释》，《考古与文物》2015年第2期。

牲之血被禳恶气不祥，因时人以"血"有巫术上的御虫能力。① 姜守诚更以为所谓"血忌"之时日禁忌观念为后世道教继承发展，在房中择时、章醮择时、医学摄生等领域得到集中体现。② 然《论衡·讥日》言："如以杀牲见血，避血忌、月杀，则生人食六畜亦宜辟之。海内屠肆，六畜死者日数千头，不择吉凶，早死者未必屠工也"③。是现实生活中未必严格遵循禁忌观念。官方禁杀则多是对牲畜资源的保护。睡虎地秦简《法律答问》言"小畜生入人室，室人以殳梃伐杀之，所杀值二百五十钱，何论？当赀二甲"④。《韩非子·外储说右下》言，秦襄王病时"百姓为之祷"，病愈后则"杀牛塞祷"，襄王却"訾其里正与伍老屯二甲"⑤。是知牲畜之重，不可擅杀，违者会受到相应的处罚。及至后世，禁屠甚至与祈雨并提。竺可桢以为其俗大抵传自西域，六朝梁武帝酷好佛教，其祈雨行七事中便有"彻膳羞弛乐"。⑥

　　渔猎类与林木类的记载相对较少，涉及"弋""射""网"等方式。李家浩以为，"熟网猎"之"熟"应读为"设"，"设网"即设置捕鸟之网。⑦ 然此网或是渔网。《淮南子·原道训》以"临江而钓，旷日而不能盈罗"，是"不能与网罟争得也"⑧。此便是指渔具。睡虎地秦简《日书》甲种"除"篇言，外阳日"利以遮野外"，同简乙种"除"篇亦言成、外阳之日"利以之四方野外"⑨。皆与猎事相连，或为指明其场所。贺润坤以为，秦国民间与政府的渔猎活动在当时都具有规模大、类型多、经常性等特点。⑩ 这也造成了资源短缺的危机。林剑鸣以为，秦汉时期社会对各种林产品，特别是木材的需求日益增长，其中又以建材、器物制造、燃

　　① 陈梦家：《商代的神话与巫术》，《燕京学报》1936 年第 20 期。

　　② 姜守诚：《汉代"血忌"观念对道教择日术之影响》，《宗教学研究》2014 年第 1 期。

　　③ 黄晖：《论衡校释》，中华书局 1990 年版，第 993 页。

　　④ 陈伟主编：《秦简牍合集（一）·睡虎地秦墓简牍》，武汉大学出版社 2014 年版，第 232 页。

　　⑤ （清）王先慎撰，钟哲点校：《韩非子集解》，中华书局 1998 年版，第 336 页。

　　⑥ 竺可桢撰，施爱东编：《天道与人文》，北京出版社 2005 年版，第 165 页。

　　⑦ 李家浩：《睡虎地秦简〈日书〉"楚除"的性质及其他》，《史语所集刊》1999 年第 70 本第 4 分。

　　⑧ 何宁：《淮南子集释》，中华书局 1998 年版，第 26 页。

　　⑨ 陈伟主编：《秦简牍合集（一）·睡虎地秦墓简牍》，武汉大学出版社 2014 年版，第 352、515 页。

　　⑩ 贺润坤：《云梦秦简所反映的秦国渔猎活动》，《文博》1989 年第 3 期。

料、丧葬为大宗。① 故在"之山谷新以材木及伐空桑"中先指明场所。考《说文解字》言："新，取木也"②。《孟子·梁惠王上》言："斧斤以时入山林，材木不可胜用也"③。是因时而动。悬泉汉简泥墙题记《四时月令诏条》言："禁止伐木。谓大小之木皆不得伐也，尽八月。草木零落，乃得伐其当伐者"④。《吕氏春秋·上农》亦有四时之禁为"山不敢伐材下木，泽不敢灰僇，缳网置罘不敢出于门，罝罛不敢入于渊，泽非舟虞不敢缘名，为害其时也"⑤。睡虎地秦简《秦律十八种·田律》言："春二月，毋敢伐材木山林及雍堤水泉"⑥。张金光以为，律文反映出处于残余状态的村落里聚、山林池泽等公共牧场渔猎之地以及公共水利设施的使用状况。⑦ 李学勤则以为，秦律不仅反映出生产的需要，也有着四时生杀阴阳思想之特殊文化背景。⑧ 故还需关注树木禁忌的问题。弗雷泽曾考察欧洲雅利安人宗教史上的树神崇拜。⑨ 类似信仰亦见于中国哈萨克族、维吾尔族、蒙古族的民间文学之中，木器崇拜与禁忌更是北方少数民族的生活日常。⑩ 简牍日书屡见"伐木""伐室中树木""斩大木""树木"之占，若正值忌日则会有"死""大殃"等不良后果。⑪ 睡虎地秦简《日书》乙种"良日"篇言"木忌"为"甲乙榆、丙丁枣、戊己桑、庚辛李、壬辰檿"⑫，足见名目详细。《四民月令》言，正月"自朔暨晦，可移诸树：竹、漆、桐、梓、松、柏、杂木；唯有果实者，及望而止"。又言："自

---

① 林剑鸣主编：《秦汉社会文明》，西北大学出版社1985年版，第72—73页。

② （汉）许慎著，（清）段玉裁注：《说文解字注》，上海古籍出版社1981年版，第717页。

③ 《十三经注疏·孟子注疏》卷1上《梁惠王上》，中华书局2009年影印本，第5798页。

④ 胡平生、张德芳编：《敦煌悬泉汉简释粹》，上海古籍出版社2001年版，第192页。

⑤ 张双棣、张万彬、殷国光、陈涛：《吕氏春秋译注》，吉林文史出版社1987年版，第916页。

⑥ 陈伟主编：《秦简牍合集（一）·睡虎地秦墓简牍》，武汉大学出版社2014年版，第44页。

⑦ 张金光：《论秦自商鞅变法后的农村公社残余问题》，《文史哲》1990年第1期。

⑧ 李学勤：《简帛佚籍与学术史》，台北：时报文化出版企业有限公司1994年版，第122—123页。

⑨ ［英］J. G. 弗雷泽：《金枝——巫术与宗教之研究》，汪培基、徐育新、张泽石译，汪培基校，商务印书馆2013年版，第185页。

⑩ 策·斯琴巴特尔：《北方少数民族树木崇拜及木质器具的禁忌习俗》，《满语研究》2008年第2期。

⑪ 参见陈伟主编《秦简牍合集》，武汉大学出版社2014年版；湖北省文物考古研究所、随州市考古队编《随州孔家坡汉墓简牍》，文物出版社2006年版。

⑫ 陈伟主编：《秦简牍合集（一）·睡虎地秦墓简牍》，武汉大学出版社2014年版，第527页。

是月以终季夏，不可以伐竹木。必生蠹虫"。注曰："虽春夏不蠹，犹有剖析间解之害，又犯时令。非急勿伐。"而伐木行为需要到十一月方可进行。① 是知汉代树种既多而禁忌犹存。

　　需要注意的是，简牍日书之中还有许多占测与农业活动息息相关。一是降雨问题。睡虎地秦简《日书》甲种"稷辰"篇言秀日"虽雨，霁"。同简乙种"秦"篇言敫日"雨，日也"②。北京大学藏《日书》中有《雨书》一种，涉及二十八宿记日的问题。③《汉书·艺文志》数术杂占类中亦有《请雨止雨》二十六卷。④ 足见降雨之重要程度。而放马滩秦简《日书》乙种"候岁"篇以具体日期的风雨情况占测年景⑤，有"正月甲乙雨，禾不享"及"稙享""种享""穉享"之说。《诗经·闷宫》言："稙穉菽麦"，传曰："先种曰稙，后种曰穉"⑥。孔家坡汉简《日书》"占"篇言："七日稙禾为，九日中禾为，廿日穉禾为"⑦。是知降雨时间之差异对作物的影响。放马滩秦简该篇之中还有"丙丁雨，大旱""壬癸雨，大水""戊己雨，大有年"。《穀梁传·宣公十六年》言："五谷大熟，为大有年"⑧。至于"七月雨为澍"，《说文解字》言："澍，时雨也，所以树生万物者也"⑨。睡虎地秦简《秦律十八种·田律》言："田为澍，及秀粟"⑩。此外还有"戊雨，菫蒿""己雨，禾秀殹""五月辰日大雨，大虫；小雨，小虫"。孔家坡汉简《日书》"□稼"篇言："正月甲乙雨，雨膏；丙丁雨，田嚣；戊己雨，禾饶；庚辛雨，田多蒿；壬癸雨，禾

---

① （汉）崔寔著，石声汉校注：《四民月令校注》，中华书局 2013 年版，第 11、17、72 页。
② 陈伟主编：《秦简牍合集（一）·睡虎地秦墓简牍》，武汉大学出版社 2014 年版，第 367、521 页。
③ 陈苏镇：《北大汉简中的〈雨书〉》，《文物》2011 年第 6 期。
④ 《汉书》卷 30《艺文志》，中华书局 1962 年标点本，第 1772 页。
⑤ 陈伟主编：《秦简牍合集（四）·放马滩秦墓简牍》，武汉大学出版社 2014 年版，第 98—99 页；鲁家亮：《放马滩秦简乙种〈日书〉"占雨"类文献编联初探》，《考古与文物》2014 年第 5 期。
⑥ 《十三经注疏·毛诗正义》卷 20《鲁颂·闷宫》，文物出版社 2009 年影印本，第 1326 页。
⑦ 湖北省文物考古研究所、随州市考古队编：《随州孔家坡汉墓简牍》，文物出版社 2006 年版，第 180 页。
⑧ 《十三经注疏·春秋穀梁传注疏》卷 12《宣公十六年》，文物出版社 2009 年影印本，第 5243 页。
⑨ （汉）许慎著，（清）段玉裁注：《说文解字注》，上海古籍出版社 1981 年版，第 557 页。
⑩ 陈伟主编：《秦简牍合集（一）·睡虎地秦墓简牍》，武汉大学出版社 2014 年版，第 42 页。

消"。同简"岁"篇言"小雨小虫，大雨大虫"①。均可为参照。《广雅·释言》以"秀，茂也"②。睡虎地秦简《日书》甲种"除"篇有"秀日"，"稷辰"篇则言"秀，是谓重光"③。田地丰茂既然为时人所盼望，降雨问题也自然会常见于占测之中。

二是衣食问题。丝与麻是秦汉时期纺织生产的主要原料，《汉书·昭帝纪》即言："天下以农桑为本"④。而睡虎地秦简《日书》甲种"禾良日"篇中有麻忌之日，同简"良日"篇中又有"蚕良日"。⑤ 睡虎地秦简《法律答问》言："或盗采人桑叶，赃不盈一钱，何论？资徭三旬。"⑥ 故丝麻成衣亦受到重视。简牍日书屡见"裁衣""褚新衣""制衣裳""制冠带""折衣裳"之占，不同日则有"媚人""终身衣丝""必死"等结果。⑦ 至于饮食更关乎生产，睡虎地秦简《日书》甲种"星"篇言："不可食六畜"⑧。孔家坡汉简《日书》"星官"篇亦言："不可食六畜牲"，"五子"篇则言"不可食新禾黍"。⑨ 皆涉及种植及畜牧所得的食物。而睡虎地秦简《日书》甲种"除"篇所谓："居有食，行有得"⑩，亦反映出时人对生产丰收的追求。

三是建设问题。粮食贮存与农田水利始终是农业生产之中的关键环节。放马滩秦简《日书》乙种"帝"篇言四废日"不可以为囷、仓及盖"⑪。而

① 湖北省文物考古研究所、随州市考古队编：《随州孔家坡汉墓简牍》，文物出版社2006年版，第179页。
② （清）王念孙撰，钟宇讯点校：《广雅疏证》，中华书局1983年版，第137页。
③ 陈伟主编：《秦简牍合集（一）·睡虎地秦墓简牍》，武汉大学出版社2014年版，第352、367页。
④ 《汉书》卷7《昭帝纪》，中华书局1962年标点本，第232页。
⑤ 陈伟主编：《秦简牍合集（一）·睡虎地秦墓简牍》，武汉大学出版社2014年版，第365、396页。
⑥ 陈伟主编：《秦简牍合集（一）·睡虎地秦墓简牍》，武汉大学出版社2014年版，第198页。
⑦ 参见陈伟主编《秦简牍合集》，武汉大学出版社2014年版；湖北省文物考古研究所、随州市考古队编《随州孔家坡汉墓简牍》，文物出版社2006年版。
⑧ 陈伟主编：《秦简牍合集（一）·睡虎地秦墓简牍》，武汉大学出版社2014年版，第389页。
⑨ 湖北省文物考古研究所、随州市考古队编：《随州孔家坡汉墓简牍》，文物出版社2006年版，第134、155页。
⑩ 陈伟主编：《秦简牍合集（一）·睡虎地秦墓简牍》，武汉大学出版社2014年版，第352页。
⑪ 陈伟主编：《秦简牍合集（四）·放马滩秦墓简牍》，武汉大学出版社2014年版，第66页。

睡虎地秦简《日书》甲种"困良日"篇言甲午、乙未、乙巳"为困大吉"。同简"直室门"篇言："仓门，富，井居西南，困居北向簷，簷毋绝悬肉"①。晏昌贵与梅莉以为，广义的"簷"应泛指仓库，狭义的"簷"则专指存收柴草、饲料的仓库。② 是贮存位置的选择十分重要。此外，简牍日书中还有与农田水利息息相关的"井""池""沟""窦"之建。③《四民月令》言，三月"农事尚闲，可利沟渎"④，即是利用农闲时间兴水利建设之事而求农业之便。

二　商业活动类

正如《礼记·曲礼下》言："问庶人之富，数畜以对"⑤，农业活动的产品无疑是重要的个人资本。然若欲致富，则还需商业活动来加以补充。《史记·货殖列传》言，乌氏倮畜牧及众而"斥卖，求奇缯物，间献遗戎王。戎王什倍其偿，与之畜，畜至用谷量马牛"。后得比封君，"礼抗万乘，名显天下"⑥。足见买卖所能带来的财富积累与地位提升。而针对农产品的买卖交易，即"种之及初获出入之"，本是农业活动中不可或缺的一环。马新以为，两汉时期自耕农的小土地经济，在当时的社会历史条件下无法实现较完全的自给自足，而是一种与商品市场有着较多联系的半自给自足式的生产经营，即以粮食生产为主要内容，包括桑麻纺织、家畜饲养、园圃瓜果、植树樵伐与采集等副业经营，最终将劳动产品投向市场。当时的乡村社会中还活跃着不少中小工商业者，存在着较兴盛的商业经营。⑦ 许倬云则以为，汉代农业虽为应对人口增长造成的耕地不足而走向了农作规模的小型化与农作方法的精细化，但人头税等必须用现金支付的要求与精细化农作中劳力使用的季节性分布不均也促使了非农业活动，这种活动使市场导向的经济行为变得可能。然在无法利用市场时，农民亦

①　陈伟主编：《秦简牍合集（一）·睡虎地秦墓简牍》，武汉大学出版社 2014 年版，第 366、407 页。

②　晏昌贵、梅莉：《楚秦〈日书〉所见的居住习俗》，《民俗研究》2002 年第 2 期。

③　参见陈伟主编《秦简牍合集》，武汉大学出版社 2014 年版；湖北省文物考古研究所、随州市考古队编：《随州孔家坡汉墓简牍》，文物出版社 2006 年版。

④　（汉）崔寔著，石声汉校注：《四民月令校注》，中华书局 2013 年版，第 29 页。

⑤　《十三经注疏·礼记正义》卷 5《曲礼下》，中华书局 2009 年影印本，第 2745 页。

⑥　《史记》卷 129《货殖列传》，中华书局 1959 年标点本，第 3260 页。

⑦　马新：《两汉乡村社会史》，齐鲁书社 1997 年版，第 89—96 页。

可以采取较自给自足的经济模式。①故孔家坡汉简《日书》"籴"篇以候风之术占断谷物买卖的贵贱，言"入正月一日，日出而风，籴贵；阴而雨，籴贱"，又有"利贾"之语。②《四民月令》所涉贩鬻之事则有籴或粜麦、黍、粟等谷物，更扩充到缣绤、帛、布、弊絮、薪炭等物。③而简牍日书中还屡见"出入"之说。针对自由"寄人"的"出入"或可释为逐出与接纳。④然针对"禾粟""畜牲"等物的"出入"应释为卖与买。又有"氐马牛畜牲尽可"之说，或以"氐""入"相当。⑤《说文解字》言："氐，至也"⑥。孔家坡汉简《日书》将"马牛""畜牲"并举，似有所差异。考同简有"六畜"之说，《周礼·天官冢宰》言"庖人掌共六畜"，注曰："六畜，六牲也。始养之曰畜，将用之曰牲"⑦。《左传·昭公二十五年》言："为六畜、五牲、三牺以奉五味"，注曰："马、牛、羊、鸡、犬、豕"⑧。是古之畜牲多为祭祀之礼，本包含马与牛。睡虎地秦简《日书》甲种"马禖"篇即是与马相关的祝词。⑨然秦非子"好马及畜，善养息之"⑩。已将马别于畜。《汉书·地理志》言："民有五畜，山多麈麖"，注曰："牛、羊、豕、犬、鸡"⑪。亦是排除马于畜之外。王子今以为，秦汉马政及以养马业为主的畜牧经济与交通事业的进步有直接的关系，马匹既是主要运输动力，亦在汉匈战争中发挥着重要作用。⑫而牛同样是秦汉时期的交通运输动力，《论衡·效力》言："重任之车，强

①　［美］许倬云：《汉代农业：早期中国农业经济的形成》，程农、张鸣译，邓正来校，江苏人民出版社1998年版，第161页。

②　湖北省文物考古研究所、随州市考古队编：《随州孔家坡汉墓简牍》，文物出版社2006年版，第183—184页。

③　参见（汉）崔寔著，石声汉校注《四民月令校注》，中华书局2013年版。

④　陈伟主编：《秦简牍合集（一）·睡虎地秦墓简牍》，武汉大学出版社2014年版，第542页。

⑤　陈伟主编：《秦简牍合集（四）·放马滩秦墓简牍》，武汉大学出版社2014年版，第12页。

⑥　（汉）许慎著，（清）段玉裁注：《说文解字注》，上海古籍出版社1981年版，第628页。

⑦　《十三经注疏·周礼注疏》卷4《膳夫》，中华书局2009年影印本，第1422页。

⑧　《十三经注疏·春秋左传正义》卷51《昭公二十五年》，中华书局2009年影印本，第4577页。

⑨　陈伟主编：《秦简牍合集（一）·睡虎地秦墓简牍》，武汉大学出版社2014年版，第507页。

⑩　《史记》卷5《秦本纪》，中华书局1959年标点本，第177页。

⑪　《汉书》卷28下《地理志下》，中华书局1962年标点本，第1670页。

⑫　王子今：《秦汉交通史稿》，中国人民大学出版社2013年版，第135—147页。

力之牛乃能挽之"①。马匹不足时可以牛骑乘，《史记·平准书》即言，汉初"将相或乘牛车"②。又"入牛"追求"老一"，或指牛至老属于一主。③ 故马与牛应是当时最重要的两种牲畜，睡虎地秦简《秦律十八种·厩苑律》即言："将牧公马牛，马牛死者，亟谒死所县，县亟诊而入之，其人之其弗亟而令败者，令其未败值偿之"④。足见官方之重视。如此则明其何以别于"畜牲"之外。

　　"财"之"出入"需"金钱良日"，否则有"绝""破""亡"等不良后果。李剑农指出，"金"与"钱"同为汉代法定之币。⑤ 所谓"入材"，刘乐贤读为"纳财"。⑥ 是货币流通多受到关注。黄今言以为，直到东汉时期，虽然实物货币一度抬头，但铜钱并未退出流通领域，国家财政收支、民间贸易仍流通金属货币，繁荣的市场及商品交换、发达的商业形态也正需要与之相辅相成的货币经济。⑦ 所谓"货"应当是有别于农产品的日用品，《管子·权修》即求"府不积货"以"藏于民"⑧。《汉书·食货志》言"食谓农殖嘉谷可食之物，货谓布帛可衣，及金刀龟贝，所以分财布利通有无者也"⑨。是知其更侧重于流通环节。李学勤以为，奴隶有"臣妾""臣徒""人民"等称，他们总是与牲畜、财货并列，应是被视为主人的财产，故其"出入"主要指买卖，且"人民"并非是奴隶身份的专用词。⑩ 睡虎地秦简《封诊式》有"告臣"篇言"令少内某、佐某以市正价贾丙丞某前"⑪。应是指官府之奴隶买卖行为。高恒以为，"市正价"为官定的奴隶价格。⑫ 《汉书·王莽传》言，秦时乃"置奴婢之

---

①　黄晖：《论衡校释》，中华书局 1990 年版，第 584 页。

②　《史记》卷 30《平准书》，中华书局 1959 年标点本，第 1417 页。

③　陈伟主编：《秦简牍合集（一）·睡虎地秦墓简牍》，武汉大学出版社 2014 年版，第 390 页。

④　陈伟主编：《秦简牍合集（一）·睡虎地秦墓简牍》，武汉大学出版社 2014 年版，第 55 页。

⑤　李剑农：《先秦两汉经济史稿》，生活·读书·新知三联书店 1957 年版，第 183 页。

⑥　刘乐贤：《睡虎地秦简日书研究》，文津出版社 1994 年版，第 25 页。

⑦　黄今言：《秦汉商品经济研究》，人民出版社 2005 年版，第 13 页。

⑧　黎翔凤撰，梁运华整理：《管子校注》，中华书局 2004 年版，第 52 页。

⑨　《汉书》卷 24 上《食货志上》，中华书局 1962 年标点本，第 1117 页。

⑩　李学勤：《睡虎地秦简〈日书〉与楚、秦社会》，《江汉考古》1985 年第 4 期。

⑪　陈伟主编：《秦简牍合集（一）·睡虎地秦墓简牍》，武汉大学出版社 2014 年版，第 299—300 页。

⑫　参见高恒《秦简中的私人奴婢问题》，载中华书局编辑部编《云梦秦简研究》，中华书局 1981 年版。

市，与牛马同兰"①。睡虎地秦简《秦律十八种·司空》中则言："人奴妾居赎赀债于城旦"，整理者以为"人奴妾"即私家奴婢。②长沙五一广场东汉简牍又言"以其五万买大婢侍"③，亦是私家行为。是简牍日书所见"黔首""奴婢""人"之名称虽会因时代与地域差异而有所不同，然其身份却类似，均可作为财产来进行买卖。此外还有关于"市"的占测。王子今以为"市责彻"是指债务关系的解除。④然此三字下有阙文，整理者断句为"利市责（积）、彻□□□"⑤。考借贷活动自古有之，李学勤以为包山楚简《贷金》即是关于楚怀王时借贷黄金救灾的记录。⑥睡虎地秦简《秦律十八种·仓律》言："宦者、都官吏、都官人有事上为将，令县贷之，辄移其禀县，禀县以减其禀"⑦。亦是官方行为。民间借贷则如长沙五一广场东汉简牍言"债代南山乡正，随佐区旿在乡。到九年九月中复还"⑧。马新以为，两汉政府均认可民间赊贷活动并充分保护债权人的利益，对于赊贷息率也有一定的控制，但是汉代乡村中的高利贷仍较盛行，既有专门的放贷者，又有达官贵人、富商大贾、乡间的大土地所有者以及其他富裕人户、封建政府等参与其中。⑨至于"贾市""行贾""初市"，均是"市"中的商业活动。《管子·权修》便追求"市不成肆"以"家用足"⑩。然秦汉时期的"市"多是地方重要的产品交易与集散中心，即"熟食遍列，殽施成市"⑪。林剑鸣以为，当时通邑大都市场上经营的商品种类有奢侈品、生产原料与工具、日常用品等。⑫并且"市"的形成也多依托于民众之聚集，《后汉书·张禹传》即言，张禹为下邳相时重修

①《汉书》卷99中《王莽传中》，中华书局1962年标点本，第4110页。

②睡虎地秦墓竹简整理小组编：《睡虎地秦墓竹简》，文物出版社1990年版，第51—52页。

③长沙市文物考古研究所、清华大学出土文献研究与保护中心、中国文化遗产研究院、湖南大学岳麓书院编：《长沙五一广场东汉简牍选释》，中西书局2015年版，第167页。

④王子今：《睡虎地秦简〈日书〉甲种疏证》，湖北教育出版社2003年版，第60—61页。

⑤睡虎地秦墓竹简整理小组编：《睡虎地秦墓竹简》，文物出版社1990年版，第183页。

⑥李学勤：《楚简所见黄金货币及其计量》，中国金融出版社2002年版，第61—64页。

⑦陈伟主编：《秦简牍合集（一）·睡虎地秦墓简牍》，武汉大学出版社2014年版，第73页。

⑧长沙市文物考古研究所、清华大学出土文献研究与保护中心、中国文化遗产研究院、湖南大学岳麓书院编：《长沙五一广场东汉简牍选释》，中西书局2015年版，第168页。

⑨马新：《两汉乡村社会史》，齐鲁书社1997年版，第103—110页。

⑩黎翔凤撰，梁运华整理：《管子校注》，中华书局2004年版，第52页。

⑪王利器：《盐铁论校注》，中华书局1992年版，第352页。

⑫林剑鸣主编：《秦汉社会文明》，西北大学出版社1985年版，第154—155页。

蒲阳坡后，"邻郡贫者归之千余户，室庐相属，其下成市"①。甚至远在边塞地区的屯戍吏卒亦有丰富的经济生活。李振宏指出，在汉代居延地区既有以买卖与贳买贳卖为主的经济交往，还有大规模经商的"私市"活动，雇佣问题与债务关系也普遍存在。② 当时繁荣的商业环境可见一斑。然在国家消除逐利竞争的压力之下，汉代社会工商经营的行当并未得到进一步的发展。③ 国家对商业经营的敌意与对农业的轻税薄赋，又共同将资本推向了安全而有利可图的土地投资。④

　　总体来看，简牍日书所见秦汉时期的农、商活动既密不可分又相得益彰，应为编户齐民群体所普遍从事。《淮南子·齐俗训》言："人不兼官，官不兼事"⑤。是传统观念中以为农、商有别而不得兼顾。《后汉书·刘般传》则言："是时下令禁民二业"，般乃上言："今滨江湖郡率少蚕桑，民资渔采以助口实，且以冬春闲月，不妨农事。夫渔猎之利，为田除害，有助谷食，无关二业也"⑥。是农副业亦受到限制。然正如刘般所说，合理利用天时来进行不同行业的经营符合百姓的生产需求。《盐铁论·水旱》言："家人相一，父子勠力，各务为善器，器不善者不集。农事急，挽运衍之阡陌之间。民相与市买，得以财货五谷新币易货；或时贳民，不弃作业。置田器，各得所欲。"⑦ 可见务农之民同样有商业活动。正因这种复合性的存在，秦汉时期的编户齐民恐不能以单纯之"农人""商人"来界定，他们应是传统农业社会中稳定的生产个体。此外还应关注到民间与官方之别。《汉书·食货志》言："食足货通，然后国实民富而教化成"⑧。《汉书·百官公卿表》有"治粟内史""掌谷货"⑨。是农商活动本为政府所重。然从简牍日书的记载来看，起码在种植、畜牧、贮存、水利等农业活动与货财、奴隶出入等商业活动中，民间与官方的行为并不能完全区

---

　　①　《后汉书》卷 44《张禹传》，中华书局 1965 年标点本，第 1498 页。

　　②　李振宏：《居延汉简与汉代社会》，中华书局 2003 年版，第 64—93 页。

　　③　［美］许倬云：《汉代农业：早期中国农业经济的形成》，程农、张鸣译，邓正来校，江苏人民出版社 1998 年版，第 59 页。

　　④　Harrison John A.，*The Chinese Empire*，New York：Harcourt Brace Jovanovich，1972，pp. 143 – 149.

　　⑤　何宁：《淮南子集释》，中华书局 1998 年版，第 810 页。

　　⑥　《后汉书》卷 39《刘般传》，中华书局 1965 年标点本，第 1305 页。

　　⑦　王利器：《盐铁论校注》，中华书局 1992 年版，第 430 页。

　　⑧　《汉书》卷 24 上《食货志上》，中华书局 1962 年标点本，第 1117 页。

　　⑨　《汉书》卷 19 上《百官公卿表上》，中华书局 1962 年标点本，第 731 页。

分，即其既可以是普遍私家的日常，亦可以是地方官吏的职责。而传世文献中所见农商活动多系大规模的国家行为。如漕运之兴，《汉书·沟洫志》言郑当时为大司农，求"益肥关中之地，得谷"而穿漕渠，并令"渠下之民颇得以溉矣"①。又如对外商业，李剑农以为两汉时期与国境外之异民族的商业往来是陆路多于海上，限制多于奖励，边关定期互市多于自由输出输入。②故若想具体考察小范围之基层社会，则正需简牍日书的补充，其不仅反映出民间开展农商活动时的禁忌观念，亦可与出土行政文书相对照，还原出更加完整的官方管理系统。

---

① 《汉书》卷29《沟洫志》，中华书局1962年标点本，第1679页。
② 李剑农：《先秦两汉经济史稿》，生活·读书·新知三联书店1957年版，第220—224页。

第四章

简牍日书所见记时问题

记时问题涉及秦汉时期的漏刻记时、分段记时、十二时辰记时等不同记时方式。分段记时作为当时主要的记时方式，虽具有复杂的记录体系，但在现实应用中仍追求简便，即将一日划分为五个时段，包括三个标志性时段与两个过渡性时段，并存在时段减省、时段过长、时段长短不均、时差等问题。而时称的使用更蕴含着丰富的历史信息。

第一节　秦汉时期记时方法综述

时间作为人类社会中的基本概念，自古以来便因与生产生活息息相关而受到普遍重视。随着人们对自然的认知程度不断加深，时间不仅得到日益精准的规划，更具备了丰富的文化内涵，逐渐固化为国家运行与民众日常中的制度与习俗，既紧密相连又各具特点。若以时间概念为核心来加以归纳与分析，当可发现历史片段中的有益细节，更将有助于捋清时代更迭背后的精神脉络。

中国拥有悠久的记时传统，大汶口文化时期陶器上即发现有刻划的图像文字，其中的"日"形应来自对太阳的观察。① 殷商时期，干支系统已被用于时间的记录，广泛出现于甲骨卜辞之中。② 两周时期，兴告朔而严月令，国家政事与民众起居皆依规而行。月相记时法应运而生，即用初吉、既望、既生霸、既死霸等月相来标记某一月中的特定时段，并与干支

---

① 中国社会科学院考古研究所编：《中国考古学·新石器时代卷》，中国社会科学出版社2010年版，第302—304页。

② 参见郭沫若主编，胡厚宣总编《甲骨文合集》37986，中华书局1978—1983年版。

相配合形成固定格式，使人们明晰该日在一月中的位置，以求提高记时的准确性。此种追求也反映在利用仪器进行观测的实践中，无论是晷影与太阳位置，还是中星与昼夜长短，在服务于历法制定的同时，也促进了古代星占学的发展。① 及至秦汉时期，在继承前代记时方法与观念的同时，更加以科学发展，对后世产生了深远的影响。

需要说明的是，时间记录包括记年、记月、记日等不同层面，又以一日之中的记时为生产生活的基本单位，蕴含着丰富的历史信息。具体到秦汉时期，历来研究主要侧重于时段划分的整理与时称使用的考据。曾宪通的《秦汉时制刍议》利用睡虎地秦简、放马滩秦简、居延汉简等材料考察了秦汉时期不同的时段划分方法。② 宋会群与李振宏的《秦汉时制研究》论证了秦汉"十六时制"的时称与时序。③ 张德芳的《简论汉唐时期河西及敦煌地区的十二时制和十六时制》扩展深化了时段划分研究的时空视野。④ 任杰的《秦汉时制探析》分析了"十二时辰制"在东汉的行用及对后世的影响。⑤ 李天虹的《秦汉时分纪时制综论》在总结前人研究成果的基础上提出了自己的判断。⑥ 而尚民杰的《云梦〈日书〉十二时名称考辨》、苏莉的《秦汉纪时制度研究——以出土文献为中心》具体考辨了不同时称的得名。⑦ 谢小丽的《秦简时间范畴研究》从语言学的角度考察了时间类词汇的使用情况。⑧ 尽管关注点各有差异，但研究者普遍重视利用出土材料来解决问题。且在研究用词中，"记时"侧重于不同划分方式的时间记录，使用最为宽泛，其下还有"纪时"与"计时"两种用法，前者强调时间记录的规范性与权威性，后者则强调具体时刻的计算。

值得注意的是，以往学者研究中所用"时制"概念有待商榷。秦汉时期虽然存在多样的记时方法，但若想判定当时已经形成统一化、

---

① 武家璧：《从出土文物看战国时期的天文历法成就》，《古代文明》2003 年第 2 卷。

② 曾宪通：《秦汉时制刍议》，《中山大学学报》1992 年第 4 期。

③ 宋会群、李振宏：《秦汉时制研究》，《历史研究》1993 年第 6 期。

④ 张德芳：《简论汉唐时期河西及敦煌地区的十二时制和十六时制》，《考古与文物》2005 年第 2 期。

⑤ 任杰：《秦汉时制探析》，《自然科学史研究》2009 年第 4 期。

⑥ 李天虹：《秦汉时分纪时制综论》，《考古学报》2012 年第 3 期。

⑦ 尚民杰：《云梦〈日书〉十二时名称考辨》，《华夏考古》1997 年第 3 期；苏莉：《秦汉纪时制度研究——以出土文献为中心》，硕士学位论文，安徽大学，2012 年。

⑧ 谢小丽：《秦简时间范畴研究》，硕士学位论文，西南大学，2014 年。

固定化且带有一定强制色彩的时间制度，则为时尚早。至于主要记时方法则包括漏刻记时、分段记时、十二时辰记时。若是综合传世文献、出土材料与考古资料，应可厘清其发展脉络，并认识到秦汉记时独特的历史价值。

一　漏刻记时

漏刻是受到容器漏水现象启发的发明，由漏壶与漏箭两部分组成，向漏壶内注水并令壶孔滴水使壶内水位下降，漏箭也随之移动，根据箭上刻度的变化即可知时间。漏刻记时产生于殷商中后期，当时将一日均分为百刻。[①] 此后漏壶从西汉的单壶到东汉的复壶，再到晋唐的多壶。[②] 箭也从沉箭到浮箭并加以细化补偿，逐渐演变出后世的秤漏、莲花漏、浮漏、盂漏、田漏。[③] 更有昼漏、夜漏之分。[④] 悬泉汉简即言，"十二月廿七日甲子，昼漏上水十五刻起"[⑤]。而敦煌具注历中会在特定日期标明昼夜时刻以指导改箭。[⑥] 漏刻标注亦呈现出昼夜百刻制，并在"二分二至"前后有所调整。[⑦]

可见漏刻记时拥有独立的发展道路并不断追求精确度的提高。董涛以为，汉代是漏刻制度形成与完善的关键时期，主要表现在铜壶滴漏技术的进步与昼夜百刻制度的定型。其中技术上的进步主要是二级漏刻的出现，这种漏刻更为精确与稳定，促进了漏刻的广泛使用。而昼夜百刻制度的定型则说明人们对一日之内的时间如何进行细分已基本达成了共识。此外，时间精确到"刻"后不仅能测量时间点，还能计量一段较小的时间段，使原本模糊的"时"更加精确可测。漏刻的广泛使用还深刻地影响到汉代人的时间观念，促进了人们对精确化与时间细分的认识，也使人们能正确认识自身感知与技术进步之间的关系。[⑧]

---

① 阎林山、全和钧：《论我国固有的百刻计时制》，《天文参考资料》1977 年第 4 期。

② 全和钧、阎林山：《关于西汉漏刻的特点和刻箭的分划》，《自然科学史研究》1985 年第 3 期。

③ 华同旭：《中国漏刻史话》，《中国计量》2003 年第 8 期。

④ 陈久金：《中国古代时制研究及其换算》，《自然科学史研究》1983 年第 2 期。

⑤ 胡平生、张德芳编：《敦煌悬泉汉简释粹》，上海古籍出版社 2001 年版，第 88 页。

⑥ 汪小虎：《敦煌具注历日中的昼夜时刻问题》，《自然科学史研究》2013 年第 2 期。

⑦ 赵贞：《敦煌具注历日中的漏刻标注探研》，《敦煌学辑刊》2017 年第 3 期。

⑧ 董涛：《漏刻与汉代时间观念》，《史学月刊》2021 年第 2 期。

传世文献中的漏刻记时或见于军旅之事，《周礼·夏官司马》有"挈壶氏"条言："凡军事，悬壶以序聚挈"。注曰："悬壶以为漏。"①《史记·司马穰苴列传》则言，其与庄贾约，"穰苴先驰至军，立表下漏待贾"。《索隐》曰，"立表谓立木为表以视日景，下漏谓下漏水以知刻数也。"② 或见于官方通告，《汉书·武五子传》言，汉昭帝崩而霍光征昌邑王典丧，"夜漏未尽一刻，以火发书"③。更有规定如"推诸上水漏刻：以百乘其小余"④。又如《汉书·哀帝纪》言："漏刻以百二十为度"，注"旧漏昼夜共百刻，今增其二十"⑤。这些均体现出正式场合对准确时间的要求。

里耶遗址出土秦代洞庭郡迁陵县之公文档案有"八月癸巳，水下四刻，走贤以来"。另有"三刻""五刻""六刻""八刻""九刻""水下尽"等情况。又有"二月壬寅，水十一刻刻下二，邮人得行"。还有"刻下一""刻下三""刻下五""刻下八""刻下九""刻下十""刻下尽"等情况。⑥ 张春龙与龙京沙以为，秦时漏壶可分为十二刻，每刻下可再分为十小刻，一刻相当于现在的两小时，每小刻即为 12 分钟。如果漏壶有昼、夜之别，则当时记时的最小单位相当于今天的 6 分钟。⑦ 李学勤则以为，漏刻所记皆指白昼，是将一昼分为十一刻，而数字十一对秦人有特殊意义，如以十一钱当一布。⑧ 胡平生亦以为滴漏是白昼、夜晚分别计时的，各十一刻，一昼夜二十二刻，一刻约相当于今 65.45 分。他还指出文书送出与到达很早或很晚的情况都不多，一般均是官衙正常的办公时间。从文书发送与抵达的时间看则跨度很大，从一个侧面反映出当时邮递制度的严谨缜密，也反映出秦王朝行政制度的严格。而统一的漏刻计时正是强化行政管理、维系强权统治的重要举措，也是国家机器功能强大、政权运转协调有效的象征。然秦时较精确的计时方式在西汉初年并未获得继承。⑨ 汪桂海

① 《十三经注疏·周礼注疏》卷 30《挈壶氏》，中华书局 2009 年影印本，第 1824 页。

② 《史记》卷 64《司马穰苴列传》，中华书局 1959 年标点本，第 2157—2158 页。

③ 《汉书》卷 63《武五子传·昌邑哀王髆》，中华书局 1962 年标点本，第 2764 页。

④ 《后汉书·志》第 3《律历下·历法》，中华书局 1965 年标点本，第 3066 页。

⑤ 《汉书》卷 11《哀帝纪》，中华书局 1962 年标点本，第 340 页。

⑥ 参见里耶秦简博物馆、出土文献与中国古代文明研究协同创新中心中国人民大学中心编《里耶秦简博物馆藏秦简》，中西书局 2016 年版。

⑦ 张春龙、龙京沙：《湘西里耶秦代简牍选释》，《中国历史文物》2003 年第 1 期。

⑧ 李学勤：《初读里耶秦简》，《文物》2003 年第 1 期。

⑨ 参见胡平生《里耶简所见秦朝行政文书的制作与传送》，载《胡平生简牍文物论稿》，中西书局 2012 年版。

即指出秦人记录文书的抵达时间不仅记其月、日，更详尽至时刻。汉代的收文记录则只记月、日，不记时刻。① 在秦代基层行政现实中，"水下某刻"与"水十一刻刻下某"或是拥有漏刻记时工具的文书收发机构在登记流程中所记的准确收发时间，虽受地方条件影响无法保证较高精度，但其目的是文书传递的高效运转，对"十一刻"的强调或也与当时的政府工作时间有关。

考古资料中西汉漏壶的出土展现出当时精确化记时的尝试。漏刻记时多会受水压影响产生测量的误差，陕西兴平出土的铜漏内壁上发现有不规则的圆形云母片，或正是用于调节流速以稳定水压。② 河北满城中山靖王墓出土的铜漏③、内蒙古鄂尔多斯市出土的铜漏④、山东巨野红土山墓出土的铜漏⑤、江西南昌海昏侯墓出土的铜漏⑥，亦均有助于了解漏刻记时在具体应用时的操作。

此外，正因漏壶与漏箭存在技术层面上的不足，故对其进行校准的工具如日晷与圭表也值得关注。传世文献中所谓"立表下漏"，即是二者配合使用的例证。在山西右玉、内蒙古托克托、洛阳金村等地均有晷仪的出土。⑦ 江苏仪征石碑村一号木椁墓出土之东汉铜圭表则通过测量、标定及比较日影的周日变化来知晓时间。⑧ 而漏水转动之浑天仪的发明更离不开漏刻技术的改进。⑨ 可见秦汉时期的漏刻记时已达到了一定的科学高度，漏刻仪器因其较高的准确性而多被用于天文测量、历法制定及重要礼仪活动等领域。甚至在域外亦不乏漏刻文物的出土与漏刻制度的记录。⑩

① 汪桂海：《秦汉简牍探研》，文津出版社 2009 年版，第 8 页。

② 兴平县文化馆、茂陵文化馆：《陕西兴平汉墓出土的铜漏壶》，《考古》1978 年第 1 期。

③ 中国科学院考古研究所满城发掘队：《满城汉墓发掘纪要》，《考古》1972 年第 1 期。

④ 伊克昭盟文物工作站：《内蒙古伊克昭盟发现西汉铜漏》，《考古》1978 年第 5 期。

⑤ 山东省菏泽地区汉墓发掘小组：《巨野红土山西汉墓》，《考古学报》1983 年第 4 期。

⑥ 江西省文物考古研究院、中国人民大学历史学院考古文博系：《江西南昌西汉海昏侯刘贺墓出土铜器》，《文物》2018 年第 11 期。

⑦ 李鉴澄：《晷仪——现存我国最古老的天文仪器之一》，载中国天文学史整理研究小组编《科技史文集》（第 1 辑），上海科学技术出版社 1978 年版。

⑧ 南京博物院：《东汉铜圭表》，《考古》1977 年第 6 期。

⑨ 李鉴澄：《论后汉四分历的晷景、太阳去极和昼夜漏刻三种记录》，《天文学报》1962 年第 1 期。

⑩ 参见［日］木下正史《古代の漏刻と时刻制度——东アジアと日本》，东京：吉川弘文馆 2020 年版。

二　分段记时

分段记时源于人们对自然现象的观察与自身活动的记录，即以太阳的位置为主要标志来规划每日的具体行为，其核心内容是时段的划分与时称的使用。殷商时期已初具规模，董作宾以为"殷代古法全日为七段，全夜不分"①。而宋镇豪在甲骨卜辞分期断代的基础上以为，一期时一天可分为十三段，白天九段，夜间四段；三、四期时一天可分为十六段，白天九段，夜间七段。② 他又以为，武丁时一天可分为十二段，白天九段，夜间三段，"日中"因以圭表测度日影为准则故而比较恒定。③ 常玉芝通过考察甲骨卜辞各组中的时称以为，白天可分为七段，上午三段，下午三段，中午一段；夜间则在黑夜开始与即将结束时才有时称，统称为"夕"而不分段。④ 可见时段无论如何进行划分，都体现出不均匀的特点，白天细密而夜间粗疏，正与时人从事生产的条件限制有关。至于时称，甲骨卜辞之中有旦、明、朝、大采、食日、中日、昼、日西、昃、小食、小采、郭兮、昏、会、莫、夕、夙、湄。⑤ 宋镇豪以为可分为关乎日月运行的自然类与关乎人类生产活动及生活习俗的人文类，反映出一日两餐、筑室而居、敬祈日月等日常行为与精神文化方面的信息，且常有变易或增加以适应太阳运动的不固定性。⑥ 故这些时称虽涵盖一日中的不同时段，但时段间的界限却不明确。同一时段具有不同时称，同一时称也具有各种异名。可见殷商时期的分段记时仍处于模糊的初级阶段。常玉芝以为，这是由于各个时期人们的习惯不同，且不同的社会等级也存在差异。⑦ 两周时期，存在将一昼夜分为十个时段的方法，所谓"日之数十，故有十时，亦当十位，自王已下，其二为公，其三为卿"⑧。宋镇豪以为，这个"十时"

---

① 董作宾：《殷代的纪日法》，《台湾大学文史哲学报》1953 年第 5 期。

② 参见宋镇豪《试论殷代的纪时制度——兼谈中国古代分段纪时制》，载北京大学考古文博学院编《考古学研究》（五），科学出版社 2003 年版。

③ 宋镇豪：《先秦时期是如何记时的》，《文史知识》1986 年第 6 期。

④ 常玉芝：《殷商历法研究》，吉林文史出版社 1998 年版，第 180 页。

⑤ 参见邓飞《商代甲金文时间范畴研究》，人民出版社 2013 年版。

⑥ 参见宋镇豪《试论殷代的纪时制度——兼谈中国古代分段纪时制》，载北京大学考古文博学院编《考古学研究》（五），科学出版社 2003 年版。

⑦ 常玉芝：《殷商历法研究》，吉林文史出版社 1998 年版，第 180 页。

⑧ 《十三经注疏·春秋左传正义》卷 43《昭公五年》，中华书局 2009 年影印本，第4431 页。

是取整数以喻人事，不应视为实用之制。① 常玉芝与王曾瑜则以为商代、西周、春秋时计数均用十进位制，战国时则用十二进位制。② 这或可解释历代存在之不同的时段划分方法。至于时称，金文中主要出现了夙、昧丧、妹辰、晨、朝、旦、明、昼、夕、夜。③《国语·鲁语下》更载公父文伯之母在叙述天子、诸侯、卿大夫、士、庶人的每日行事时使用了不同的时称，即天子"大采朝日""日中考政""少采夕月""日入监九御"，诸侯"朝修天子之业命""昼考其国职""夕省其典刑""夜儆百工"。④可见，两周时期的分段记时在前代基础上发展而来，并存在等级的限制。从后代情况来看，当时应已尝试细致并均匀地划分时段以适应现实需要。

秦汉时期，分段记时不仅成为当时主要的记时方法，更日趋精密与稳定，为后世的沿用改造奠定了基础。时段划分方面，可按细密程度整理归纳出以下说法。

（一）十时说

此说可见于孔家坡汉简《日书》"日时"篇⑤，是将十天干引入记时系统并整合时段以求相配，如"人定到夜半癸"。这或是继承了两周时期"日有十时"的思想渊源，却仅为比喻而无关实用。

（二）十二时说

此说可见于睡虎地秦简《日书》乙种"十二时"篇，"鸡鸣丑，平旦寅，日出卯，食时辰，暮食巳，日中午，暴未，下市申，舂日酉，牛羊入戌，黄昏亥，人定子"⑥，将十二地支引入记时系统。陈梦家以为，在王莽及东汉初期，民间已存在十二时分。⑦ 于豪亮则以为，一日分为十二时并以十二辰来表示，至迟开始于春秋战国时期，是随着天文历法的发展而产生的。然十二时制只为历法家等少数人所使用，在民间的普遍通行约

① 参见宋镇豪《试论殷代的纪时制度——兼谈中国古代分段纪时制》，载北京大学考古文博学院编《考古学研究》（五），科学出版社 2003 年版。

② 常玉芝、王曾瑜：《中国古代的干支、十进位制和十二进位制纪时》，《中原文化研究》2019 年第 3 期。

③ 蒋红：《两周金文时间范畴研究》，硕士学位论文，西南大学，2015 年。

④ 徐元诰撰，王树民、沈长云点校：《国语集解》，中华书局 2002 年版，第 194—196 页。

⑤ 湖北省文物考古研究所、随州市考古队编：《随州孔家坡汉墓简牍》，文物出版社 2006 年版，第 173 页。

⑥ 陈伟主编：《秦简牍合集（一）·睡虎地秦墓简牍》，武汉大学出版社 2014 年版，第 547 页。

⑦ 陈梦家：《汉简年历表叙》，《考古学报》1965 年第 2 期。

在西汉末年或新莽之时。① 曾宪通亦以为，将一昼夜的时间十二等分并给予民间地方性特色专名的方法蕴含了时空观念，应是专为堪舆家所用。② 及至汉代，此说可见于水泉子汉简《日书》"时□"篇，"夜半、鸡鸣、平旦、日出、食时、禺中、日中、日失、莫铺、日入、昏时、人定"③。又见于孔家坡汉简《日书》"死"篇，"鸡鸣、平旦、日出、蚤食、暮食、【日中】、日昳、【下市】、暮市、【牛羊入】、黄昏、人定"④。《论衡·谰时》中亦言"一日之中，分为十二时，平旦寅，日出卯也"⑤。然尚民杰考察居延汉简以为，当时实行的不是十二时段。⑥ 李天虹亦以为，十二时段起码在西汉时期并没有在日常生活中得到普遍运用。⑦ 可见十二时说虽屡有所见且具备一定的民众基础，但应是仅为常人所知，却多为专人所用。

（三）十六时说

此说可见于睡虎地秦简《日书》甲种"日夕"篇，是记录各月昼夜长短之消长，如"正月，日七夕九"⑧。于豪亮以为，日、夕总和均为十六时段，故秦汉民间普遍使用十六时制，是与十二时制并行的记时制度。他还指出马王堆帛书《阴阳五行》中"平旦、日出、食时、暮食、东中、西中、日昳、下昳、下铺、舂日、日入、定昏"的十二时辰名称残缺，若加上古籍中常见的"夜半""鸡鸣""日中""铺时"正是十六时。⑨ 张闻玉则以为日夕十六分度并非纪时法制。⑩ 而放马滩秦简《日书》甲种"生男女"篇有"平旦生女，日出生男，夙食女，莫食男，日中女，日过中男，日侧女，日下侧男，日未入女，日入男，昏女，夜暮男，夜未中

---

① 参见于豪亮《秦简〈日书〉记时记月诸问题》，载《于豪亮学术论集》，上海古籍出版社 2015 年版。

② 曾宪通：《秦汉时制刍议》，《中山大学学报》1992 年第 4 期。

③ 张存良、吴荭：《水泉子汉简初识》，《文物》2009 年第 10 期。

④ 湖北省文物考古研究所、随州市考古队编：《随州孔家坡汉墓简牍》，文物出版社 2006 年版，第 172 页。

⑤ 黄晖：《论衡校释》，中华书局 1990 年版，第 984—985 页。

⑥ 尚民杰：《居延汉简时制问题探讨》，《文物》1999 年第 11 期。

⑦ 李天虹：《秦汉时分纪时制综论》，《考古学报》2012 年第 3 期。

⑧ 陈伟主编：《秦简牍合集（一）·睡虎地秦墓简牍》，武汉大学出版社 2014 年版，第 477 页。

⑨ 参见于豪亮《秦简〈日书〉记时记月诸问题》，载《于豪亮学术论集》，上海古籍出版社 2015 年版。

⑩ 张闻玉：《云梦秦简〈日书〉初探》，《江汉论坛》1987 年第 4 期。

女，夜中男，夜过中女，鸡鸣男"①。何双全以为，战国秦时可能只使用十六时这一种记时制度。② 曾宪通则以为，十六时是堪舆家观测日出日入时所建立的一种理论，并可基于理论来实用。③ 工藤元男亦以为十六时制仅仅是术数家所使用的时制。④ 及至汉代，居延汉简中可见"晨时、平旦、日出、蚤食、食时、日东中、日中、日西中、铺时、下铺、日入、昏时、夜食、人定、夜少半、夜半、夜大半、鸡前鸣、鸡鸣、鸡后鸣"⑤的二十种时称，若进行归并，则仍可得十六时段或十二时段。宋会群与李振宏根据居延新简"界中廿五里，人当行二时五分"与"书一日一夜当行百六十里"指出，汉代边塞地区通行十六时制，并利用邮传简还原出具体时称。⑥ 尚民杰亦借助汉简材料指出，西汉时期以十六时制为主。⑦ 张德芳则统计居延汉简、居延新简、肩水金关汉简、敦煌汉简、地湾汉简中的时称出现频次得到十六种时称，以为两汉时期河西乃至敦煌地区施行十六时制。⑧ 李天虹更以为，西北戍边军队所使用的时段划分方法是官方时制，故十六时段为西汉政府推行且在中原地区通用。⑨ 香港中文大学藏汉简《日书》"日夜表"篇有"正月大，日七夜九"可为补证。⑩《论衡·说日》言："儒者或曰日月有九道，故曰日行有近远，昼夜有长短也。夫复五月之时昼十一分，夜五分；六月昼十分，夜六分；从六月往至十一月，月减一分。此则日行月从一分道也。岁，日行天十六道也，岂徒九道？"⑪ 李解民亦借助相关传世文献得出秦汉时期流行十六时制的结论。⑫

---

①　陈伟主编：《秦简牍合集（四）·放马滩秦墓简牍》，武汉大学出版社 2014 年版，第14 页。

②　何双全：《天水放马滩秦简综述》，《文物》1989 年第 2 期。

③　曾宪通：《秦汉时制刍议》，《中山大学学报》1992 年第 4 期。

④　参见［日］工藤元男《社会史研究与"卜筮祭祷简""日书"》，载［日］佐竹靖彦主编《殷周秦汉史学的基本问题》，中华书局 2008 年版。

⑤　参见谢桂华、李均明、朱国炤编《居延汉简释文合校》，文物出版社 1987 年版。

⑥　宋会群、李振宏：《秦汉时制研究》，《历史研究》1993 年第 6 期。

⑦　尚民杰：《居延汉简时制问题探讨》，《文物》1999 年第 11 期。

⑧　张德芳：《简论汉唐时期河西及敦煌地区的十二时制和十六时制》，《考古与文物》2005年第 2 期。

⑨　李天虹：《秦汉时分纪时制综论》，《考古学报》2012 年第 3 期。

⑩　陈松长编：《香港中文大学文物馆藏简牍》，香港中文大学文物馆 2001 年版，第 40 页。

⑪　黄晖：《论衡校释》，中华书局 1990 年版，第 488 页。

⑫　李解民：《秦汉时期的一日十六时制》，载武汉大学简帛研究中心主办《简帛》（第 2辑），上海古籍出版社 1996 年版。

可见，十六时说既见于民间生活，亦见于官方行政，在西北边塞地区更为实用，应是当时主要的时段划分方法之一。然此说的具体使用人群与时空范围还有待进一步研究。需要注意的是，《淮南子·天文训》中根据太阳的运行，将一日划分为十五段，"晨明、朏明、旦明、蚤食、晏食、隅中、正中、小还、铺时、大还、高舂、下舂、县车、黄昏、定昏"。而高诱注曰，"自阳（旸）谷至虞渊凡十六所，为九州七舍也。"正文亦言："行九州七舍"。故"定昏"之后还应有一时称。庄逵吉引《太平御览》注补："谓之桑虞"①。是知此十五时说为十六时说之误。

（四）十八时说

此说可见于陈梦家整理居延汉简、敦煌汉简时所得"晨时、平旦、日出、蚤食、食时、东中、日中、西中、铺时、下铺、日入、昏时、夜食、人定、夜少半、夜半、夜大半、鸡鸣"的十八种时称，他以为西汉以来的官制是十八时制。② 李均明亦持相同意见并有所补证。③ 陈久金则以为十八时制只是对十六时制的一种误解。④ 考察居延汉简所见丰富的时称可知，十八时说应是十二时说或十六时说在具体应用中的细化。

（五）二十四时说

此说可见于放马滩秦简《日书》乙种"时"篇，分为"平旦、日出、早食、莫食、东中、日中、西中、夙市、暮中、夕市、日入、昏时""晦时、□食、人定、夜半、日出、食时、过中、日中、□□、晦食、夜半、莫食"⑤，是将时称与数字、五音以及五行相配合。其中前十二个属于白天，后十二个属于夜间。及至汉代，此说可见于水泉子汉简《日书》"时□"篇，"平旦、日出、蚤食、莫食、日中、日失、铺时、莫铺、夜食、日入、夕时□、夕时、黄昏、晦食、人定、过人定、夜半、夜过半、鸡刚鸣、中鸣、后鸣、东方作□"⑥。可见二十四时说应是在十二时说的基础上分别细化昼夜所形成的。

---

① 何宁：《淮南子集释》，中华书局 1998 年版，第 233—237 页。

② 陈梦家：《汉简年历表叙》，《考古学报》1965 年第 2 期。

③ 李均明：《汉简所见一日十八时、一时十分记时制》，载中华书局编辑部编《文史》（第 22 辑），中华书局 1984 年版。

④ 陈久金：《中国古代时制研究及其换算》，《自然科学史研究》1983 年第 2 期。

⑤ 陈伟主编：《秦简牍合集（四）·放马滩秦墓简牍》，武汉大学出版社 2014 年版，第 121—123 页。

⑥ 张存良、吴荭：《水泉子汉简初识》，《文物》2009 年第 10 期。

（六）二十八时说

此说可见于周家台秦简《日书》"系行"篇"夜半、夜过半、鸡未鸣、前鸣、鸡后鸣、才旦、平旦、日出、日出时、早食、食时、晏食、廷食、日未中、日中、日过中、日昳、铺时、下铺、夕时、日才入、日入、黄昏、定昏、夕食、人定、夜三分之一、夜未半"①，将二十八星宿引入记时系统。李天虹以为，该时制应是出于数术需要而与现实社会通行的时制无关。② 且此说未见于其他材料，亦不具有普遍意义。

（七）三十二时说

此说可见于张德芳整理悬泉汉简后所得"平旦、日出、二干、蚤食、食时、食坐、日未中、日中、日昳、蚤铺、铺时、铺坐、下铺、夕时、日未入、日入、昏时、定昏、夜食、人定、几少半、夜少半、夜过少半、夜几半、夜半、过半、夜大半、大晨、鸡前鸣、中鸣、后鸣、几旦"的三十二种时称。③ 任杰以为，该时制是对十六时说的细化，乃随季节变化而均匀分段，汉代西北地区仍多使用简化版的十六时段。④ 此说的时称数量正好为十六时说之翻倍，应是根据现实需要而有意规划的结果。

可见时段划分诸说中最重要的是十二时说与十六时说，其他说法或在此二者基础上细化而成，或出于数术需要而无关实用。李学勤以为，在春秋时期已有十二时段，秦代十二时段与地支结合并发展出十六时段，然十六时段未流行太久，后来通行的仍是十二时段。⑤ 尚民杰亦以为，十六时段虽更加精细，但其随昼夜长短的消长而具有可变性的特点，且当时的技术水平也无法满足对应性与等分性的要求，故在某一具体阶段内实行的可能还是十二时段，并最终取代了十六时段。⑥ 可见十六时说秦已有之且在西汉时期多为官方所用，十二时说亦见于秦且在西汉之后流行于民间，二者的起源问题还有待进一步考察。

至于时称的使用，尚民杰以为日书中的时称与时人生产生活规

---

① 陈伟主编：《秦简牍合集（三）·周家台秦墓简牍》，武汉大学出版社 2014 年版，第22 页。

② 李天虹：《秦汉时分纪时制综论》，《考古学报》2012 年第 3 期。

③ 张德芳：《悬泉汉简中若干"时称"问题的考察》，载中国文物研究所编《出土文献研究》（第 6 辑），上海古籍出版社 2004 年版。

④ 任杰：《秦汉时制探析》，《自然科学史研究》2009 年第 4 期。

⑤ 李学勤：《时分与〈吴越春秋〉》，《历史教学问题》1991 年第 4 期。

⑥ 尚民杰：《从〈日书〉看十六时制》，《文博》1996 年第 4 期。

律直接相关者较后世为多，并不只是特定时段的天象反映，且还不够规范。^① 宋会群与李振宏则以为时称的不同反映出时代与地区的差异及人们日常习惯用语的变化。^② 李振宏更以为时称分化较多显示出时制由粗略向精细致精确发展的趋向，特别是夜间时段的划分。^③ 传世文献亦多关于时称的记载。陈梦家指出，《史记》中有"乘明、旦、日出、蚤食、食时、日中、日昳、铺时、下铺、日入、昏、暮食、夜半、鸡鸣"的十四种时称，《汉书》中则有"晨时、旦明、日出、蚤食、日食时、日中、铺时、下铺、昏、夜过半、鸡鸣"的十一种时称。^④ 不过针对具体时称的研究仍较为零散。如"晏未"之"晏"，饶宗颐读为"具"，以韵类求之为"禺"，又读为"隅"。汉简之"东中"即"禺中"，是为"东隅"；"西中"即"日昳"，是为"西隅"。"晏未"之时正当"西中"，亦可称"隅"。^⑤ 这是从语言学角度切入所做之探讨。

三　十二时辰记时

十二时辰记时是将天球沿赤道划分为十二个天区，并分别以十二辰来表示时段。^⑥ 劳榦以为可追溯至战国时期。^⑦ 然从记时方法演变的趋势来看，即便十二时说起源较早，但若想形成划分均匀且名称固定的十二时辰记时仍有赖于社会的发展与科技的进步。宋镇豪即以为，十二时辰记时是对照十二时段发展而来的。^⑧《史记·历书》言"时鸡三号，卒明。抚十二月节，卒于丑"。《正义》曰："自平明寅至鸡鸣丑，凡十二辰，辰尽丑又至明朝寅，使一日一夜，故曰幽明。"^⑨ 是将分段记时的时称与十二辰两相对应。而敦煌汉历《地节元年历谱》中亦有八种时称分置于不同月份，即"八月寅平明、九月卯日出时、十月辰食时、十一月巳隅中、十

---

① 尚民杰：《云梦〈日书〉十二时名称考辨》，《华夏考古》1997 年第 3 期。

② 宋会群、李振宏：《秦汉时制研究》，《历史研究》1993 年第 6 期。

③ 李振宏：《居延汉简与汉代社会》，中华书局 2003 年版，第 192 页。

④ 陈梦家：《汉简年历表叙》，《考古学报》1965 年第 2 期。

⑤ 饶宗颐、曾宪通：《云梦秦简日书研究》，香港中文大学出版社 1982 年版，第 30 页。

⑥ 陈久金：《中国古代时制研究及其换算》，《自然科学史研究》1983 年第 2 期。

⑦ 劳榦：The Division of Time in the Han Dynasty as Seen in the Mooden Slips，载《劳榦学术论文集甲编》，艺文印书馆 1976 年版。

⑧ 参见宋镇豪《试论殷代的纪时制度——兼谈中国古代分段纪时制》，载北京大学考古文博学院编《考古学研究》（五），科学出版社 2003 年版。

⑨《史记》卷 26《历书》，中华书局 1959 年标点本，第 1255—1256 页。

二月午日中、二月申铺时、三月酉日入时、四月戌黄昏"①。然陈侃理以为十二辰原指方位，其与时称的对应仅用于占卜，配伍形式及性质都与后世的十二时辰不同，也并非是其源头。②

及至西汉元帝初元元年（前48）"日加申"③，即太阳在十二辰之申位的时刻。东汉时期更有官方的明确规定，所谓"推诸加时，以十二乘小余为实，各盈分母为法，数起于子，算外，则所加辰也"④。这种应用于式占与历算中的"加时"也真正催生出十二时辰记时。在当时，十二时辰记时仅是一种理念性的时间系统，不符合日常习惯，也无法通过工具实际测度，因而未能迅速流行。直到梁武帝改革时制，将漏刻与"加时"结合为辰刻记时，才正式将十二辰作为时间的名称。此后更被隋代官方历法吸收，在唐代中叶后逐渐用于制度规定与日常政务。不过受技术与习俗等方面因素的影响，十二时辰的匀定性质长期未得贯彻。⑤ 其在民间的应用也是阻力重重，魏晋南北朝时期的《焦仲卿妻》诗中仍有"鸡鸣、黄昏、人定"等分段记时的时称。⑥ 杜预亦使用"平旦、日出、食时、隅中、日中、日昳、晡时、日入、黄昏、人定、夜半、鸡鸣"的十二种时称来注释《左传·昭公五年》"日之数十，故有十时"。⑦ 殷光明以为，十二时称与十二辰的搭配在太初改历时得以确定，此后基本没有变化。⑧任杰以为，分段记时直到唐代仍在民间有所影响，之后才被十二时辰记时同化，而夜间形式中的五更制则被保留至近世。⑨ 所谓五更制，是把夜间划分为甲、乙、丙、丁、戊五部分，又可称五夜，更有精细的更中分点。其持续沿袭正是受制于传统时间节律的强大力量。

总体来看，秦汉时期的记时方法虽起源时间不同，但从形成之后便各自独立发展，间或彼此配合而并行不悖。记时精度的提高与均匀化、简单化的追求始终是时人努力的方向。而记时中蕴含的丰富历史信息亦值得关

① 殷光明：《从敦煌汉简历谱看太初历的科学性和进步性》，《敦煌学辑刊》1995年第2期。
② 陈侃理：《十二时辰的产生与制度化》，《中华文史论丛》2020年第3期。
③ 《汉书》卷75《翼奉传》，中华书局1962年标点本，第3168页。
④ 《汉书》卷21下《律历志下》，中华书局1962年标点本，第1002页。
⑤ 陈侃理：《十二时辰的产生与制度化》，《中华文史论丛》2020年第3期。
⑥ 余冠英：《汉魏六朝诗选》，人民文学出版社1978年版，第42—52页。
⑦ 《十三经注疏·春秋左传正义》卷43《昭公五年》，中华书局2009年影印本，第4431页。
⑧ 殷光明：《从敦煌汉简历谱看太初历的科学性和进步性》，《敦煌学辑刊》1995年第2期。
⑨ 任杰：《秦汉时制探析》，《自然科学史研究》2009年第4期。

注。如汉代宫廷宿卫以漏刻记时掌握巡夜警卫的交接时间，有"昼漏尽，夜漏起，宫中卫宫，城门击刁斗，周庐击木柝"[1]。又如饮食习惯，尚民杰以为，当时的两餐制即由太阳在空中的位置所决定。[2] 故未来研究可以记时为切入点，考察当时的各项制度与社会风貌，并力求在时间管理、时间观念等角度有所突破。

第二节 秦汉时期分段记时的应用

作为秦汉时期的主要记时方法，分段记时之说可谓体系完备。然以太阳运动为参照毕竟存在不稳定性因素，故其自产生伊始便具有模糊性的特点。至于简牍所见时段划分诸说之所涉篇目主题不一，时称使用亦较为随意，仅可视为记录体系。若想探明分段记时的实际应用情况，则需进一步对比分析相关材料，具体来说可列表如下。

表4-1　　　　　　　　　简牍日书所见分段记时[3]

时称						出处
旦				夕		甲·盗者
夙				暮		
旦				夕		王家台·347
旦				夕		港中文藏·盗者
朝		昼		夕		睡乙·十二支占
旦		日中		昏	中夜	放甲·禹须臾行日
旦		日中		昏	中夜	放乙·禹须臾行日
旦		日中		昏	中夜	孔家坡·禹须臾行日
旦	晏	昼		夕		放甲·吏
旦	晏	昼		夕		放乙·吏

---

① （清）孙星衍等辑，周天游点校：《汉官六种·汉旧仪补遗下》，中华书局1990年版，第96—97页。

② 尚民杰：《云梦〈日书〉十二时名称考辨》，《华夏考古》1997年第3期。

③ 参见陈伟主编《秦简牍合集》，武汉大学出版社2014年版；湖北省文物考古研究所、随州市考古队编《随州孔家坡汉墓简牍》，文物出版社2006年版；荆州地区博物馆《江陵王家台15号秦墓》，《文物》1995年第1期；陈侃理《北大秦简中的方术书》，《文物》2012年第6期；陈松长编《香港中文大学文物馆藏简牍》，香港中文大学文物馆2001年版。

时称					出处
旦		日中	餔时	夕		睡甲·禹须臾（一）
旦	晏食	日中	日昳	夕日		放甲·禹须臾所以见人日
旦	晏食	日中	日昳	夕日		放乙·禹须臾所以见人日
旦	晏食	日中	日昳	夕日		孔家坡·禹须臾所以见人日
平旦	日莫食	日中	日昳	夕		放乙·禹须臾行喜
朝	晏	昼	日虒	夕		睡甲·吏
旦	暮食	日中	市日	暮市		睡甲·禹须臾（二）
朝	莫食	日中	日昳时	日夕时		周家台·吏
朝	暮食	昼	日昳	夕		北大藏·见人
旦	晏食	日中	日昳	夕		港中文藏·吏
旦	晨食	昼	日昳	夕		

　　根据表 4-1 可知，简牍日书诸篇所用分段记时多将一日划分为五部分，包括早、午、晚各一标志性时段及其间的两个过渡性时段。而根据实际需求不同，也会出现减省过渡性时段的情况。如此划分的结果便是一个时段涵盖的时间往往较长。若参照睡虎地秦简《日书》乙种"十二时"篇的划分标准，则表中同简之"旦"应包括"日出"与"食时"的时段。① 而若参照放马滩秦简《日书》甲种"生男女"篇的划分标准，则表中同简之"旦"应包括"日出"与"夙食"的时段。② 此外还存在着不同时段长短不均的问题。如表中之"夕"属于晚间标志性时段。尚民杰以为相当于"牛羊入戌"，即后世的黄昏之时。③ 然考甲骨卜辞之时称，陈邦怀以日将冥为"暮"，日已冥为"夕"。④ 是"夕"为夜间时称渊源有自。睡虎地秦简《日书》甲种"日夕"篇以楚之"冬夕""屈夕""援夕"为秦之十月、十一月、十二月。⑤ 饶宗颐以为，一年可分为朝、中、

---

① 陈伟主编：《秦简牍合集（一）·睡虎地秦墓简牍》，武汉大学出版社 2014 年版，第 547 页。

② 陈伟主编：《秦简牍合集（四）·放马滩秦墓简牍》，武汉大学出版社 2014 年版，第 14 页。

③ 尚民杰：《云梦〈日书〉十二时名称考辨》，《华夏考古》1997 年第 3 期。

④ 陈邦怀：《小屯南地甲骨中发现的若干重要史料》，《历史研究》1982 年第 1 期。

⑤ 陈伟主编：《秦简牍合集（一）·睡虎地秦墓简牍》，武汉大学出版社 2014 年版，第 477 页。

夕三段，此三月在一年之终，故为岁之夕。① 而"日夕"则是各月白昼与夜晚长短的比例，放马滩秦简《日书》乙种"日夜"篇中亦有"正月日七夜九"之说。② 故"夕"所涵盖的时间应包括整个夜间，如此方得与"旦"相接，从而构成完整的一日记时，其时间跨度也必然会大于早间时段与午间时段。睡虎地秦简《日书》中的"旦"与"夕"，"夙"与"暮"之对应关系即是此理。同简《秦律十八种·行书》言："行传书、受书，必书其起及到日月夙暮，以辄相报也"③。至于《新语·思务》则言："朝夕不休"④。《淮南子·俶真训》亦言："以死生为昼夜"⑤。均体现出白昼与夜晚的对立。此外，传世文献中尚可见一日四分之说。《左传·昭公元年》即言："君子有四时，朝以听政，昼以访问，夕以修令，夜以安身"⑥。《国语·鲁语下》则言："卿大夫朝考其职，昼讲其庶政，夕序其业，夜庇其家事，而后即安。士朝而受业，昼而讲贯，夕而习复，夜而讨过无憾，而后即安"。又言："自庶人以下，明而动，晦而休，无日以怠"⑦。然其中"朝"与"昼"皆可属"明"，"夕"与"夜"皆可属"晦"，虽看似四分，实仍为两分对立之说。

需要注意的是，在放马滩秦简《日书》中还存在着时段细化的现象。如以"昏"为夜间的起点而以"中夜"为夜间的中点。这或是出于时差的考量。地球上的不同经线具有各自的地方时，表现为日出、正午、日落的早晚不尽相同。而中国古代较早论述时差问题的是元代之耶律楚材。他随成吉思汗西征时，在寻斯干城（今乌兹别克斯坦撒马尔罕）发现实际的月食时刻与自己采用的金朝赵之微重修的《大明历》所推算的预报时刻相差较大，以为应是与观测地点的差异有关，故提出了"里差"之说并以之算得各地的时辰差，编制出了更为通用的《西征庚午元历》，首次

---

① 饶宗颐、曾宪通：《云梦秦简日书研究》，香港中文大学出版社1982年版，第46页。

② 陈伟主编：《秦简牍合集（四）·放马滩秦墓简牍》，武汉大学出版社2014年版，第53页。

③ 陈伟主编：《秦简牍合集（一）·睡虎地秦墓简牍》，武汉大学出版社2014年版，第144页。

④ 王利器：《新语校注》，中华书局1986年版，第171页。

⑤ 何宁：《淮南子集释》，中华书局1998年版，第109页。

⑥ 《十三经注疏·春秋左传正义》卷43《昭公五年》，中华书局2009年影印本，第4395页。

⑦ 徐元诰撰，王树民、沈长云点校：《国语集解》，中华书局2002年版，第196—197页。

明确了"地理经度"概念，解决了中国传统历法不符合远距离地点天文观测的矛盾。① 耶律楚材的成就得益于蒙古帝国横跨欧亚大陆的强势扩张，地理距离的遥远催生出时差问题的研究，这在疆域所跨时区较少的情况下则难以出现。

战国秦汉时期，王朝之疆域最大时也没有超过 60°E—130°E 的范围②，即时区之东四区至东九区。边疆地区之内的核心统治区域更是有限，时差固然客观存在，却也差距不大。从现有资料来看，当时应已具备测量时差的能力。技术层面上，漏刻记时既可满足较高的精度要求，亦为秦汉政府所广泛使用。制度层面上，中央集权王朝之文书行政系统有利于命令的传递与信息的获取。故当时若想求得两地时差，理论上只需要在东西距离、测量工具、起始时间等条件上符合要求即可。但这并不意味着时人已具有测量时差的意识。受交通条件的限制，秦汉王朝对行政工作时间的划分应较为粗疏。陈侃理指出，里耶秦简中存在时称记时与漏刻记时并用的现象，反映出相对舒缓的行政工作效率。③ 是若无政令传递距离横跨疆域东西两端的极端情况出现，较小的时差现象均会被忽略。

根据以上考量，时差问题确实没有引起战国秦汉时期统治者的关注，但也不能就此判定时人在日常生活之中无法感知时差所带来的影响。从具体出土地点来看，放马滩秦简《日书》所在之甘肃天水地区（约 34°N，106°E），与睡虎地秦简《日书》所在之湖北云梦地区（约 31°N，113°E）同属东七区，但二者作为民间指示选择之书，本就是地域文化之综合体现，分别受到秦文化与楚文化的熏陶，如此便可对应更为广阔的时区范围。而两地人群的交流又使时差之影响得以体现。琴载元以为，南郡从属楚转为属秦时，表现为楚人口大量流出与秦人口大量流入。④ 这些秦地移民在从西北向东南入楚的迁徙过程中，会逐步感受到时差带来的每天日出时间有所提前，作息规律自然需要适应。如此或会产生旧居比新所之夜更长、昼更短的错觉，反映在原有日书之中，便是"中夜"时称之出现，

---

① 姚传森：《杰出的契丹族科学家——耶律楚材》，《中央民族大学学报》2005 年第 3 期。

② 参见谭其骧主编《中国历史地图集》，中国地图出版社 1982 年版。

③ 陈侃理：《里耶秦简牍所见的时刻记录与记时法》，载武汉大学简帛研究中心主办《简帛》（第 16 辑），上海古籍出版社 2017 年版。

④ ［韩］琴载元：《反秦战争时期南郡地区的政治动态与文化特征——再论"亡秦必楚"形势的具体层面》，载西北师范大学文学院历史系、甘肃省文物考古研究所编《简牍学研究》（第 5 辑），甘肃人民出版社 2014 年版。

意在对"加长"之时段再行划分以求一日之均匀。尽管秦地与楚地确因纬度差异而存在不同的昼夜时长与变化幅度，但当时的普通百姓应不具备测量某地具体昼夜时长的能力，故其所形成的相关认知也并不准确。至于楚地日书便无细化夜间记时需求，湖北的周家台秦简《日书》"系行"篇中将一日分为二十八段，并配以二十八星宿，其中的"日出""日中""日入""夜半"分别对应东、南、西、北四个方位。① 湖北的孔家坡汉简《日书》与其内容相似。此二者虽记有夜间时称，却均与数术占测紧密相关，并非是源自时间观念的改变。

　　时称使用方面，早间时段中有"旦""朝""平旦""夙"。《说文解字》言："旦，明也。从日见一上。一，地也"。又言："朝，旦也。"② 是知二字互训。《诗经·蝃蝀》言："崇朝其雨"，传曰："崇，终也。从旦至食时为终朝。"③ 是知日出为"旦"，至"食时"方终其"朝"，这也符合睡虎地秦简《日书》与放马滩秦简《日书》中十二时说与十六时说的划分标准。而"平旦"屡见于放马滩秦简《日书》、睡虎地秦简《日书》、周家台秦简《日书》、居延汉简、悬泉汉简、马王堆帛书及汉晋传世文献，均在"日出"之前。《孟子·告子上》言："其日夜之所息，平旦之气，其好恶与人相近也者几希"④ 乃是以"平旦"为清晨生发之时。"夙"则是一个相对概念，多与"暮"对称。《诗经·东方未明》言："不能辰夜，不夙则莫"。传曰，"夙，早；莫，晚也。"⑤ 又可与"夜"对称，《盐铁论·散不足》言："君子夙夜孜孜思其德，小人晨昏孜孜思其力。"⑥ 放马滩秦简《日书》甲种"生男女"篇中还有"夙食"，相当于"蚤食"，是指时间之早。⑦ 彭锦华与刘国胜以为，周家台秦简《日书》"系行"篇中的"蚤食""食时""晏食"为前后相连的三个时段，"食时"是指一日之中用早饭的时间，"蚤食""晏食"分别是指"食时"

①　陈伟主编：《秦简牍合集（三）·周家台秦墓简牍》，武汉大学出版社 2014 年版，第 22 页。

②　（汉）许慎著，（清）段玉裁注：《说文解字注》，上海古籍出版社 1981 年版，第 308 页。

③　《十三经注疏·毛诗正义》卷 3《鄘风·蝃蝀》，中华书局 2009 年影印本，第 672 页。

④　《十三经注疏·孟子注疏》卷 11 下《告子上》，中华书局 2009 年影印本，第 5986 页。

⑤　《十三经注疏·毛诗正义》卷 5《齐风·东方未明》，中华书局 2009 年影印本，第 742 页。

⑥　王利器：《盐铁论校注》，中华书局 1992 年版，第 352 页。

⑦　陈伟主编：《秦简牍合集（四）·放马滩秦墓简牍》，武汉大学出版社 2014 年版，第 14 页。

前后的两段时间。① 故属上午的过渡性时段应即早饭时间。所谓"晏食"即餐后时间，尚民杰以为"晏"是指太阳上升到一定的高度，或说相对某一特定时间为晚。② 此省称或只是强调太阳位置而无关生活。所谓"暮食"应通"莫食"，刘乐贤以为"暮"非用本义而是指早晚之晚，即"食时"之后的时段，与"夙食"或"蚤食"相对。③ 至于"晨食"亦应是类似的时段。

午间时段中则有"日中""昼"。《孟子·滕文公上》中引《诗》言："昼尔于茅"，疏曰，"昼，日中也"④，即正午。《吕氏春秋·审己》言，齐湣王亡于卫"昼日步足"⑤。《说文解字》言："昼，日之出入，与夜为介"⑥。是可以一日之中代指整个白昼。而属下午的过渡性时段既关乎太阳位置亦关乎用餐时间。所谓"日昳""日虎"，类似于放马滩秦简《日书》甲种"生男女"篇中的"日侧"，即"日昃"，指太阳偏西时分。⑦ 所谓"铺时"，《说文解字》言"铺，申时食也"。又在释"申"时言"吏以铺时听事，申旦政也"。段玉裁注曰："铺者，日加申时食也。"⑧ 应即晚饭时间。而"旦政"或泛指日间之政务。至于"市日"，睡虎地秦简整理小组以为即"食日"，当指食时。⑨ 刘乐贤则以为"市"应从"日昃而市"而为"大市"得名，与"日昃"相当。⑩

晚间时段多称"夕"。又有"暮市"，尚民杰以为即《周礼》中的"夕市"，考订则为戌时，符合"夕谓下则至黄昏也"⑪。而放马滩秦简

---

① 彭锦华、刘国胜：《沙市周家台秦墓出土线图初探》，载李学勤、谢桂华主编《简帛研究二〇〇一》，广西师范大学出版社 2001 年版。

② 尚民杰：《云梦〈日书〉十二时名称考辨》，《华夏考古》1997 年第 3 期。

③ 刘乐贤：《睡虎地秦简〈日书〉释读札记》，载饶宗颐主编《华学》（第 6 辑），紫禁城出版社 2003 年版。

④ 《十三经注疏·孟子注疏》卷 5 上《滕文公上》，中华书局 2009 年影印本，第 5876—5878 页。

⑤ 张双棣、张万彬、殷国光、陈涛：《吕氏春秋译注》，吉林文史出版社 1987 年版，第 250 页。

⑥ （汉）许慎著，（清）段玉裁注：《说文解字注》，上海古籍出版社 1981 年版，第 117 页。

⑦ 陈伟主编：《秦简牍合集（四）·放马滩秦墓简牍》，武汉大学出版社 2014 年版，第 15 页。

⑧ （汉）许慎著，（清）段玉裁注：《说文解字注》，上海古籍出版社 1981 年版，第 220、746 页。

⑨ 睡虎地秦墓竹简整理小组编：《睡虎地秦墓竹简》，文物出版社 1990 年版，第 222 页。

⑩ 刘乐贤：《睡虎地秦简〈日书〉释读札记》，载饶宗颐主编《华学》（第 6 辑），紫禁城出版社 2003 年版。

⑪ 尚民杰：《云梦〈日书〉十二时名称考辨》，《华夏考古》1997 年第 3 期。

《日书》、悬泉汉简中的"昏"时多是紧接在"日入"之后。① 《说文解字》言："昏，日冥也"，段玉裁注曰，"冥者，窈也。窈者，深远也"②，是其在日落时分而与夜间紧密相连。《管子·宙合》言："日有朝暮，夜有昏晨"③。是其属夜间时称。且"昏"又多见于早晚对称之中，《礼记·曲礼上》言"凡为人子之礼，冬温而夏清，昏定而晨省。"正义曰，"先昏后晨，兼示经宿之礼。"④《月令》言，孟春之月"日在营室，昏参中，旦尾中"⑤。《盐铁论·散不足》言："昏晨力作，夜以继日"⑥。《风俗通义·祀典》言："门亦昏闭晨开，扞难守固"⑦。故以上所论一日之时间划分可作简图如下：

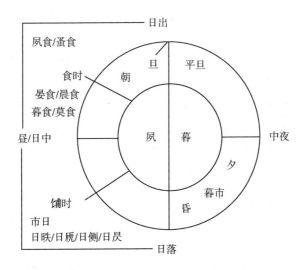

图 4 - 1　简牍日书所见分段记时

可见秦汉时期的分段记时虽然记录体系复杂，但在实际应用中仍追求

①　陈伟主编：《秦简牍合集（四）·放马滩秦墓简牍》，武汉大学出版社 2014 年版，第 14、121 页；张德芳：《悬泉汉简中若干"时称"问题的考察》，载中国文物研究所编《出土文献研究》（第 6 辑），上海古籍出版社 2004 年版。

②　（汉）许慎著，（清）段玉裁注：《说文解字注》，上海古籍出版社 1981 年版，第 305 页。

③　黎翔凤撰，梁运华整理：《管子校注》，中华书局 2004 年版，第 234 页。

④　《十三经注疏·礼记正义》卷 1《曲礼上》，中华书局 2009 年影印本，第 2667 页。

⑤　《十三经注疏·礼记正义》卷 14《月令》，中华书局 2009 年影印本，第 2928 页。

⑥　王利器：《盐铁论校注》，中华书局 1992 年版，第 351 页。

⑦　（汉）应劭著，王利器校注：《风俗通义校注》，中华书局 2010 年版，第 374 页。

简便。时段划分的核心标志是早、午、晚三个时段，如"朝""昼""夕"，亦会在其间增加两个时段以求过渡，整体看来较为笼统。划分依据则是太阳位置与用餐时间，前者如放马滩秦简《日书》乙种"黄钟"篇中的"平旦至日中""日中至日入""日入至晨"三部分。① 后者应是日常生活的需要，睡虎地秦简《日书》乙种"干支"篇有"清旦、食时、日昃、暮、夕"② 即体现出时人对餐时的重视。而岳麓书院藏秦简《占梦书》中有："五分日、三分日夕"，其日分五段为"甲乙、丙丁、戊己、庚辛、壬癸"，又夜分三段为"晦、夜半、鸡鸣"③。陈伟以为"五分日"是指天干，"日夕"本指昼夜，这里则偏指夕。④ 马王堆帛书《出行占》中亦将一日分为五段并按甲乙、丙丁、戊己、庚辛、壬癸来分别占测各日的出行吉凶。⑤ 至于尹湾汉简《日书》"刑德行时"篇则将一日划分为"鸡鸣至蚤食""蚤食至日中""日中至铺时""铺时至日入""日入至鸡鸣"。⑥ 这些均反映出当时一日五分的记时观念。此外，时称使用多见异名，或是源于所选记录体系的差异。

　　最后还应关注到分段记时在具体行为中的应用。在出行方面，简牍日书中屡见有"禹须臾""禹须臾行日""禹须臾行喜""禹须臾所以见人日"诸篇，引入干支、方位、纳音等标准，多以"有喜"与否来分叙各日利于出行的时段与吉利程度。如睡虎地秦简《日书》甲种"禹须臾"篇中即以为"旦"行"有二喜"，"日中"行"有五喜"，"铺时"行"有七喜"，"夕"行"有九喜"⑦，愈晚出行则喜数愈多，或可反映出时人的出行习惯。马王堆帛书《出行占》中亦以为"平旦行二喜、食时行七喜、

---

① 陈伟主编：《秦简牍合集（四）·放马滩秦墓简牍》，武汉大学出版社 2014 年版，第157—158 页。

② 陈伟主编：《秦简牍合集（一）·睡虎地秦墓简牍》，武汉大学出版社 2014 年版，第559 页。

③ 朱汉民、陈松长编：《岳麓书院藏秦简（一）》，上海辞书出版社 2010 年版，第 152—153 页。

④ 陈伟：《秦简牍校读及所见制度考察》，武汉大学出版社 2017 年版，第 323 页。

⑤ 裘锡圭主编：《长沙马王堆汉墓简帛集成（五）》，中华书局 2014 年版，第 156 页。

⑥ 连云港市博物馆、东海县博物馆、中国社会科学院简帛研究中心、中国文物研究所编：《尹湾汉墓简牍》，中华书局 1997 年版，第 145 页。

⑦ 陈伟主编：《秦简牍合集（一）·睡虎地秦墓简牍》，武汉大学出版社 2014 年版，第416 页。

晏食行三喜、日中行五喜、暮市行九喜"①。又如放马滩秦简《日书》甲种"禹须臾行日"篇列举了在一个月三十日之中分别向东、南、西、北而行是否为吉。② 同简乙种"禹须臾行喜"篇则将六十甲子日按纳音的方法分为五组，每组各十二日，并配以出行时段与喜数。③ 同简甲种"禹须臾所以见人"篇更引入地支记日以卜吉凶。④ 刘昭瑞以为，"须臾"乃快捷、便利之意，供人们出行时选择吉日良辰之用，托名于禹。⑤ 饶宗颐则以为，诸篇中以纳音所属之日辰五行配合每日的早、晚时刻来占卜出行之休咎，并标明喜数，这些数目字应与五行相关，即金九、水五、木七、火三、土二。⑥ 参考香港中文大学藏汉简《日书》"禹须臾"简开头残存"胜木，可东"，整理者补为"金胜木"，同简亦有"夕行，九喜"⑦。王子今还以为罗列喜数是战国秦汉时人的一种习惯。⑧ 工藤元男亦以为所谓"禹须臾"是依据纳音五行说的原理来选择旅行吉日的时间表，这些吉日会按照规则与特定的时刻相配。他还指出，行神禹的信仰为后世道教所吸收，表现为返顾的禁忌、禁咒的形式及禹步等。⑨ 需要注意的是，托名于禹是简牍日书中出行占卜诸篇的常见现象，额济纳汉简中亦有"欲急行出邑禹步三啼罨祝曰土五光今日利以行行毋死"⑩ 之说。《法言·重黎》言："昔者姒氏治水土，而巫步多禹。"李轨注曰，"治水土，涉山川，病足，故行跛也。"又曰，"而俗巫多效禹步"⑪。是禹之形象在演变为行神

① 裘锡圭主编：《长沙马王堆汉墓简帛集成（五）》，中华书局2014年版，第156页。

② 陈伟主编：《秦简牍合集（四）·放马滩秦墓简牍》，武汉大学出版社2014年版，第25—26页。

③ 陈伟主编：《秦简牍合集（四）·放马滩秦墓简牍》，武汉大学出版社2014年版，第58—59页。

④ 陈伟主编：《秦简牍合集（四）·放马滩秦墓简牍》，武汉大学出版社2014年版，第27—28页。

⑤ 参见刘昭瑞《论"禹步"的起源及禹与巫、道的关系》，载中山大学人类学系编《梁钊韬与人类学》，中山大学出版社1991年版。

⑥ 饶宗颐：《秦简中的五行说与纳音说》，载中国古文字研究会、吉林大学中国古文字研究中心编《古文字研究》（第14辑），中华书局1986年版。

⑦ 陈松长编：《香港中文大学文物馆藏简牍》，香港中文大学文物馆2001年版，第24—25页。

⑧ 王子今：《睡虎地秦简〈日书〉甲种疏证》，湖北教育出版社2003年版，第259页。

⑨ 参见［日］工藤元男《社会史研究与"卜筮祭祷简""日书"》，载［日］佐竹靖彦主编《殷周秦汉史学的基本问题》，中华书局2008年版。

⑩ 魏坚主编：《额济纳汉简》，广西师范大学出版社2005年版，第284页。

⑪ 汪荣宝撰，陈仲夫点校：《法言义疏》，中华书局1987年版，第317页。

的过程中，其特殊的步法也成为巫术施行的重要途径。这种传统不仅体现在简牍日书的出行占卜诸篇中，更出现在后世道教的实践中，二者之继承关系有待深思。此外，在面见长官方面，简牍日书中屡见有"吏"诸篇，为不同日期之不同时段中的事务处理情况与长官态度命令。而在里耶秦简所见官方行政文书中亦有"旦""旦食时""日中""日入""夕"等时称①，体现出当时官吏行为与行政运作中对时段选择的看重。可见无论是个人出行还是面见长官，时人均对时效性有所追求。

---

① 参见里耶秦简博物馆、出土文献与中国古代文明研究协同创新中心中国人民大学中心编《里耶秦简博物馆藏秦简》，中西书局 2016 年版。

第五章

简牍日书的基本精神

简牍日书的主要特点是普遍流行与日常实用，其思想根源是民间的禁忌之风与权宜之计。立足于秦汉时期"天人之际"的深层背景，简牍日书的基本精神可总体概括为"信天用人"，既认可天之神秘性，亦强调人之能动性，反映出稳定遵守与灵活变通之辩证关系，勾勒出一个敬信鬼神又积极进取的时代剪影。

第一节　简牍日书的主要特点

李泽厚曾将中国文化的特征总结为"实用理性"，以为没有超越性且不脱离历史与经验，是一种经验合理性，也是一个不断向前推进的过程。[①] 这个精到的概括来自大量历史细节的整理与归纳。故以此思路来考察简牍日书，则欲知其宏观之基本精神，还需先明其微观之主要特点。

一是普遍流行。考察简牍日书之出土情况可知，地点众多且类型丰富，使用区域与人群均十分多元。更有较强的社会关照性，往往以普通家庭为单位，涉及生子、寄居等一般性问题。而出土地点的不同还曾引发学者关于楚、秦之异的讨论，简牍日书被视为有力之证明材料。林剑鸣以为，秦统一前的关东六国与关中秦国在文化特点上，尤其是文化深层即心理素质与价值观方面存在明显的反差，虽然流行于社会中的日书有沟通楚、秦两种文化的需要，但二者的对立心理并没有消除。[②] 刘乐贤亦以为，在楚、秦两种选择术中，秦系的最终获胜乃是历史的必然。即秦在统

① 参见李泽厚《实用理性与乐感文化》，上海三联书店 2008 年版。
② 林剑鸣：《〈睡〉简与〈放〉简〈日书〉比较研究》，《文博》1993 年第 5 期。

一过程中，也做过统一或整肃风俗信仰的工作。如睡虎地秦简《日书》的编抄应不只是出自墓主人的个人爱好，也可能含有地方官吏整肃风俗而以秦俗改造或替代楚俗的意图。其对秦系选择术的记载往往比对楚系选择术的记载更准确，看似兼收并蓄且杂糅楚、秦数术，可态度却并非不偏不倚、一视同仁。① 从数术层面来看，楚、秦文化固然存在差异，却也并非不可调和。张铭洽以为，云梦秦简《日书》形式不同且占文矛盾，包括建除家、丛辰家、天人家与太一家、堪舆家、历家、五行家等不同占卜体系。② 孙占宇以为，楚、秦的建除术在建除十二神名、建除十二神所值日支、建除十二神行事宜忌等方面均存在差异。③ 是差异的存在主要源自混杂的占卜体系。钟守华以为楚、秦之二十八宿中的多个宿名虽存在异字写称，却也在由不规范走向统一。④ 故以具体日名为切入点，简牍日书中有"建除""丛辰""除""秦除""稷辰""秦"诸篇，涉及建除术与丛辰术，包括神煞所值日辰表与占辞两部分。饶宗颐以为所谓"稷辰"即"丛辰"，或是秦地之语。⑤ 刘信芳则以为"除"篇文字古奥，产生当在"秦除"之先，或是楚国日书。⑥ 张铭洽又以为从先秦至秦代，无论是楚人还是秦人均有称"除"之术，是过去长期生活经验的总结，应含有古人经验哲学的意味。但"建除"一名应是到汉代才出现的。⑦ 是楚、秦篇名虽多地方之语却也有重合之处。若考察内容，李零以为睡虎地秦简《日书》甲、乙两种首篇皆以先见者建除为主，又以丛辰见附作为对照，正如日书篇章多以楚除为主而以秦除见附。⑧ 此或即标明"秦"之必要性。李家浩则以为睡虎地秦简《日书》甲、乙两种首篇"除"本是属楚的两个不同本子，包括建除十二名与丛辰十二名，相配共用一个十二辰

① 刘乐贤：《楚秦选择术的异同及影响——以出土文献为中心》，《历史研究》2006 年第6 期。

② 张铭洽：《云梦秦简〈日书〉占卜术初探》，《文博》1988 年第 3 期。

③ 孙占宇：《战国秦汉时期建除术讨论》，《西安财经学院学报》2010 年第 5 期。

④ 钟守华：《楚、秦简〈日书〉中的二十八宿问题探讨》，《中国科技史杂志》2009 年第4 期。

⑤ 饶宗颐、曾宪通：《云梦秦简日书研究》，香港中文大学出版社 1982 年版，第 11—12 页。

⑥ 刘信芳：《秦简中的楚国〈日书〉试析》，《文博》1992 年第 4 期。

⑦ 张铭洽：《秦简〈日书〉之"建除法"试析》，载陕西历史博物馆编《陕西历史博物馆馆刊》（第 7 辑），三秦出版社 2000 年版。

⑧ 李零：《读九店楚简》，《考古学报》1999 年第 2 期。

表，并且合用丛辰的占辞。① 此外，诸日宜忌多取义于值日神煞之名，如"除"日可免除罪责，"执"日远行会被公家拘捕等。② 考放马滩秦简《日书》乙种"建除"篇中无"盈日"与"开日"之占辞，或正因日名之义吉利，所行诸事顺遂而无需占测。是楚、秦数术虽有主次却亦能彼此参照。故对楚、秦数术系统之建除与丛辰术中的值日神煞之名即日名进行整理后可列表如下。

表5-1　　　　　　　　　　简牍日书所见日名对照③

	楚系日名											
九店建除	建	贛	放	坪	宁	工	坐	盍	城	复	蒯	敚
九店丛辰	结日	阳日	交日	□日	阴日	达日	外阳日	外害日	外阴日	绝日	夋日	禾日
睡甲除	建	陷	彼	平	宁	空	坐	盖	成	甬	澳	媚
	结日	阳日	交日	害日	阴日	达日	外阳日	外害日	外阴日	□□	央光日	秀日
睡乙除	建、交	窨、罗	作、阴	平、达	成、外阳	空、外遣	壁、外阴	盖、绝纪	成、决光	复、秀	怨、结	赢、阳
	秦系日名											
放甲建除	建	除	盈	平	定	执	破	危	成	收	开	闭
放乙建除	建	除	盈	平	定	执	破	危	成	收	开	闭
睡甲秦除	建	除	盈	平	定	执	破	危	成	收	开	闭
睡乙徐	建	除窨	吉敚	实		冲	剽	虚				闭
睡甲稷辰	结	正阳	敫	禼	阴	彻	危阳					秀
睡乙秦	结	正阳	敫	爰	阴	彻	危阳					穗

根据表5-1可知，楚系建除十二日名与丛辰十二日名在秦代楚地不仅可以合用且名称微异。秦系建除十二日名在秦代楚地完全得到沿用，并可省略为八日名。丛辰之日名虽未得见秦系原貌，但秦代楚地亦有八日名，且与楚系有相似之处。是秦代楚地日名既杂糅建除、丛辰之术，亦混用楚地、秦地之说。此外，神煞所值日辰表中还记有月份，除了睡虎地秦

①　湖北省文物考古研究所、北京大学中文系编：《九店楚简》，中华书局2000年版，第12页。

②　湖北省文物考古研究所、北京大学中文系编：《九店楚简》，中华书局2000年版，第61—62页。

③　参见湖北省文物考古研究所、北京大学中文系编《九店楚简》，中华书局2000年版；陈伟主编《秦简牍合集》，武汉大学出版社2014年版。

简《日书》甲、乙两种首篇"除"以十一月为始之外，其他简牍日书材料均以正月为始，故旧有秦用以正月建寅为岁首之夏历的看法。然邓文宽以为星命家的月份是以二十四节气中的十二个节气作为各月的开始，如正月是从"立春正月节"开始。而建除家在历日中安排建除十二客正是按照星命家的月份来进行，其正月并非历法月份，不能以之来判断岁首。①因此从月份顺序来看，不同时代与地域的数术具有较强的相似性，部分特例或是源自杂糅混用时的磨合。楚、秦文化固然各成体系，但至少在数术方面仍会因原理的普适而具备兼容性。张闻玉即以为，秦统一后极力推行秦制确收到了一统的效果，历代沿袭下来的建除十二辰就是直接源于"秦除"。且楚与秦之建除虽各有一套，干支纪日却通行，这也成为秦统一六国历制的基础。②故日书作为数术类材料，其本就可调和时代与地域而广泛应用于社会之中。

二是日常实用。数术层面虽有相通之处却多繁杂之说，故若从社会层面考察日书，则可知其性质是"每日之书"，其内容多是日常生活行为，既有官吏、农商之群体活动，又有分段记时之具体应用。正如爱德华·泰勒所说，无论占星家如何编造星与星座的名称，皆可用之来研究人生事件。③日书之所以能够进入人们的生活之中，一方面是关于日常活动之有利与不利时间的想法虽不知缘起却是通常的文化遗产，这类知识必然会被记录并流行于世。另一方面是占星家与历法家们会制造新的时间知识使宇宙适应于社会及其功能。是普通民众与专业人群皆可参与日书的形成过程之中。且日书并非简单地作为信息被转移到书写媒介上，而是作为日常生活的成分在每一份材料中得以重现，并会因使用者需要的变化被替换取代。④考察两汉时期乡村的神祇崇拜，其特点正是实用性、泛神崇拜与地方色彩浓重。⑤可见简牍日书在当时社会中既借数术知识而普遍流行，又因人事生活而日常实用，反映出鲜活的历史信息。然若想进一步探究这些特点形成的原因，则还需深入民间观念的层面上，并继续思考隐藏在传统

---

① 邓文宽：《天水放马滩秦简〈月建〉应名〈建除〉》，《文物》1990 年第 9 期。

② 张闻玉：《云梦秦简〈日书〉初探》，《江汉考古》1987 年第 4 期。

③ ［英］爱德华·泰勒：《原始文化：神话、哲学、宗教、语言、艺术和习俗发展之研究》，连树生译，上海文艺出版社 1992 年版，第 138 页。

④ Donald Harper, Marc Kalinowski, *Books of Fate and Popular Culture in Early China*：*The Daybook Manuscripts of the Warring States*，*Qin*，*and Han*，Boston：Brill，2017，pp. 107，1，137.

⑤ 马新：《两汉乡村社会史》，齐鲁书社 1997 年版，第 345—347 页。

民俗中的深层背景。

第二节　简牍日书的思想根源

首先是禁忌之风。作为一种常见于人类学与民俗学研究范畴中的文化现象，禁忌本是指为了避免招致惩罚或灾难而在观念与行为上对人们进行的限制。其多是出于疑惑与恐惧的生存本能，对诸多自然或社会现象的盲目崇拜与迷信。虽然缺乏理性的验证，却具有强大的心理基础。从本质上来看，禁忌堪称神圣与神秘相交织、凛然与危险相融合的"准宗教"现象，往往借助原始巫术的理念与手段来展现其群体趋同力与社会整合力。且在中国古代还常存在仪礼化的倾向，如周礼的产生即是对晚期氏族统治体系中原始礼仪的规范化。从形态上来看，禁忌多蕴含于岁时人生、饮食起居、社会自然之中，逐渐形成世代相传的习惯性势力，潜移默化地影响人们的生产生活。具体来说，万建中将商代利用甲骨卜筮的行为看成一种禁忌现象，并认为殷墟卜辞是最早记述禁忌现象的文字，进而以为在新石器时代早期偏晚阶段就已经有禁忌现象的存在。[①] 马新则以为禁忌产生于原始社会后期，至西周春秋时代臻于成形，应分为语言禁忌与行为禁忌，起初只关乎行为本身，后来才被阴阳五行说附加了年岁时日。而禁忌民俗本是民间社会自然形成的习惯性行为与思维，其在吸收了天文历法知识与阴阳五行学说后，才成为方技卜筮之士们复杂而专业的择日之术。至于造成两汉禁忌流行的原因，主要是社会发展阶段的限制与科学技术的初始，且宗教神学尚未建立或输入自己的体系，故与泛神崇拜一样，乡村社会对难以把握、不可理喻的事情多作为禁忌处理。其深层根源乃是礼仪之禁，因对异常自然与生理现象的不解与恐惧而产生的畏避意识，认识能力与水平的制约，生产与生活常识的归纳与总结，对于某种咎祸的比附与联想，由某一特定咎祸推而广之并衍生传播。[②] 是知中国古代的禁忌思想植根于中华民族崇礼尚义的历史文化心态，在日常实用经验的科学化整理中，最终指向人与自然、人与社会的和谐统一。需要注意的是，避忌与择吉本是一体两面。管仲超以为战国时期的择吉民俗遍及士、农、工、

---

① 万建中：《禁忌与中国文化》，人民出版社 2001 年版，第 29 页。
② 马新：《汉代民间禁忌与择日之术》，《民俗研究》1996 年第 1 期。

商等各个阶层，以及政治、军事、生产、生活、人生仪礼等各个方面。这不仅是中国择吉民俗发展史的源头，更反映出当时战乱频仍、社会动荡不宁的时代特征与人民艰难困苦、颠沛流离的生活状况。其中又以嫁娶、修造、出行为重，体现出功利性与民俗及数术相结合的特征，并以敬天顺时为宗旨。① 简牍日书中屡见有"良日""忌日"之说，整理后可列表如下。

表 5 - 2　　　　　　　　简牍日书所见良日、忌日②

分类	行为	放马滩	睡虎地	岳山	王家台	居延新	孔家坡
良日	衣新衣	√					
	裁衣	√					
	制衣			√			
忌日	衣		√				
		√	√	√			
	五服				√		
良日	筑门	√					
	门						√
	困						√
	井						√
忌日		√					
良日	屏圂						√
忌日	圂						
良日	盖屋						√
忌日	盖		√				
	室		√				
	穿户		√				

<hr />

① 管仲超：《从秦简〈日书〉看战国时期的择吉民俗》，《武汉教育学院学报》1996 年第 5 期。

② 参见陈伟主编《秦简牍合集》，武汉大学出版社 2014 年版；荆州地区博物馆《江陵王家台 15 号秦墓》，《文物》1995 年第 1 期；魏德胜《居延新简、敦煌汉简中的"日书"残简》，《中国文化研究》2000 年春之卷；湖北省文物考古研究所、随州市考古队编《随州孔家坡汉墓简牍》，文物出版社 2006 年版。

续表

分类	行为	放马滩	睡虎地	岳山	王家台	居延新	孔家坡
良日	祠门	√		√			
	祠灶			√			
	祠父母		√				
	祠大父母			√			
	祠行		√				
	土	√	√	√			√
忌日	土		√				√
良日	木		√	√			
	水			√			
	火			√			
忌日	火				√		
良日	玉			√			
	金			√			
	禾		√				
忌日	禾		√				
良日	五谷		√				
忌日	五谷		√				
	五种	√	√				
良日	始耕田						√
忌日	田		√				
良日	人		√	√			
忌日	人	√					
良日	马		√	√	√		
	牛		√				
	羊		√	√			
忌日	羊	√					
良日	猪		√				
	豕			√			√
忌日	彘	√					
良日	犬		√	√			
忌日	犬	√					

续表

分类	行为	放马滩	睡虎地	岳山	王家台	居延新	孔家坡
良日	鸡		√	√			
忌日		√					
良日	蚕		√				
	市		√				
	金钱		√				
	入官		√				
	入内						√
	出入奴婢					√	
忌日	娶妻		√				

　　根据表5-2可知，简牍日书中的"良日"表述多于"忌日"表述，反映出择吉意愿胜于避忌。行为方面涉及衣服、建筑、祠祀、农商、婚姻等不同事项，又蕴含五行观念，尤为重视牲畜分别。其中"衣""井""土""禾"及人畜等事良忌兼备，应在日常生活中拥有特殊地位。《史记·淮阴侯列传》言，韩信拜将"择良日，斋戒，设坛场，具礼"①。《汉书·高帝纪》更言，汉王即皇帝位时乃"谨择良日二月甲午"②。是统治阶层亦重择日以求吉利。董涛以为，日书中有"男日""女日"，乃赋予时日以阴阳属性来追求阴阳协调，并借之作为吉凶判断的依据。但这种择日方式对秦汉贵族嫁娶与丧葬行为的影响也是有限的。③可见禁忌之风固然是当时社会观念中的主流，亦还需在应用中区分不同立场以具体分析。故前人论及禁忌所致卜筮鬼神之举时的态度迥然相异。推崇者将之视为统治的有力工具，《礼记·曲礼上》言："卜筮者，先圣王之所以使民信时日，敬鬼神，畏法令也。所以使民决嫌疑，定犹与也"④。《墨子·明鬼下》亦言："有鬼神见之"则能"吏治官府不敢不洁廉，见善不敢不赏，见暴不敢不罪。民之为淫暴寇乱盗贼，以兵刃毒药水火退无罪人乎道路，夺车马衣裘以自利者，由此止，是以莫放"，从而"畏上诛罚，是以天下治"⑤。《淮

---

① 《史记》卷92《淮阴侯列传》，中华书局1959年标点本，第2611页。

② 《汉书》卷1下《高帝纪下》，中华书局1962年标点本，第52页。

③ 董涛：《〈日书〉中的男日、女日与秦汉择日术》，《鲁东大学学报》2015年第6期。

④ 《十三经注疏·礼记正义》卷3《曲礼上》，中华书局2009年影印本，第2710—2711页。

⑤ 吴毓江撰，孙启治点校：《墨子校注》，中华书局1993年版，第342页。

南子·道应训》更言：太公治民乃"酒肉以通之，竽瑟以娱之，鬼神以畏之"①。批评者则以之为国计民生之妨害，《老子》言："天下多忌讳，而民弥贫"②。《潜夫论·卜列》言："且欲使人而避鬼，是即道路不可行，而室庐不复居也"③。《风俗通义·怪神》更注意到"会稽俗多淫祀，好卜筮，民一以牛祭，巫祝赋敛受谢，民畏其口，惧被祟，不敢拒逆；是以财尽于鬼神，产匮于祭祀"④。或是斥之为虚妄，《史记·伯夷列传》言："若至近世，操行不轨，专犯忌讳，而终身逸乐，富厚累世不绝"⑤。《潜夫论·卜列》言，天之神"皆所以奉成阴阳而利物也，若人治之有牧守令长矣。向之何怒？背之何怨？"⑥是以"圣人甚重卜筮，然不疑之事，亦不问也。甚敬祭祀，非礼所祈，亦不为也"⑦。《盐铁论·散不足》言："今世俗宽于行而求于鬼，怠于礼而笃于祭，嫚亲而贵势，至妄而信日，听诡言而幸得，出实物而享虚福"⑧。皆有悖于德行仁义。《论衡·讥日》言："衰世好信禁，不肖君好求福"⑨。如此痛责于禁忌观念，应是对现实情况的有感而发，更反衬出其风兴盛之态势。

其次是权宜之计。周家寨汉简《日书》中以"故人有善日、不善日。为吉人，日则善日矣；为凶人，则不善日矣"。又以"凡人固有吉凶，吉人易为日，凶人不可为日，吉人举事抵凶日，而其事多利"⑩。是知日之吉凶取决于人之吉凶，即便是占卜所得的不利之日，亦能因吉人之需要而变为有利之日。这种需要便是成事之追求，亦即择日时的权宜之计。《管子·轻重甲》言："厌宜乘势，事之利得也。计议因权，事之囷大也"⑪。而《吕氏春秋·召类》亦言："圣人不能为时，而能以事适时，事适于时者，其功大"⑫。

---

①　何宁：《淮南子集释》，中华书局1998年版，第909页。

②　陈鼓应：《老子注译及评介》，中华书局2009年版，第275页。

③　（汉）王符著，汪继培笺，彭铎校正：《潜夫论笺校正》，中华书局1985年版，第299页。

④　（汉）应劭著，王利器校注：《风俗通义校注》，中华书局2010年版，第401页。

⑤　《史记》卷61《伯夷列传》，中华书局1959年标点本，第2125页。

⑥　（汉）王符著，汪继培笺，彭铎校正：《潜夫论笺校正》，中华书局1985年版，第299页。

⑦　（汉）王符著，汪继培笺，彭铎校正：《潜夫论笺校正》，中华书局1985年版，第295页。

⑧　王利器：《盐铁论校注》，中华书局1992年版，第352页。

⑨　黄晖：《论衡校释》，中华书局1990年版，第991页。

⑩　湖北省文物考古研究所、随州市曾都区考古队：《湖北随州市周家寨墓地M8发掘简报》，《文物》2017年第8期。

⑪　黎翔凤撰，梁运华整理：《管子校注》，中华书局2004年版，第1413页。

⑫　张双棣、张万彬、殷国光、陈涛：《吕氏春秋译注》，吉林文史出版社1987年版，第723页。

《新论·言体》更言："夫言是而计当，遭变而用权"①。是知权变之举多可有利于事。东汉王景"以为六经所载，皆有卜筮，作事举止，质于蓍龟，而众书错糅，吉凶相反，乃参纪众家数术文书，冢宅禁忌，堪舆日相之属，适于事用者，集为《大衍玄基》云"②。即以适事为主要目的。马新指出汉代乡间百姓的生产实践中有不听信阴阳家禁忌的情况发生。③ 刘道超以为，如果古代民间人们有事急需办理而又不能回避凶日，则用"制煞"与"化煞"之法。④ 可见事急从权是当时社会的流行观念。正如蒲慕州所说，日书中所反映出的宇宙具有双重性质，一方面是一个机械性的世界，一切现象都经由时日规划而呈现在各种篇章之中。另一方面是有灵的、有鬼神的世界。而一旦不可预测的鬼神世界被安插在机械性的宇宙框架中，人就有避凶趋吉的可能。且人对于自己的命运仍有某种自主性，在日书世界中没有不可解的难题。⑤

第三节　小结

总体来看，简牍日书的主要特点是普遍流行与日常实用，其思想根源是民间的禁忌之风与权宜之计。若以此为基础来提炼其基本精神，则还需关注当时社会的深层背景，即"天人之际"。司马迁作《报任安书》时自言："究天人之际，通古今之变，成一家之言"⑥。即以探究天人关系为首要任务。张岱年以为，天人关系即自然与人的关系，实为中国古代哲学思考的主题。⑦ 瞿林东亦以为，天人关系的本质是人们用以说明社会历史现象及其生成、变化原因的基本观念。⑧ 而天人关系的核心问题便是人的作用。汤一介以为所谓"天人合一"，不仅是一个根本性的哲学命题，更构成中国哲学的一种思维模式，即以天与人为相即不离的一体，赋予人一种不可推

---

① （汉）桓谭著，朱谦之校辑：《新辑本桓谭新论》，中华书局2009年版，第12页。
② 《后汉书》卷76《循吏列传》，中华书局1965年标点本，第2466页。
③ 马新：《两汉乡村社会史》，齐鲁书社1997年版，第414—415页。
④ 刘道超：《择吉风俗论》，《社会科学家》1989年第5期。
⑤ 蒲慕州：《睡虎地秦简〈日书〉的世界》，《史语所集刊》1993年第62本第4分。
⑥ 《汉书》卷62《司马迁传》，中华书局1962年标点本，第2735页。
⑦ 张岱年：《天人之道辨析》，《中国文化研究》1998年秋之卷。
⑧ 瞿林东：《天人古今与时势理道——中国古代历史观念的几个重要问题》，《史学史研究》2007年第2期。

卸的责任。①《史记·蒙恬列传》言，蒙恬死前喟然太息曰："我何罪于天，无过而死乎？"太史公以其阿意兴功而兄弟遇诛"不亦宜乎"②。《项羽本纪》言，项羽"自矜功伐，奋其私智而不师古"却叹"天亡我，非用兵之罪也""岂不谬哉"③。均非天命而重人力。又有《管子·度地》言："人君天地"④。《荀子·天论》言："制天命而用之"⑤。任继愈将天分为主宰之天、命运之天、义理之天、自然之天、人格之天，以为主张天为义理、主宰、命运的学派多为政府官方立言，以天尊地卑来论证君尊民卑之社会秩序的合理性。而主张天为自然的学派则以人应向自然依附，教人解脱政治束缚并回到自然，反映了中国小农经济中个体农民希望过自给自足的生活而不受政府过多的干预。⑥故天人关系从来不是单纯的哲学问题，其始终需要回应现实政治。董仲舒以《春秋》学为基础，吸收融合先秦诸子思想并引入阴阳五行观念，构建起一个以宇宙之天为核心的天人系统，形成"天人感应"论之思想体系。然其产生原因则是在汉代中央集权统治的稳固与社会思想文化的复兴背景下，行政管理亟需理论指导。张岱年即以为董仲舒的贡献不在于讲天人相类，而在于宣扬"大一统"。⑦此后随着政治环境变化，天人关系亦有所调整。徐建委以为，董仲舒、刘向的《春秋》灾异解释以天人之应为基础，观乎灾异，以正得失，天人关系以王政、人事为目的。刘歆的《春秋》学则以五德相生为基础，天人关系的重心是天道。⑧而掌握个人命运的追求与国家政治一统的需要具有相似性，皆通于天并控于人。《管子·心术下》言："能毋卜筮而知凶吉乎？"⑨吴锐以为占卜的出现正是代表着沟通天人之方式的进步。⑩因此立足于天人之间，简牍日书的基本精神可总体概括为"信天用人"，既认可天之神秘性，亦强调人之能动性，反映出稳定遵守与灵活变通之辩证关系，勾勒出一个敬信鬼神又积极进取的时代剪影。

----

① 汤一介：《论"天人合一"》，《中国哲学史》2005 年第 2 期。
② 《史记》卷 88《蒙恬列传》，中华书局 1959 年标点本，第 2570 页。
③ 《史记》卷 7《项羽本纪》，中华书局 1959 年标点本，第 339 页。
④ 黎翔凤撰，梁运华整理：《管子校注》，中华书局 2004 年版，第 1058 页。
⑤ （清）王先谦撰，沈啸寰、王星贤点校：《荀子集解》，中华书局 1988 年版，第 317 页。
⑥ 任继愈：《试论"天人合一"》，《传统文化与现代化》1996 年第 1 期。
⑦ 张岱年：《天人合一评议》，《社会科学战线》1998 年第 3 期。
⑧ 徐建委：《刘歆援数术入六艺与其新天人关系的创建——以〈汉书·五行志〉所载汉儒灾异说为中心》，《文学遗产》2014 年第 6 期。
⑨ 黎翔凤撰，梁运华整理：《管子校注》，中华书局 2004 年版，第 780 页。
⑩ 吴锐：《我国天人关系起源与演变的历程》，《东岳论丛》1996 年第 3 期。

第六章

简牍日书的历史回响

青史有限，回音不绝。虽然简牍日书最终在形式上走向消亡，但内容上却与后世的敦煌具注历日、宋元类书、明清选择通书一脉相承。其双向影响更是与其他民族及宗教的文化密切相关，尤其需要重视中国古代巫术传统所发挥的作用。

第一节　简牍日书的消亡历程

作为可施用于现实生活之中，包括大量日常活动与生活经验的民间指示选择之书，日书无疑具有广阔的发展空间与有利的传播条件。然若考之以具体形式与内容，日书还是由独立篇章组成并多附图表的杂抄型工具书，包含择日之术与择日原理，兼顾应用性与理论性。以此标准来审视现有出土发现，则在尹湾汉简所属之西汉成帝年间之后，中央朝廷的核心区域内再未有类似形式的材料出现。而西北边塞地区因其相对闭塞的地理位置，材料的保存具有延迟性，目前已确定年代的汉简日书可延续至新莽年间，最晚或至东汉中期，多为残简而难辨体例。正如魏德胜所指出，当时大部分的屯戍简是在边地写成且用后丢弃的，日书简册则可能是由内地带来且需经常使用的。① 因此针对较为单纯的屯戍生活所行用之日书，或本就是简化后的节选版本。而在个人信息传递缓慢的边塞地区，需要长久取用的日书亦会受到更多磨损。故日书在西汉晚期已走向形式上的消亡，其在东汉时期的出土应仅是散见的个例，乃沿用前代抄本或重新誊抄。此后篇章不再单行而系统渐成，图表之工具性减弱而原理性增强。至于日书的

---

① 魏德胜：《居延新简、敦煌汉简中的"日书"残简》，《中国文化研究》2000 年春之卷。

内容则得以传承。而消亡与传承的原因主要在于历书的发展。

需要注意的是，出土简牍中尚有一类"质日"材料，工藤元男以为主要是官吏完成公务手记时所使用的历谱。① 然具体考察周家台秦简《三十四年质日》、尹湾汉简《元延二年日记》等材料②，李忠林以为性质上皆同于岳麓书院藏秦简《二十七年质日》《三十四年质日》《三十五年质日》，本身只是一种记事簿册，另外还存在备查的历谱为簿主提供月朔干支。主要特点是以日干支为单位预先占取简面以备记事，限于日志的性质，其尽可能多但不保证全部书写全年日干支，具有一定随意性，归根结底并非历谱。③ 故"质日"应无关于历书的考察。

正如江晓原所指出，择吉在古代中国人的物质生活与精神生活中居有不可或缺的重要地位，历书是日常择吉中一种方便、普及的工具。④ 是历谱与历忌之学直接结合的产物。⑤ 考察历忌之学，至迟在战国时期已颇具规模，反映在蕴含吉凶宜忌之说的历注中，包括有关农事节令、用事宜忌、各日吉凶等供占卜、选择之用的内容，最初只涉及二十四节气、五行用事或土王用事，之后又陆续加入推卦用事、七十二候。各代历书的历注仅是繁简不同。⑥ 水泉子汉简《五凤二年历日》即记载了西汉宣帝五凤二年（前56）的历日及相关宜忌内容，历表中前三简分别抄写了"黄帝""时日""复日"的宜忌，应是日书中有关禁忌的选抄。历注则非常简略，包括节气、伏日、腊、月食。⑦ 殷光明以为敦煌出土汉代历谱的上限为西汉宣帝本始四年（前70），下限为东汉桓帝永兴元年（153），经过太初历与四分历两种历法的施行时期，形制可分为编册横读式、编册纵读式、单板纵读式、数板纵读式。内容则可分为历法与历注，前者涉及时

---

① ［日］工藤元男：《具注历的渊源——"日书"·"视日"·"质日"》，《东洋史研究》2013年第72卷第2号。

② 陈伟主编：《秦简牍合集（三）·周家台秦墓简牍》，武汉大学出版社2014年版，第7—11页；连云港市博物馆、东海县博物馆、中国社会科学院简帛研究中心、中国文物研究所编：《尹湾汉墓简牍》，中华书局1997年版，第138—144页。

③ 李忠林：《岳麓书院藏秦简〈质日〉历朔检讨——兼论竹简日志类记事簿册与历谱之区别》，《历史研究》2012年第1期。

④ 江晓原：《天学真原》，辽宁教育出版社1991年版，第180页。

⑤ 江晓原：《历书起源考》，《中国文化》1992年第6期。

⑥ 张培瑜、徐振韬、卢央：《历注简论》，《南京大学学报》1984年第1期。

⑦ 张存良、王永安、马洪连：《甘肃永昌县水泉子汉简"五凤二年历日"整理与研究》，《考古》2018年第3期。

辰、日干支、月朔大小、闰月、八节、三伏，后者涉及建除、腊、反支、八魁、血忌、天李等关于日之祭祀、吉凶、禁忌事项。而太初历本是与生产实践相结合的产物，形制多样，内容以历法为主。至东汉四分历时期，不仅新置了建除十二直的文字，还增加了反支、八魁、血忌、天李等历注，并多在历书中自成体系，按照星命家的月份与历法月份上下并列设置，为后世历书所沿用。① 正是因为历书中的历注蕴含着历忌之学，曾宪通以为日书本就是古代日者根据天象预卜时日宜忌与人事吉凶的历书。② 而工藤元男则以为历数与时日吉凶在本质上属于同一事物的内外两面，故汉代木简上的历法采用了具注历的形式。③ 这也在后世得以继承并发展。

最关键者莫过于敦煌具注历日。所谓"历日"，悬泉汉简中有"御史守属太原王凤，元凤元年九月己巳，假一封传信，行历日诏书"④。是指西汉昭帝年间官方颁布之历。邓文宽以为，"历日"本无吉凶宜忌之具注内容，"具注历日"是在建除、反支等历注外加上了吉凶宜忌的历日，这种区别在原始题名上就能体现出来，二者在两晋时期并行，此后的历书都应是具注历日。⑤ 他又以为战国秦汉日书既用来占"日"，则必须配合历日才能使用。且由于文字载体从竹木简牍变化为纸张，书写空间增加，故敦煌所出具注历日是将日书类的选择内容逐日抄到历日之上，仅存在形式发生变化而功能无异。因此在祭祀、冠带、拜官、嫁娶等"用事"语词方面大量雷同。这固然是因古代社会日常生活的常见事项在数千年的农业社会中变化不大，也是古代历日文化相承性的一种表现。⑥ 陈昊则以为，"历日"作为历书的自题名一直使用到唐武宗时期，自唐僖宗时期以后使用"具注历日"。且唐前期官颁历日之历注中已有吉凶宜忌的内容，全国范围内的历书形制也基本统一，这种形制一直延续到敦煌吐蕃与归

---

① 殷光明：《从敦煌汉简历谱看太初历的科学性和进步性》，《敦煌学辑刊》1995 年第 2 期。

② 饶宗颐、曾宪通：《云梦秦简日书研究》，香港中文大学出版社 1982 年版，第 69 页。

③ ［日］工藤元男：《睡虎地秦简所见秦代国家与社会》，［日］广濑薰雄、曹峰译，上海古籍出版社 2010 年版，第 130 页。

④ 胡平生、张德芳编：《敦煌悬泉汉简释粹》，上海古籍出版社 2001 年版，第 35 页。

⑤ 参见邓文宽《从"历日"到"具注历日"的转变》，载《敦煌吐鲁番天文历法研究》，甘肃教育出版社 2002 年版。

⑥ 参见邓文宽《敦煌历日与战国秦汉〈日书〉的文化关联》，载浙江大学汉语史研究中心、浙江大学古籍研究所编《姜亮夫、蒋礼鸿、郭在贻先生纪念文集》，上海教育出版社 2003 年版。

义军时期。① 可见敦煌历书具注行事宜忌于历日之上，同汉代历书一脉相承。

具体来说，黄正建以为敦煌占卜文书中的"时日宜忌"类文书大约有 29 件，可大致分为杂抄类、七曜直类、六十甲子历类、神祇出行类、推忌日月类、杂写类。其中"六十甲子历"不见于后代，应是因有关内容进入"历日"中后变得日益丰富、规范化，查找也更方便，故而不再流行。② 且敦煌文书中保存下来的唐五代及宋初"历日"有 38 件之多，除日历功能之外，还在占卜上逐日注明行事吉凶，在一般民众的日常生活中起到越来越重要的作用，反映出占卜术的平民化。③ 晏昌贵以为敦煌具注历日中的"往亡"有三种类型，其中以月朔为始的类型乃继承于秦简日书，源头更可上溯到楚简。而以节气为始的类型则产生于西汉武帝制定太初历之后，并在唐宋后成为主流。④

此外，邓文宽还关注到唐人韩鄂所作月令式农家杂录《四时纂要》，以为其中近一半的占候、选择、禳镇皆是从当时流行的数术书中抄撮而来。且往亡、归忌、血忌之说与敦煌历日中所见相类似，故敦煌历日的数术文化内容基本属于中原文化系统，是唐中期至宋初敦煌当地人自编行用的。⑤ 赵贞以为，中古历日有官修、私造之别，官修历日多与帝国政治、礼仪活动相结合，切实可行地制定出国家政务活动与大祀礼典的时间秩序。私造历日则盛行于中晚唐及五代之动荡时期，多"朱墨分布，具注星历"，通过五姓修造、八门占雷、九曜行年、十干推病、十二属相及周公出行等数术元素的渗透，在民间社会发挥着检吉定凶、阴阳杂占的作用，并对公务、医疗、农事、丧葬等日常活动施加影响。⑥ 如 S. P12 是 9 世纪末在长安东市"大刀家"刻印的一件历日残本，其中杂有周公五鼓

---

① 陈昊：《"历日"还是"具注历日"——敦煌吐鲁番历书名称与形制关系再讨论》，《历史研究》2007 年第 2 期。

② 黄正建：《敦煌占卜文书与唐五代占卜研究》，中国社会科学出版社 2014 年版，第 79—93 页。

③ 黄正建：《敦煌占卜文书与唐五代占卜研究》，中国社会科学出版社 2014 年版，第 167 页。

④ 晏昌贵：《敦煌具注历日中的"往亡"》，载武汉大学中国三至九世纪研究所编《魏晋南北朝隋唐史资料》（第 19 辑），上海古籍出版社 2002 年版。

⑤ 邓文宽：《敦煌具注历日与〈四时纂要〉的比较研究》，《敦煌研究》2004 年第 1 期。

⑥ 赵贞：《中古历日社会文化意义探析——以敦煌所出历日为中心》，《史林》2016 年第 3 期。

逐失物法、周公八天出行图、八门占雷等内容，涉及走失、出行、年岁光景等事的推占。此时象征大一统王权的官方历本已不能及时有效地颁行全国，流传在社会中下层的多是民间小历。而晚唐及五代民间私造、印历之风所以屡禁不止，应是与私家历日渗透的禄命推占与趋吉避凶内容有关。① 刘永明更以为，敦煌历注内容可分为修建类、农事经济类、仕进求学类、日常生活类、宗教方术类，不仅项目日益增加，选择功能也不断强化。在追逐利益的民间印刷中，佛经、历日、阴阳占卜书是最早的对象，以致遍满天下又互不相同。宋代朝廷不得不允许民间在官方正式颁发历日后印制鬻卖，并将新年历书作为礼品赠送给大臣。而年、月、日干支及节气既是历日的基本内容，也是阴阳数术家推算的基本依据，在节气农时变化较小的情况下，指示吉凶的功能开始比计时授时的功能更加引人注目，最终向后代的择吉黄历发展，并演变为一种包罗宏富又简便易行的择吉术。②

可见地域上的偏远并没有阻碍敦煌具注历日的发展。敦煌具注历日继承于中原文化之传统，受益于印刷技术之进步，反映出广大民众最真实的生活需求，日益丰富实用的同时也走向了理论方法的驳杂。刘道超即以为，早在汉代，择吉理论便已发展成熟而择吉流派繁多。③ 如睡虎地秦简《日书》甲种有"相宅"篇④，《论衡·诘术》有"图宅术"⑤，敦煌写卷P. 3492《诸杂推五姓阴阳等宅图经》更有"宜子孙，富贵"之说。⑥ 陈于柱与魏万斗指出，《敦煌写本宅经》是唐五代及宋初敦煌地方师卜文士为适应当地民众的相宅需要而抄汇成的占卜文献，为研究这一时期中国相宅数术文化的内涵特点与发展变化提供了一个样本。⑦ 故杂糅诸说以适时用为敦煌地区数术文献的一大特点。如此则知日书消亡基本同步于历注中趋吉避凶类内容的增加，而改造之后的集大成者便是敦煌具注历日，即之

---

① 赵贞：《S. P12〈上都东市大刀家印具注历日〉残页考》，《敦煌研究》2015 年第 3 期。

② 刘永明：《唐宋之际历日发展论考》，《甘肃社会科学》2003 年第 1 期。

③ 刘道超：《论汉代择吉民俗的发展及其特征》，《广西师范大学学报》2006 年第 1 期。

④ 陈伟主编：《秦简牍合集（一）·睡虎地秦墓简牍》，武汉大学出版社 2014 年版，第437—439 页。

⑤ 黄晖：《论衡校释》，中华书局 1990 年版，第 1038 页。

⑥ 金身佳：《敦煌写本宅经葬书校注》，民族出版社 2007 年版，第 126 页。

⑦ 陈于柱、魏万斗：《唐宋阴阳相宅宗初探——以敦煌写本宅经为考索》，《敦煌学辑刊》2002 年第 2 期。

前是因事求日，之后则因日注事。然形式的消亡并不意味着内容的断绝，日书的具体事项乃至理论方法融入历注之中后，再次焕发出蓬勃的生机。发展的脚步从未停歇，民间择吉的普遍追求与朝廷控制的基本要求相互作用，共同推进了历书的持续演进。

在宋元时期出现了类书。南宋陈元靓编纂的《事林广记》（初名《博闻录》）作为宋末至明代的一部百科全书式日用类书，多次再版反映出该书的流行程度。每再版一次就会经历一定程度的增删拆合，然其内容之所以面面俱到，并非出于服务生活的目的，完全是为了符合"假想读者"之知识阶层的阅读需要。① 现藏日本爱知县丰川市穗久迩文库中的《五行大义》抄本纸背上录有该书的 12 条佚文，其中《六十四卦气候图》更是经日本汉学家"私加意巧"后加工所成。② 而成书于元代的《居家必用事类全集》则是按天干分作十集，既包括家书、家法、家礼等特定需求，也包括牧养择日法等传统项目，农桑、饮食等日常生活，吏学、警心等深层需要。该书细化而务实，读者群体也更加广泛。③

至于明清时期则是选择通书。④ 疏有传自前代的《正版增广玉匣记》，相传晋时许真君编，或明人著作，含占验、解煞、祛祟之法。《三历撮要》南宋刻本一卷，撰者不详，以月为纲列举嫁娶、出行、动土等二十二事吉日，钱大昕题跋以诸历为选择家言，包括刘德成、方操仲、汪德昭、倪和甫等数术之士言论。《新刊阴阳宝鉴克择通书》元刻本十卷，撰者不详，分为前后两集，前集详推嫁娶、出行等事吉日与年、月、日之吉凶神，后集则载建除十二神之吉凶。又有当代的《类编历法通书大全》明刻本三十卷，宋鲁珍通书、何士泰历法、熊宗立类编，包括建除十二神

①　王珂：《宋元日用类书〈事林广记〉研究》，博士学位论文，上海师范大学，2010 年。

②　陈广恩：《日藏〈五行大义〉纸背抄录〈博闻录〉佚文初探》，《中国史研究》2019 年第 4 期。

③　参见《续修四库全书·子部》，上海古籍出版社 2002 年影印本。

④　参见（晋）许真君《正版增广玉匣记》，武陵出版社 2002 年影印本；（清）蒋廷锡等编《中国方术全书》影印《古今图书集成》，上海文艺出版社 1993 年影印本；（清）魏明远纂辑《新增象吉通书大全》，武陵出版社 1985 年影印本；（清）李泰来编，曾茂倚标点《崇正辟谬永吉通书》，武陵出版社 1996 年标点本；（清）永瑢等编《四库全书》，集文书局 1989 年影印本；（清）永瑢等《文渊阁四库全书》，台湾商务印书馆 1983 年影印本；《续修四库全书》；（清）洪潮和著，如意堂重编《克择讲义》，武陵出版社 2002 年影印本；（清）胡晖《精订选择求真》，武陵出版社 2000 年影印本；（清）俞荣宽《参星秘要诹吉便览》，武陵出版社 1993 年影印本；（清）姚承舆《择吉会要》道光己酉年刊本，台湾大学总图书馆藏。

宜忌与丛辰吉凶。《新刊理气纂要详辩三台便览通书正宗》明刻本二十卷，明林绍周辑、林维松重编，先举选择诸事宜忌诸神，后注吉凶诸神性质，并分析诸事。《参筹秘书》明刻本十卷，明汪三益辑注，包括太乙、六壬、奇门、禽遁、观占等军事的选择之术，又有八专日、八绝日、流血日、血忌日。《瘤仙肘后神枢》清《古今图书集成》本一卷，明朱权著，罗列年、月、日之吉凶神方位。另《瘤仙肘后经》二卷，以月为纲并推算干支所值吉凶神，或以事为纲而明宜忌。《历学会通》清《古今图书集成》本六十卷，清薛凤祚著。薛凤祚早年跟随魏文魁学习中国传统历法，入清后又向波兰传教士穆尼阁学习西法，共同译编完成的《天步真原》会通中西历法。《历学通书》则以月为纲并载六十甲子之宜忌事类。有《新增象吉通书大全》清刊本二十九卷，清魏明远纂辑，包括时宪历法、二十八宿宜忌、奇门、禽遁、二十四山修方造葬之吉凶神煞，又包括出入、上官、嫁娶等事类之择日宜忌。《崇正辟谬永吉通书》清刊本十四卷，清李奉来编，含年、月、干支吉凶神煞与诸事宜忌。《御定星历考原》清《四库全书》本六卷，清李光地等撰，一曰《象数考原》，二曰《年神方位》，三曰《月事吉神》，四曰《月事凶神》，五曰《日时总类》，六曰《用事宜忌》，据元曹震圭《历事明原》增订，《协纪辨方书》与流行朝鲜的《协吉通义》之本源也可追溯到《历事明原》。① 《钦定御制协纪辨方书》清《四库全书》本三十六卷，清允禄等撰，有禄命、斗数、神数、堪舆、神煞、历学、节气等法，含《立成》《宜忌》《用事》等卷，《用事》中区分选择事项为御用六十七事、民用三十七事、通书选择六十事三类，若是将其中重复的项目去除约有八十多项，可以反映出古代日常生活的各个方面，很多事项如兴造动土、开渠穿井仍与日书的占卜事项相同或相似。② 西夏具注历日中记有"长星"历注，而《宜忌》中言"长星、短星：忌进人口、裁制、经络、开市、立券、交易、纳财、纳畜"③。后俞荣宽简其要而成《参星秘要谀吉便览》二卷。有《克择讲义》十二期，清洪堂燕编，依托洪潮和编刻"趋避通书"对各地择日生

---

① 陈侃理：《跋北京大学图书馆藏明抄本〈历事明原〉》，载北京大学国学研究院主办《版本目录学研究》（第5辑），国家图书馆出版社2014年版。

② 李零：《中国方术正考》，中华书局2006年版，第35页。

③ 邓文宽：《黑城出土〈西夏皇建元年庚午岁（1210年）具注历日〉残片考》，《文物》2007年第8期。

徙等事进行函授。《精订选择求真》清刊本十卷，清胡晖著，以星曜为主。《择吉会要》清刊本四卷，清姚承舆著。刘道超以为中国传统社会流传有两种不同体例的万年通书，一种以《协纪辨方书》为代表，分为年表与月表，年表部分叙述六十甲子各年及所属十二月吉凶神煞之方位，月表部分叙述各月吉凶方位及各月所属六十甲子日所值神煞与宜忌；另一种则以《择吉会要》为代表，以六十甲子为纲，将年、月、日统一归属于同一干支之下，并详述其所值神煞及其宜忌。①

　　可见宋元时期的类书虽呈现出受众专门化的趋向，但无论是知识阶层还是普通百姓，皆追求条目事项的完备。而明清时期的选择通书皆以历为本，所涉行为事项多有类似之处，体现出趋吉避凶与会通大全的追求。其中"趋吉避凶"是民间文化的核心理念，无论表现形式如何变迁均未曾削减，兼具长久性与广泛性。陈进国即以为通书是先秦以降民间流行的日书传统的近世变体。② 而"汇通大全"则蕴含着朝廷加强管理的需求。吴羽即以葬事择吉理论为例，指出在识字率较低的唐五代时期，择吉文献及知识仅掌握在少数人手里。然具有官方背景及指导意义的历日中的葬事具注，则是当时普及性极高的知识，也是社会中的常识。而北宋时期更整顿了盛唐直至五代葬事择吉理论的变化，既凝聚了新的共识，亦成为方术理论继续演变的新起点。这与王朝政局及中央政权对地方的控制力紧密相关。③ 汪小虎更指出，中国古代历书的编造与发行是一种具备显著仪式化特征的政治传播。官方曾尝试以专卖、免费发放两种方式向民众普及历书。而民间私历多能灵活供应市场，亦成为一种有效的补充形式。清代中期允许官历与私历并行，既满足了社会需求，又导致了历书的进一步多样化，如传教士印行并发给民众的《中西通书》《华洋通书》，包括中西时间体系对照，并附有宗教教义、现代科技知识、各国介绍、西方历史文化等内容。④

　　事实上官方多通过对历书的严格管理来巩固统治。明前期历书的封面上钤有"钦天监奏准印造大统历日颁行天下，伪造依律处斩，有能告捕者官给赏银五十两，如无本监历日印信同私历"。清代历书的封面上题有

①　刘道超：《择吉与中国文化》，人民出版社 2004 年版，第 226 页。
②　陈进国：《事生事死——风水与福建社会文化变迁》，博士学位论文，厦门大学，2002 年。
③　吴羽：《唐宋葬事择吉避忌的若干变化》，《中国史研究》2016 年第 2 期。
④　汪小虎：《中国古代历书的编造与发行》，《新闻与传播研究》2020 年第 7 期。

"钦天监钦遵御制数理精蕴印造时宪书颁行天下"。选择通书中又有"御定""钦定御制"之题。且明清时期的历注在用事宜忌方面多达四十项，几乎涉及全部生产生活与社会活动，严重束缚了人们的思想与行动。① 因此历书作为民间文化的重要载体，其编制与整合逐渐成为历代王朝统治者管控国家人民的有效手段。而这也是渊源有自，《史记·十二诸侯年表》言太史公读《春秋历谱谍》，有感于"儒者断其义，驰说者骋其辞，不务综其终始；历人取其年月，数家隆于神运，谱谍独记世谥，其辞略，欲一观诸要难"②。是《春秋》之学最初乃重在发掘其保存古历年月的史料价值。程苏东以为，至两汉之际，《春秋》之编纂立意已侧重于"假日月以定历数"，刘歆更是将"历学"视为《春秋》学的题中应有之义，并据此建构起一套精密的解经体系。"历"不再仅是安排人事行为的时间指南，更是探知"天道"，因天时以定人道的重要渠道与核心载体。"正历"也成为国家"正礼"的基础。③ 汪小虎亦以为古代中国的颁历授时这种时间信息传播活动，长期处于国家权力的主导乃至垄断之下，并发展出体现统治确认、身份认同关系的仪式化特征，最终形成一种东亚地区国际交往的礼仪文明。其原因在于阴阳合历系统的需要、国家政治形态的因素、思想观念的多重建构、理念与制度安排的结合。④

故思考日书之消亡，追求使用方便所带来之形式的改造只是外因，内容中普遍的民间基础所带来之朝廷的控制才是内因。而其之所以发生在西汉晚期，一是得益于文字载体扩充之技术条件的进步，使历注在历书发展过程中不断丰富。二是受到了当时谶纬流行之社会风气的影响。张峰屹以为"谶"与"纬"的思想观念在两汉时期有一个由分立而化合的过程。谶验观念始自远古，至汉末一直存续，从未间断。汉初伴随着经学兴起而开始以谶辅经、以谶释经。东汉则确立经、谶互释为正统思想，"纬"实际就是谶，其实质是以谶"纬"经。而谶验观念本是初民感性经验的一种总结，带有浓厚的原始思维色彩，作为汉代谶纬主体内容的天文占、五

---

① 张培瑜、徐振韬、卢央：《历注简论》，《南京大学学报》1984 年第 1 期。

② 《史记》卷 14《十二诸侯年表》，中华书局 1959 年标点本，第 509—511 页。

③ 程苏东：《史学、历学与〈易〉学——刘歆〈春秋〉学的知识体系与方法》，《中国文化研究》2017 年冬之卷。

④ 汪小虎：《颁历授时：国家权力主导下的时间信息传播》，《新闻与传播研究》2018 年第 3 期。

行占、史事谶等在先秦时期都已存在。董仲舒"天人感应"观念更具有浓重的神秘色彩，与谶纬中的天文占、五行占无论在表述上还是思想理论上均无本质区别。① 张耀天亦以为两汉时期的谶纬文化既总结了先秦哲学发展史的理论要素，也继承了中国古代初民的巫祝传统、神秘信仰、占卜星相等"准宗教"文化形态。谶纬文化氛围实现了神秘主义诠释经典的体系化、合法化及职业化。② 可见从形式上看，谶纬与经书的关系类似于历注与历书的关系。从内容上看，谶纬文化与历忌之学多有互通之处。三是源自民间观念与官方学术的互动。西汉中晚期焦延寿所撰《易》学著作《焦氏易林》，糅合了民间神仙观念与董仲舒"天人感应"说，提出诚心正意并施行仁德即会得到神明佑护，反之则受严惩。词汇使用多见"福、忧、利、安"（表示福祸吉凶），"得、失、有、德"（关系行为结果）。③ 其中记载的天文灾异事项，亦反映出董仲舒倡导之"公羊学"中天人同感、尊阳抑阴的思想主张。④ 而互动造就了融合与控制，正如谶纬本是民间原始迷信的集中体现，但后来却作为东汉社会政治思想的主导，以谶纬迷信来解释并发展传统经学以适应汉代社会政治的需要，其发表与解释权也源于政府，成为官方垄断的一种社会控制思想。⑤ 四是受制于政治环境转换中学术思想的变迁，官学中董仲舒的"春秋灾异学"让位于刘歆的"春秋历学"，"信天用人"的基本精神也让位于对天时等客观自然秩序的遵守，这种转化显然更有利于王朝统治者的管理。如此则外因与内因交织在一起，使得日书首先在形式上走向消亡，被历书所改造并逐步发展为敦煌具注历日、宋元类书及明清选择通书。而其内容却得以传承，并在产生影响的同时也受到影响。

第二节　简牍日书的双向影响

日书所产生的影响主要表现为时间跨度较长与空间范围较广之借鉴

---

① 张峰屹：《两汉谶纬考论》，《文史哲》2017 年第 4 期。

② 张耀天：《两汉谶纬堪舆考》，《山西师大学报》2018 年第 3 期。

③ 李昊：《〈焦氏易林〉与汉代宗教文化构建》，《宗教学研究》2008 年第 3 期。

④ 田胜利：《天人同感与以阳为尊理念的显现——〈焦氏易林〉灾异事象描写的透视点》，《阴山学刊》2014 年第 2 期。

⑤ 李禹阶主编：《秦汉社会控制思想史》，中国社会科学出版社 2017 年版，第 367 页。

性，体现在不同民族的文本材料之中。如敦煌藏文文献中记载了在吐蕃统治敦煌时期，有出行择日法与用动物的不同部位来表示时间并以之论述出行办事宜忌之法。① 又有利用乌龟来推求失物的占法与卜辞，即 S. 6878V《金龟择吉占走失法》，或是由曹氏归义军时期寓居敦煌的吐蕃移民根据汉文数术书《推神龟走失法》编译而成。② 又如东巴文占卜典籍《时占之书》，译自汉籍《玉匣记》。③ 故藏族与纳西族的择日数术之书多为汉文译本，应是因所涉行为相似可直接借用。彝族与水族则不然，彝族之《玄通大书》包括根据出生时间来推算命运的"署舍"（金书）与诸事择吉的"署莫"（大书），其中涉及耕种、放牧、狩猎、作战、建房、入学、贸易、出行、婚嫁、丧葬、祭祀、乔迁、诉讼、裁衣、打制首饰等事项，及星辰信仰、动物崇拜、植物崇拜等观念，还有五行学、干支说、十二宫辰、星占术、八卦、堪舆等方法。④ 高明与张纯德以为，其中《推看一年十二月》的内容结构与秦简日书"建除"相近，仅是体例稍异。然秦简"建除"是辅助历书推算某日吉凶禁忌的工具手册，故采用表格形式。彝族日书则是根据本族生活习俗来设计的。且二者的最大分歧是对十二宫辰的吉凶解释，乃出于不同建除家的主观想象。⑤ 而水族的宗教观念是万物有灵，对祖先充满崇拜，以为巫师能够沟通鬼神来预测祸福，应趋吉避凶并择日而事。水书虽然停留在原始文字阶段，却也曾受到许慎《说文解字》之文字与应奉之图纬的影响。记载年、月、日、时、方与吉凶兆象，为安葬、嫁娶、营造所用，小部分乃召神巫术，体现出其创始人陆铎公的天命论思想。⑥ 且多是民间水书先生各自归纳之手抄本而无固定排版模式。⑦ 可见日书固然是汉族较为常见的择日类工具书，但其他民族或是直接转译，或是自成系统，亦受到汉族日书内容之影响而有相似的文本材料。

---

① 傅千吉：《敦煌藏文文献中的天文历算文化研究》，《西藏大学学报》2015 年第 2 期。

② 陈于柱、张福慧：《敦煌藏文写卷 S. 6878V〈金龟择吉占走失法〉研究》，《中国典籍与文化》2014 年第 4 期。

③ 和继全：《汉籍〈玉匣记〉"六壬时课"之纳西东巴文译本述要》，《云南社会科学》2015 年第 3 期。

④ 参见马学良《彝文丛刻增订本》，四川民族出版社 1988 年版。

⑤ 高明、张纯德：《秦简日书"建除"与彝文日书"建除"比较研究》，《江汉考古》1993 年第 2 期。

⑥ 刘日荣：《水书评述》，《中央民族大学学报》1995 年第 6 期。

⑦ 韦仕钊：《水书历法对民众生活的影响》，《贵阳文史》2010 年增刊。

相通之处在于运命吉凶之数术文化，相异之处则在于解释方法与适用规则，乃源自不同时空之千差万别的思维模式与生活方式，体现出较强的灵活性。

日书所受到的影响主要来自宗教。吕大吉以为宗教是关于超人间、超自然力量的一种社会意识，及因此对之表示信仰与崇拜的行为，是综合这种意识与行为并使之规范化、体制化的社会文化体系。① 这本就符合日书发展中朝廷控制的基本要求。而究其根源，则需关注中国古代的巫术传统。《史记·天官书》言："昔之传天数者""殷商巫咸；周室，史佚、苌弘"②。《淮南子·氾论训》言："昔者苌弘，周室之执数者也"。高诱注曰："苌弘，周宣王之大夫。数，历术也。"③《汉书·儒林传》言："蜀人赵宾好小数书"④。饶宗颐与曾宪通曾论"苌弘执数之学"，以为汉世蜀学有数术一系，其渊源必与苌弘有关，秦简日书殆即"执数""小数术"之类，即所谓时日小数。⑤ 睡虎地秦简《日书》甲种"弦望"篇有："五丑不可以巫，帝以杀巫咸"⑥。正是日书中关于"传天数"之"巫"的记录。李禹阶以为从商至周，巫师职能不断细化为巫、史、卜、祝等专门负责祭祀、占卜、记事的官员。而民间之巫的降神占梦、舞雩求雨、驱除疠疫等功能仍然盛行，并继承了原始巫之遗风，代代相传。古代中国在经历巫术时代后，尽管没有像古代希腊、罗马那样出现统一宗教神的信仰体系，但传统巫术、巫师及其信仰也并没有消失，而是通过特有的"礼制"形式对巫术加以改造与转化，通过强化祖先崇拜而最终形成古代中国以家族、宗族为核心的形而上"礼制"传统。不过由于统治阶级有意加大官、民之间的权力距离，使得上层社会与民间基层社会对于宗教（或巫术）的取舍日趋分离。宫廷巫、祝成为职官群体与帝制中国礼乐祭祀体系的重要组成部分，民间巫、卜则在乡里社会的延续中成为古代民间社会生活的重要内容。⑦

及至秦代，带有"巫"色彩的庞大"日者"集团开始主持祭祀、参

---

① 吕大吉：《宗教学通论新编》，中国社会科学出版社1998年版，第79页。

② 《史记》卷27《天官书》，中华书局1959年标点本，第1343页。

③ 何宁：《淮南子集释》，中华书局1998年版，第958页。

④ 《汉书》卷88《儒林传》，中华书局1962年标点本，第3599页。

⑤ 饶宗颐、曾宪通：《云梦秦简日书研究》，香港中文大学出版社1982年版，第48页。

⑥ 陈伟主编：《秦简牍合集（一）·睡虎地秦墓简牍》，武汉大学出版社2014年版，第376页。

⑦ 李禹阶：《中国文明起源中的巫及其角色演变》，《中国社会科学》2020年第6期。

与政治决策与咨询答疑、行用巫术。① 而汉代则是"方士"的活跃。王青以为，方士是指特殊技能（即方术）的掌握者，而所谓"方术"包括预测之术（通过特定的自然现象及社会现象来预测事件的发展进程，判断吉凶，并指导人们趋吉避害）、长生之术、隐沦变化之术，均是具有超自然性质的技能。方士源于巫，旧有之巫有官巫与民巫之分，官巫的主要职掌为预测国运、预卜战争、司掌宫廷祭祀、记载王言、编纂典册等，民巫则主要负责在民间进行祈禳、求福、驱邪免灾、预测丰歉、医疗病患等活动。然在春秋以后，知识与技术的发展进一步引发了理性的觉醒与智力的进步，通过巫术来操纵、控制世界的信念逐渐减弱，传统巫师在统治中的地位也逐渐下降，一些披上知识外衣的预测术如星占、筮占等比一些原始巫术更能为统治者及知识阶层所接受并信从，导致方术这种再生态巫术取代了原始巫术，开始在社会上广泛流行。又因社会阶层极具流动性，一部分掌握了方术技巧的贵族衰败而沦落下层，一部分民间术士巫师的阶级地位则有所上升，他们则成为方士。在秦统一中国以后，方士已成为一支较为强大的社会力量。此后天人感应与阴阳五行成为汉代知识体系中对历史与自然的普遍认知模式，灾异谴告、祥瑞符应开始成为当时知识分子与技能之士关注的重点。而经学的方术化也成为一个广泛的趋势，方术思想开始披上儒学的外衣，儒生往往兼具方术身份，谶纬大量出现并成为东汉时期的官方意识形态。通过官学、私学及书籍文献，方术之学得以广泛传播，培养出一大批方术人才，他们流落于民间便成为职业化方士，直接参与民间宗教的创立与传播之中，很大程度上纵容、鼓励了道教的发展。②

关于道教中的巫术传统，许地山以为巫觋道与方术预备了道教的实行方面，老庄哲学则预备了道教的思想根据。③ 吴荣曾亦指出，在许多镇墓文中可看到"为死人解适"的话，"解"的意思就是解除或解脱，即通过对鬼神祭祀而除去凶灾。汉代以后，道教徒从事于解除这一类的迷信活动。且镇墓文带有韵文的特点，应是这类作品出自巫祝之手的一个明显标记。东汉末年，无论是道教的著述还是道教徒的宗教活动，都带有浓厚的

① 张铭洽：《秦代"巫现象"杂谈——兼谈秦代的"日者"》，载陕西历史博物馆编《陕西历史博物馆馆刊》（第 11 辑），三秦出版社 2004 年版。

② 王青：《汉朝的本土宗教与神话》，洪叶文化事业有限公司 1998 年版，第 12—45 页。

③ 许地山：《道教史》，上海古籍出版社 1999 年版，第 140 页。

巫术特点。① 具体来说，道教起源于东汉顺帝时期的"五斗米道"。作为一种地处巴蜀的宗教社团，五斗米道自创立伊始便因与中央政权相抗衡而需另立历法。从东汉末年开始，道教中就流传有一种与通行历法不同的"太阳历"，以二十四气划分十二月，以二十八宿注日，并试图与恒星月相协调，如唐代之《二十八宿旁通历》。② 且道门中人有根据宗教组织建设与修炼需要"随天立历"自行编制历法的传统。隋唐道士更积极参与官方的历法制定工作。这主要是因道教的内修外养强调顺天应时，离不开对自然节候的把握。③ 故道教虽诞生于日书形式消亡之后，却同日书一样融合于历日文化之中，内容上亦多择日之说。如《赤松子章历》作为早期天师道关于上章科仪的重要经典之一与六朝天师道祭酒的科仪手册，其仪式择日中有月忌、弦望式、血忌、四时凶日、杀师忌日、帝酷杀日、天父日、天母日等，涉及建除、出行、六畜饲养、疾病灾异等方面。④ 又如敦煌 S.6196、S.6216、S.6356 皆是道教《镇宅解犯治病日历》。⑤ 李泽厚以为，中国文明的两大征候是以血缘宗法家族为纽带的氏族体制与理性化了的巫史传统。而儒家着重保存与理性化的是原巫术礼仪中的外在仪文方面及人性情感方面，道家则保存与理性化了原巫术礼仪中的认知相关的智慧方面。⑥ 这种智慧即是与世俗生活息息相关的对时日宜忌的主动把握。刘永明指出，敦煌具注历日中"解""谢""符""安宅"等属于道教范围的内容不断增加，历注中的道教类目亦表现为法术运用的内容增加而科仪内容有所减少，反映出吐蕃占领时期与归义军时期敦煌道教的世俗化发展。宗教方术内容的加入使历日丰富且实用，不但指出了日常行为的宜忌吉凶所在，更指出了解决灾害凶邪的办法，不仅是民众日常生活行为的指南，更是民间宗教职业者进行宗教活动的指南。⑦ 因此道教与日书本同生

---

①　吴荣曾：《镇墓文中所见到的东汉道巫关系》，《文物》1981 年第 3 期。

②　李志超、祝亚平：《道教文献中历法史料探讨》，《中国科技史料》1996 年第 1 期。

③　盖建民：《道教与中国古代历法》，《宗教学研究》2005 年第 3 期。

④　参见傅飞岚《天师道上章科仪——〈赤松子章历〉和〈元辰章醮立成历〉研究》，载黎志添主编《道教研究与中国宗教文化》，香港：中华书局 2003 年版。

⑤　王卡：《敦煌道教文献研究》，中国社会科学出版社 2004 年版，第 259 页。

⑥　参见李泽厚《说巫史传统》，载《由巫到礼，释礼归仁》，生活·读书·新知三联书店 2015 年版。

⑦　刘永明：《敦煌道教的世俗化之路——道教向具注历日的渗透》，《敦煌学辑刊》2005 年第 2 期。

于重时择吉的方术文化，具有坚实的民间基础，影响力格外深远。

而佛教在西汉末期，也就是西历纪元之始前后，已为中国人所接触。[①] 虽与日书之形式消亡时间有所重合，然其影响之广度与深度仍不得而知，或是方兴未艾而难以左右中国本土之传统文化的具体走向。方立天以为，中国人最初是以黄老之学与神仙方士道术的观念去迎接并理解佛教的，这虽迥异于佛教的根本宗旨，即企图超越现实社会生活秩序而求得身心的解脱，却有助于其流传。[②] 故佛教的传入即便无关于日书形式的消亡，却也曾因求神祈福之用而进入日书内容的体系之中并持续施加影响。具体表现在行事宜忌方面，敦煌具注历日中的"蜜日"乃七曜日之一，即太阳直日，是摩尼教之星期日与持斋、礼拜的吉日，还是密教修持密法仪轨的吉日。其日适宜之事包括官禄、婚姻、丧葬、教育、医药、身体、仪式、修造、土建、家务，展示更多的仍是民众之日常社会生活而非宗教圣日的意义。[③] 这便是佛教的七曜日宜忌与中土历书相结合之证据，体现出佛教文化与天文历法之紧密联系。吴之清即以为傣族历法尽管产生于古代农业的实践中，但其进步与完善却是在印度文化及内地汉族文化的影响下实现的。"增寿益算""即生天上"等说法迎合了中国人求生、重生、乐生的愿望，颇显世俗功利色彩。而佛教的异地交流活动也促进了天文历法文化的创新发展。[④] 唐代僧一行也正是借助开元年间中印僧侣之间日益频繁的弘法与求法活动之利，协同印度密教僧人翻译《大毗卢遮那成佛神变加持经》的同时，又为李唐王朝编制了《开元大衍历》，集以往历注之大成。[⑤] 故佛教在中国之发展乃是一个对本土之传统文化吸收再利用的过程。

第三节　小结

总体来看，日书走向消亡是西汉晚期外因与内因共同作用的结果，其

---

①　[日] 野上俊静等：《中国佛教史概说》，释圣严译，台湾商务印书馆1993年版，第11页。

②　方立天：《中国佛教与传统文化》，中国人民大学出版社2010年版，第205—206页。

③　赵贞：《敦煌具注历中的"蜜日"探研》，《石家庄学院学报》2016年第4期。

④　吴之清：《试论南传佛经对傣族天文历法的影响》，《宗教学研究》2014年第3期。

⑤　吴慧：《僧一行研究——盛唐的天文、佛教与政治》，博士学位论文，上海交通大学，2009年。

形式不再而内容犹存，继承者为敦煌具注历日、宋元类书及明清选择通书，变化的是编排体例，不变的是行为事项，体现出历书传统与择日文化的良好融合。而其中历日管理折射之朝廷控制能力格外值得关注。这种控制属于文化控制。司马云杰以为，文化控制是对文化的生产、传播、冲突变迁等社会过程进行系统管理与操纵的一种科学，其中包含多种子系统，如文化系统、教育系统、舆论系统、群体组织系统、政治法律系统，且文化系统中的风俗、伦理、道德、宗教、巫术、迷信等均具有文化控制的作用。① 郑杭生则以为，文化控制手段属于社会控制手段的一种，是指人类在长期的共同生活中创造的、为人类共同遵从的行为准则与价值标准，并以此对社会成员进行控制的方式。② 罗孝高与罗超更以为文化控制乃是文化对人的情感、思想、观念、价值认知等产生的潜移默化的影响，从而约束、规范人的行为以实现统治意志的一种社会管理模式。③

具体来说，唐宋明清时期官方对历书管理之严格正体现出文化控制的基本要求，即借助历书中蕴含之遵守天时的思想观念来实现民众对朝廷政令的认可与服从。而秦汉时期却尚未形成如后世那般丰富且完整的历书，时代精神亦是"信天用人"而非听命于"天道"，故日书得以在民间广为流传来满足人们的文化需求，并未见官方加以规范与限制。但这并不意味着秦汉政府便疏于文化控制，其侧重点应是在于民间信仰的管理。李秋香以为秦汉民间信仰之文化控制类型主要可分为禁忌类、巫术类、儒家伦理类、宗教类，分别在解除人们日常生活中的焦虑感、维护家庭和谐、保护个体生命及其身体健康、保护农业生产的平稳有序进行、维护社会秩序、消解个体精神危机、维护自然生态平衡、维护地方社会和谐等方面发挥积极的作用。从先秦到秦汉之际，禁忌类与巫术类在文化控制中占据主导地位。但在西汉中期以后，儒家伦理类文化所发挥的控制功能逐渐增强。随着西汉末东汉初佛教的东传与东汉末年原始道教的创立，宗教类文化控制的地位日益突出。而国家政策法令的干预与主流文化的影响、人的社会化途径的多重作用如地方政府的教化、自然迫力的持续与生存危机感的出现、文化交流尤其是异文化对本文化的冲击与影响等，是导致秦汉民间信

① 司马云杰：《文化社会学》，中国社会科学出版社 2001 年版，第 350—369 页。

② 郑杭生：《社会学概论新修》，中国人民大学出版社 2003 年版，第 401—407 页。

③ 罗孝高、罗超：《论文化控制的作用机制及实现途径》，《吉林省教育学院学报》2009 年第 1 期。

仰之文化控制发生变迁的主要动因。①

　　此外，日书之影响是双向的，既产生民族之影响，亦受到宗教之影响。不同民族的日书虽有所分别，但皆以时日之占来避祸求福，反映出该民族的日常生活情态。自然之力往往格外为少数民族所重视，或是受其社会发展程度的制约。这也造就了其日书的主要特点，即对命运的服从并以日书为神圣之宝典。虽在内容上与汉族日书存在相似之处，但在思想上则有能动性之差异。宗教方面，中国古代的巫术传统在本土道教之形成与外来佛教之传播中均发挥了重要的作用。江晓原以为中土历忌之学长期未能与历谱发生直接结合，历谱中虽有少数历忌项目之历注却始终未能为日常行事宜忌提供直接指示。而在受到传入中土之以佛教为代表的异域文化之启发影响后，历书才最终成为具有指示日常行事宜忌功能的直接指南。且历书之繁盛与雕版印刷有关，主要原因是将昔日历忌之学由术士之枕中鸿秘转化为家传户晓的常见之物，成为素来笃信天人合一，讲究在选定之合适时空点上行事的古代中国人生活中必不可少的一部分。② 此说尚有待商榷，外来宗教固然在其本土化过程中多激活之用，但历忌之学与历谱的结合符合中国文化传统中"谶纬"的解释形式与思想内容，应不存在启发之事，而仅是相互借鉴并交织作用，此外还受到科学技术之进步的影响。最后回看《汉书·艺文志》之言"敬顺昊天，历象日月星辰，敬授民时"③。天时与人事向来紧密相连，日书也仅是这种天人观念的表现形式之一，其演变之中虽蕴含着思想的更迭，却始终围绕着核心的课题，值得我们举一反三，加以更加深入地思考与研究。

----

　　① 李秋香：《文化认同与文化控制：秦汉民间信仰研究》，博士学位论文，河南大学，2010 年。

　　② 江晓原：《历书起源考》，《中国文化》1992 年第 6 期。

　　③ 《汉书》卷 30《艺文志》，中华书局 1962 年标点本，第 1734 页。

结　语

　　前辈学者已指出，日书是社会的一面镜子。故探究秦汉社会离不开简牍日书的辅助，而考察简牍日书亦需社会史研究的思路。历来学者对社会史的界定各有不同，"专史说"以为是历史学的一门分支学科，即社会生活史、生活方式史、社会行为史。① "通史说"以为是一门综合史、总体史。② "范式说"以为是一种新的研究方法、研究态度、研究视角及治学理念。③ "新社会史"则关注到中国社会史研究的本土化前景，试图建构与传统史学相区别的解释框架与概念体系，并放弃构建整体史而接受后现代主义关于文本解读的观念与方法。④ 其实社会史既以生活细节与整体关照标明了其研究范围，亦以下层视角与理论架构代表了其研究眼光，需要使微观的操作立足于宏观的把握，并最终令二者协同并进。而如此方为日书研究所需努力的方向。

　　具体到秦汉社会史的研究，主要内容包括社会生活的基本单位与外在表象，涉及婚姻家庭、家族宗族、乡村城市、社会群体、衣食住行、风俗礼法、宗教信仰等不同问题。此外还有对社会行为与社会过程等抽象课题的思考，涵盖社会控制、社会结构、社会变迁等多个方面。然现有的秦汉

① 乔志强：《中国社会史研究的对象和方法》，《光明日报》1986 年 8 月 13 日第 3 版；王先明：《论社会史研究的对象》，《河北学刊》1990 年第 2 期。

② 陈旭麓：《略论中国近代社会史研究》，《华东师范大学学报》1989 年第 5 期；张静如：《以社会史为基础深化党史研究》，《历史研究》1991 年第 1 期。

③ 赵世瑜：《再论社会史的概念问题》，《历史研究》1999 年第 2 期；定宜庄：《"新""旧"夹击之下的中国社会史》，《中国社会科学院院报》2006 年 2 月 28 日。

④ 参见杨念群《空间·记忆·社会转型——"新社会史"研究论文精选集》，上海人民出版社 2001 年版；孙江《后现代主义、新史学与中国语境》，载杨念群等编《新史学》，中国人民大学出版社 2003 年版。

社会史研究虽已较为成熟，但在细节方面仍有待完善。如关于秦代婚姻家庭的论述便稍显不足，对民间组织的研究亦需深入，社会群体考察中应关注官吏与农商，建筑与居住情况仍要进一步厘清。而这些问题的解决既有赖于传世文献的细致解读，更离不开出土材料的补充印证。简牍日书便因此具有了不可替代的作用，它以历史中的个体存在为受众，显得生动鲜活又贴近现实。若能以之为线索来思考秦汉社会，当可以刷新视角并有所收获。此外，在研究过程中还应加以宏观把握，避免"见物不见人"之片面现象描述①，将时人生活状况与历史环境有机结合，同时关注到社会问题、社会交往、社会分化、社会整合等抽象课题。更需不断拓宽研究领域，善于借鉴社会学的理论方法，并可受惠于人类学、民俗学等整个社会科学②，甚至是自然科学。

在可以借鉴的社会科学之中，人类学尤为值得关注。这种跨学科的尝试较早见于考古学与人类学的结合。张光直即以为如果企图建立全人类通用的理论，那么把人类文化的全部变异形态都拿来研究是绝对必要的。一种综合性的人类学到今天还是深入探索人类自己的工具。③因此他不断呼吁考古工作者熟读民族学，了解社会人类学的方法。陈星灿亦以为中国考古学具有人类学传统，即运用人类学的材料、观点及方法来解决考古学的问题。其中包括两方面的含义，一是在具体问题的研究中广泛征引民族志文献，用以解释考古遗存的文化现象；二是综合考古学与民族志中的同类现象，对文化进程或某种文化现象的起源、演变过程进行总结，从而抽象出一般规律性的认识。而这种传统表现为对汉族民俗的关注、对周边少数民族的调查研究、对人类学一般文献的征引及与考古学材料的对比分析、对民族志类比分析方法的认识与强调。④然考古学与人类学的结合并非简单的材料套用。张光直以为同样形式的东西在社会中不一定扮演同样的角色，故若要使用人类学的材料，必须先把它在现代民族社会里的角色了解清楚，对它做一番功能性、系统性的研究，这样才能把它与古代社会里的各方面契合起来，把所解释的对象与它的社会环境、文化环境广泛联系起

---

① 闫爱民：《20 世纪以来的秦汉日常生活研究》，《中国史研究动态》2017 年第 5 期。
② 陆震：《关于社会史研究的学科对象诸问题》，《历史研究》1987 年第 1 期。
③ 张光直：《古代中国及其在人类学上的意义》，《史前研究》1985 年第 2 期。
④ 陈星灿：《试论中国考古学的人类学传统》，《云南社会科学》1991 年第 4 期。

来，解释的说服力也就增强了。① 如此则历史学也可与人类学有机结合。萧凤霞即以为历史学与人类学有几个共同点，一是研究他者，历史学是研究不同时间中的他者，人类学则多半是从不同地点来研究；二是语境研究；三是要经过阐释，与文学理论有关。且历史学可以透过一些事件来关注大问题与结局，人类学虽同样是看一点、一个事件，但焦点却落在这个事件到底是怎样一层层做成的。② 是知在历史学与人类学的结合中需要格外关注时间维度。而所谓"历史人类学"，雅各布·坦纳以为其是研究以经验为核心的具体的人的历史，并把人的肉体性、思想感情素质及社会实践放到认识兴趣的中心位置上。而历史人类学家偏爱进行细节翔实的、突出人的主体与社会互动的"内在方面"的历史编纂。③ 还有所谓"文化人类学"，何星亮以为其方法论是实证论、整体论、主客二元论，而研究某种文化必须熟悉文化空间结构与心理层、社会层、物质层之间的关系，以及文化核心理念对其他文化的影响与渗透，并需关注传统思维结构对文化的影响。④

总体来看，日书作为秦汉社会的生动反映，对其所做之研究便格外需要借鉴社会史的思路，兼顾微观与宏观两个方面，既厘清秦汉社会之细节，亦把握历史时代之脉动。而简牍日书作为出土材料，更应有别于传统文献的解读模式，可引进人类学的观察视角，吸取其与考古学结合之有益经验，并关注到历史学、文化学的研究侧重。曾磊即尝试过从文化人类学角度对精怪畏铁的现象加以解读，并运用睡虎地秦简《日书》中的相关材料辅以论证。⑤ 故从文本、数术、社会三个角度来考察日书，并结合日书材料之外的传世文献、民族与宗教等材料，秦汉时期的下层社会生活终得以一个崭新而鲜活的面貌呈现在我们面前，其深刻反映出秦汉社会的精神面貌与历史地位，值得我们在未来进一步探求。

---

① 陈星灿：《中国考古向何处去——张光直先生访谈录》，《华夏考古》1996 年第 1 期。

② ［美］萧凤霞、［美］包弼德等：《区域·结构·秩序——历史学与人类学的对话》，《文史哲》2007 年第 5 期。

③ ［瑞士］雅各布·坦纳：《历史人类学导论》，白锡堃译，北京大学出版社 2008 年版，第 83—84 页。

④ 何星亮：《文化人类学调查与研究方法》，中国社会科学出版社 2017 年版，第 120—130 页。

⑤ 曾磊：《蛟龙畏铁考原》，《中国史研究》2019 年第 4 期。

附录　简牍日书涉及行为表①

分类		行为	判断	日名	出处
大	小				
婚姻家庭	嫁娶	娶妻	利	建日	九店·建除
			可	平日	放甲·建除
			可		放乙·建除
			可以		睡甲·秦除
			利	嬴、阳之日	睡乙·除
			可以	收日	孔家坡·建除
			不可	离日	周家寨·根山禹之离日
			妻悍	陷庚	港中文藏·陷日
		娶妇	不可	子朔巳亥，丑朔子午，寅朔子午，卯朔丑未，辰朔丑未，巳朔寅申，午朔寅申，未朔卯酉，申朔卯酉，酉朔辰戌，戌朔辰戌，亥朔巳亥	放乙·反支

---

① 该表统计内容，为求行文简洁，表中出处均使用简称。即《九店楚简》简称"九店"，《秦简牍合集》中放马滩秦简甲、乙种简称"放甲""放乙"，睡虎地秦简甲、乙种简称"睡甲""睡乙"，周家台秦简简称"周家台"，岳山秦简简称"岳山"，《江陵王家台15号秦墓》简称"王家台"《随州孔家坡汉墓简牍》简称"孔家坡"，《湖北随州市周家寨墓地 M8 发掘简报》简称"周家寨"，《居延新简、敦煌汉简中的"日书"残简》、《敦煌悬泉汉简释粹》、《武威汉简》、《水泉子汉简初识》、《疏勒河流域出土汉简》分列简称编号，"敦煌""悬泉""武威""水泉子""疏勒河"，《阜阳汉简简介》简称"阜阳"，《尹湾汉墓简牍》简称"尹湾"，《印台汉简〈日书〉初探》简称"印台"，《香港中文大学文物馆藏简牍》简称"港中文藏"。

续表

分类		行为	判断	日名	出处
大	小				
婚姻家庭	嫁娶	娶妇	利	阴日	睡甲·除
			可		睡乙·秦
			吉	小彻之日	周家台·戎历日（一）
			可以	平日	孔家坡·建除
			不可	入月旬一、七日及庚、辛巳	周家寨·嫁女
			不可	戊、丑、辰、未	水泉子·封三：4
			不到	虚	印台·23
		嫁子	利	城日	九店·建除
			利	阴日	睡甲·除
			吉	作、阴之日	睡乙·除
		嫁女	利	敫日	九店·建除
			不可	子朔巳亥，丑朔子午，寅朔子午，卯朔丑未，辰朔丑未，巳朔寅申，午朔寅申，未朔卯酉，申朔卯酉，酉朔辰戌，戌朔辰戌，亥朔巳亥	放乙·反支
			可	阴	睡甲·稷辰
			不可以	彻	睡乙·秦
			吉	小彻之日	周家台·戎历日（一）
			可以	平日	孔家坡·建除
			不可	离日	周家寨·根山禹之离日
			不可	戊、丑、辰、未	水泉子·封三：4
			可；男子爱	奎	印台·17
			不可	陷己	港中文藏·陷日
		出女	不可	杀日	放乙·帝
			不可	七星	睡甲·星
			不可		睡乙·官
		出妇	其夫不出三岁死	壬辰、癸巳	周家寨·嫁女
		内妇	毋；不宜姑公	亥	武威·日忌丙

分类大	分类小	行为	判断	日名	出处
	生育	夫妻同衣	毋	正月上旬午，二月上旬亥，三月上旬（申），四月上旬丑，五月上旬戌，六月上旬卯，七月上旬子，八月上旬巳，九月上旬寅，十月上旬未，十一月上旬辰，十二月上旬酉（丑）	睡甲·行
					睡乙·行
		作女子事	必死	月生一日、十一日、廿一日	睡甲·作女子
		合男女	不可	入月二旬三日	周家寨·嫁女
婚姻家庭	家室	生子	无弟，如有弟，必死	结日	九店·丛辰
			无弟，有弟必死		睡甲·除
			年	墅、外阴之日	睡乙·除
			不弟	辛卯	岳山·生子
			美且长，贤其等	秀日	孔家坡·□
			大吉	端时	尹湾·刑德行时
			老为人治之	危	印台·5
		生男女	必□	平、达之日	睡乙·除
		产子	不死，必为上君	子；三日、二月五日	周家寨·禹汤生子占
		徙家	不利	叛日	九店·建除
		徙家室	利	宁日	九店·建除
		徙	大吉	正月五月九月；北	睡甲·徙
			死	庚子……□寅辰北	睡乙·徙忌
		迁徙	不可	亥	孔家坡·忌日
		为室家	利	阴日	九店·丛辰
		家室	利		睡甲·除
		纳室	利	交日	九店·丛辰
			利；必入资货	作、阴之日	睡乙·除
		入室	可以	收日	睡甲·秦除
			可以		孔家坡·建除
			不可以；卒岁中必有死者	招摇：牵牛、亢、舆鬼、娄	印台·14

续表

分类 大	分类 小	行为	判断	日名	出处
		居室	利	阴	睡甲·稷辰
			利		睡乙·秦
			可以	闭日	孔家坡·建除
		居处	可以	收日	放甲·建除
			可以		放乙·建除
		分异	利	离日	睡甲·艮山
			可		孔家坡·离日
			可		周家寨·根山禹之离日
		去父母同生	异者焦窭，居癃	戊午	睡甲·去父母同生
		就	同居必窭	丙申	睡甲·去父母同生
	寄居	寓人	夺之室	□日	九店·丛辰
			不可；必代居室	戊辰、己巳、辛酉、辛卯、己未、庚午	睡甲·去父母同生
			人必夺其室	窨、罗之日	睡乙·除
		寄人	寄人必夺主室	结日	睡甲·除
		入寄人	毋；寄人反寄之	戊辰、己巳	睡乙·寄人室
		入寄者	不可	阴	睡甲·稷辰
			毋；入之所寄之	戊辰、己巳	睡乙·杂忌
		出寄者	利	晦日	睡甲·晦日朔日
		赐客	可	平日	放甲·建除
			可		放乙·建除
		入客	不可；必代居室	戊辰、己巳、辛酉、辛卯、己未、庚午	睡甲·去父母同生
			夺主人家	阴日	孔家坡·□
		召客	毋；不闹若伤	酉	武威·日忌丙
信仰风俗	祭祠	祭祀	利	建日	九店·建除
			利	阴日	睡甲·除
			不可	日辰星	阜阳·日书
		祭门行	享之	交日	九店·丛辰
			吉		睡甲·除
		祭上下	吉	达日	睡甲·除

续表

分类		行为	判断	日名	出处
大	小				
		大祭	利	禾日	九店·丛辰
			吉	秀日	睡甲·除
		小祭	利	坒、外阴之日	睡乙·除
		为小红	可以	蒯日	九店·建除
		为上下之祷祠	□神享祇，乃盈其志	阳日	九店·丛辰
		祷祠	不可以	杀日	睡甲·帝
			可以		孔家坡·建除
		祝祠	可以	建日	放甲·建除
			可以		放乙·建除
		祠祀	不可	杀日	放乙·帝
			不可	敫	睡甲·稷辰
			不可以		孔家坡·□
			不可	戊、丑、辰、未	水泉子·封三：4
			利	子、丑、寅、卯	港中文藏·稷辰
		祠	不可	冲日	睡乙·徐
			不可以	虚	印台·23
		祠门	良日	甲申、庚申、壬申	放乙·门户
			吉	甲申、辰，乙亥、丑、酉、（丁酉）	睡乙·祠五祀
			良日		岳山·祠日
		祠外	利	禹	睡甲·稷辰
			利	㝵	睡乙·秦
		祠父母	良日；不出三月有大得，三乃五	乙丑、乙亥、丁丑亥、辛丑、癸亥	睡甲·良日
		祠大父	良日	己亥、癸亥、辛丑	岳山·祠日
		祠亲	吉	乙丑	睡乙·祠
		祠行	良日；是天昌，不出三岁必有大得	庚申	睡甲·良日
			吉	甲申，丙申，戊申，壬申，乙亥	睡乙·祠五祀
		祠史先	龙	丙望	睡甲·祠
			龙		睡乙·祠史先

续表

分类		行为	判断	日名	出处
大	小				
		祠巫	勿	乙巳	岳山·祠日
		祠（田大人）	勿	丁亥	岳山·祠日
		祠百鬼	不可以	五子	孔家坡·五子
		祠室中	吉	辛丑、癸亥、乙酉、己酉	睡乙·祠五祀
		祠户	吉	壬申、丁酉、癸丑、亥	睡乙·祠五祀
		祠灶	良日	乙丑、酉、未、己丑、酉、癸丑、甲辰	岳山·祠日
		大祠	以大牲大凶，以小牲小凶，以腊古吉	正月、五月、九月之丑，二月、六月、十月之戌，三月、七月、（十一月）之未，四月、八月、十二月之辰	睡甲·毁弃
			勿		睡乙·作事
		巫	不可以	五丑	睡甲·弦望
		卜筮	毋	子	睡甲·十二支忌
			毋		睡乙·杂忌
		卜算	不可	辰	睡乙·圂忌日
		聚畜生	毋	正月上旬午，二月上旬亥，三月上旬（申），四月上旬丑，五月上旬戌，六月上旬卯，七月上旬子，八月上旬巳，九月上旬寅，十月上旬未，十一月上旬辰，十二月上旬酉（丑）	睡甲·行
		聚具畜生	毋		睡乙·行
	解除	解凶	利	□日	九店·丛辰
		解事	利	危阳	睡甲·稷辰
			利		孔家坡·□
		除凶厉	利	害日	睡甲·除
		除不祥	利	□日	九店·丛辰
		说不祥	利	害日	睡甲·除
		百不祥	利	□□	睡甲·除
		送鬼	可以	舆鬼	睡甲·星
			可以		睡乙·官

续表

分类		行为	判断	日名	出处
大	小				
结约		结言	利	城日	九店·建除
			利	怨、结之日	睡乙·除
		结	不释	牵牛	睡甲·星
			易释	虚	印台·23
		成言	利	城日	九店·建除
		彻言君子	可以		放甲·建除
			可以	除日	放乙·建除
			可以		孔家坡·建除
		说盟诅	利	绝日	九店·丛辰
			利	□□	睡甲·除
			利	窨、罗之日	睡乙·除
		为好事	利	小彻之日	周家台·戎历日（一）
		见人	利	敀日	九店·建除
			不可	子朔巳亥，丑朔子午，寅朔子午，卯朔丑未，辰朔丑未，巳朔寅申，午朔寅申，未朔卯酉，申朔卯酉，酉朔辰戌，戌朔辰戌，亥朔巳亥	放乙·反支
			利	达日	睡甲·除
			利	赢、阳之日	睡乙·除
			利	秀日	孔家坡·□
			小吉	端时	尹湾·刑德行时
		见邦君	不吉，亦无咎	阴日	九店·丛辰
		见君上	数达，无咎		睡甲·除
		见公王与贵人	利	不吉日	九店·不吉日
		往见贵人	□	甲午、庚午	放乙·往见贵人
		朝见，有告，听。晏见，有告，不听。昼见，有美言。日厬见，令复见之。夕见，有美言		子	睡甲·吏

续表

分类		行为	判断	日名	出处
大	小				
		请谒	得	开日	睡甲·秦除
			利	平、达之日	睡乙·除
			可以	开日	孔家坡·建除
			小吉	端时	尹湾·刑德行时
		求	必得之	戊子	睡甲·求
		有求	可	春三月戌、夏丑、秋三月辰、冬未	睡乙·四敫日
		除疾	利	□日	九店·丛辰
			利	五寅	孔家坡·五子
		瘅疾	死	除日	放甲·建除
			死		放乙·建除
		有疾	难瘳	盈日	放甲·建除
			难起		睡甲·秦除
	疾病		辰小瘳，午大瘳，死生在申，黑肉从北方来，把者黑色，外鬼父世为祟，高王父谴谪，豕□	子	睡乙·十二支占
			赤色当日出死，不赤色壬有瘳，癸汗	丙丁	王家台·病
			不起	盈日	孔家坡·建除
		见疾	不死	卯；东	睡甲·十二支占行
		弃疾	利	窖、罗之日	睡乙·除
		问疾	人必反代之	辛亥、辛卯、壬午	周家寨·死失
			不可以；人必反代之		孔家坡·报日
		疾者	不死	端时	尹湾·刑德行时
		问病者	必代病	酉、午、巳、寅	睡乙·病
			□	辛亥、卯、壬午	岳山·报日
		以女日病，以女日瘳，必女日复之		午、未、申、丑、亥、辰	放甲·刚柔日
					放乙·刚柔日（一）

续表

分类		行为	判断	日名	出处
大	小				
		有瘧病	不死	除日	睡甲·秦除
			死		孔家坡·建除
		有病	不五日及七日瘳，鸡鸣病死	子	王家台·病
		除病	利	卯、辰、巳、午、未、申、酉、戌、亥、子、丑、寅	印台·15
		女日死，女日葬，必复之		午、未、申、丑、亥、辰	放甲·刚柔日
					放乙·刚柔日（一）
		死	必五人	五月东井	睡乙·官
			先西北五六步，小子也，取其父；大人也，不去，必伤其家	庚午日中	王家台·死
			有毁		孔家坡·□
			其咎在里中，必见血	子	周家寨·死失
		葬	利	窨、罗之日	睡乙·除
			可以	正阳	孔家坡·□
		葬埋	可	正阳	睡甲·稷辰
		饮药	□□□	除日	睡甲·秦除
			可以		孔家坡·建除
			利	卯、辰、巳、午、未、申、酉、戌、亥、子、丑、寅	印台·15
			可以	卯、巳、未、酉、亥、丑	水泉子·封三：5
			毋；必得之毒	未	武威·日忌丙
		外除	可以	敫	睡甲·稷辰
			利		孔家坡·□
		有细丧，□□殃		敫	睡乙·秦
		举丧	不可；出入三月，必复有丧	辰	孔家坡·忌日
		入丧	不可；不出三年有人三死亡	丁丑	悬泉·死

续表

分类大	小	行为	判断	日名	出处
		哭	不可以；且有二丧	辰	睡乙·圂忌日
		哭泣	勿；不出三月复哭		悬泉·死
		穿羼	不可以；且有二丧		睡乙·圂忌日
		穿	不可；不出三月有五丧		悬泉·死
		宁人	不可；人反宁之	辰辛（亥）、辛卯、壬午	睡乙·圂忌日
			人必宁之		岳山·报日
			不可以		孔家坡·报日
			不可以；人必反代之		周家寨·死失
		贺人	人必贺之		岳山·报日
			利；人必反贺之		孔家坡·报日
			利；必反贺之		周家寨·死失
日常生活	建筑	筑室	利	建日	九店·建除
			不可；凶	春子、夏卯、秋午、冬酉	放乙·土功（二）
			不可以；筑大内，大人死。筑右序，长子妇死。筑左序，中子妇死。筑外垣，孙子死。筑北垣，牛羊死	室日	睡甲·帝
			勿；大主死、癃，弗居	春三月庚辛，夏三月壬癸，秋三月甲乙，冬三月丙丁	睡乙·室忌
			可	娄	孔家坡·星官
		筑宫室	利	盈日	放甲·建除
			可以		睡甲·秦除
			可以		孔家坡·建除
		筑门	良日	壬申、午、甲申；南	放乙·门

续表

分类		行为	判断	日名	出处
大	小				
日常生活	建筑	筑大室内	不可；大人死之	四时帝为室日殿	放乙·帝
		筑右序	长子……		放乙·帝
		筑宫垣	孙子死		放乙·帝
		筑外垣	牛马及羊死之		放乙·帝
		立社稷	利	建日	九店·建除
		为门肤	利	盍日	九店·建除
		为门	不可；其筑日必有丧过之，必以壬午筑之	午；南	放乙·为门
			吉	亢	睡甲·星
			四月毕		睡乙·官
			吉	四月毕	孔家坡·星官
			长女死	七月午	印台·7
		为户牖	不可	入月七日及冬未、春戌、夏丑、秋辰	睡甲·门
		申户牖	利	交日	九店·丛辰
		穿户牖	不可；相夺日光，长子失明	丑	孔家坡·忌日
		开门窦	不可	宿值胃、氐	放乙·门
		除门户	毋；害于骄母	丑	睡甲·十二支忌
		穿门户	毋；不见其光		睡乙·穿户忌
		傅户	毋	子、丑	睡甲·傅户
		凿井	利	交日	九店·丛辰
			利		睡甲·除
			□□	建、交之日	睡乙·除
		穿地井	到膝，少子死。到腰，中子死。到腋，长子死，到颈，妻死。没人，母父死	寅、巳、申、亥、卯、午、酉、子、辰、未、戌、丑	放乙·土功（二）
		穿井	可以	敫	睡甲·稷辰
			利		睡乙·秦
			可以	卯、巳、未、酉、亥、丑	水泉子·封三：5

分类		行为	判断	日名	出处
大	小				
日常生活	建筑	穿井、沟、窦	利		孔家坡·□
		行水事	利；吉	交日	九店·丛辰
		行水	吉		睡甲·除
			利		孔家坡·□
			可以	卯、巳、未、酉、亥、丑	水泉子·封三：5
			陷庚		港中文藏·陷日
		破水	利	破日	放甲·建除
			利		放乙·建除
		除渠	陷庚		港中文藏·陷日
		为府	可以	定日	放甲·建除
			可以		放乙·建除
			可以		孔家坡·建除
		为官府	可以		睡甲·秦除
		为室	不可；凶，不死必亡	己酉	放乙·土功（一）
			可以	九月房	睡乙·官
			不可	乙、丙丁、四废日冲之日	港中文藏·帝篇
		为室屋	可	房	睡甲·星
			可		孔家坡·星官
		为室筑	不可	东壁；东方	印台·19
		为屋	不可	辰	睡乙·圂忌日
		覆室盖屋	不可	秀	睡甲·稷辰
		覆室	□□□□□□不可	穗	睡乙·秦
		覆屋	不可以	四废日	睡甲·帝
		覆内	利	三月胃	孔家坡·星官
			不可	乙、丙丁、四废日冲之日	港中文藏·帝篇
		盖屋	不可；凶	三月庚辛，六月壬癸，九月乙甲，十二月丙丁	放乙·日冲
			可以	敫	睡甲·稷辰
			利		睡乙·秦
			利		孔家坡·□

续表

分类		行为	判断	日名	出处
大	小				
日常生活	建筑		可以	卯、巳、未、酉、亥、丑	水泉子·封三：5
			毋；必见火光	午	武威·日忌丙
			吉	良日	港中文藏·良日
		盖室	不可	八月角	睡乙·官
			不可	五酉	孔家坡·五子
		起室	毋；有以者大凶，必有死者	春三月；东向	睡甲·起室
		除室	百虫弗居	庚申、丁酉、丁亥、辛卯	睡乙·室忌
		坏彻	利	三月庚辛，六月壬癸，九月乙甲，十二月丙丁	放乙·日冲
		彻屋	不可	入月七日及冬未、春戌、夏丑、秋辰	睡甲·门
		治宅	毋；不居必荒	甲	武威·日忌乙
		陂堨	可以	闭日	放甲·建除
			可以		放乙·建除
		破堤	可以		孔家坡·建除
		劈决池	可以		睡甲·秦除
		□井池	不可	卯	睡甲·十二支忌
		兴垣	不可；凶	三月庚辛，六月壬癸，九月乙甲，十二月丙丁	放乙·日冲
		坏垣	不可；妻必死	丙子	放乙·土功（一）
			不可；必有死者	入月七日及夏丑、秋辰、冬未、春戌	睡甲·土忌（一）
			可以	破日	孔家坡·建除
		初垣	不可；必死，不久	丁巳	放乙·土功（一）
		用垣宇	闭货贝	入月五日，月不尽五日	睡甲·室忌
		毁垣	其家日减	入月十七日	睡甲·土忌（二）
			其室日减	入月旬七日	睡乙·圂忌日
		垣墙	申、酉□		睡乙·室忌
		垣	长女死	七月午	印台·7

续表

分类		行为	判断	日名	出处
大	小				
		上材	不可；凶	三月庚辛，六月壬癸，九月乙甲，十二月丙丁	放乙·日冲
		为祠	不可；凶		放乙·日冲
		大会	不可；凶		放乙·日冲
		伐木	不可	四月中	放乙·伐木忌（一）
			不可	入月七日及冬未、春戌、夏丑、秋辰	睡甲·门
			可以	其忌，甲戌、乙巳、癸酉、丁未、癸丑、□□□□□寅、己卯	睡乙·良日
		可以	可以	破日	孔家坡·建除
		伐室中树木	不可	□□□□亥	睡乙·杂忌
		之山谷新以材木及伐空桑	不可	丁未、癸亥、酉、甲寅、五月申	放乙·伐木忌（三）
		上山	不可；斧斤不折，四肢必伤	未	孔家坡·忌日
		树木	死	正月丑、二月戌、三月未、四月辰、五月丑、六月戌、七月未、八月辰、九月丑、十月戌、十一月未、十二月辰	睡甲·土忌（一）
		树宫中	不可；树产人死	五未	孔家坡·五子
		斩大木	毋；必有大殃	未	睡甲·十二支忌
		为床	不可以；必以殡死人	戌	睡甲·避忌
		埋谷	不可；妻必死	丙子	放乙·土功（一）
		实事	利	交日	睡甲·除
		除地	□□□	除日	睡甲·秦除
		破地	勿	冬三月之日	睡甲·土忌（二）
		凿地	不可	正月丁，九月庚，十月辛	孔家坡·土功
		凿宇	利	窘、罗之日	睡乙·除
		益地	不可	日辰星	阜阳·日书
	服饰	带剑	利	建日	九店·建除
			不可	入月十四日、十七日、廿三日	放乙·衣
			利	复、秀之日	睡乙·除

分类		行为	判断	日名	出处
大	小				
服饰		冠	利	建日	九店·建除
			吉	秀日	睡甲·除
			利	复、秀之日	睡乙·除
			可以	六月柳	孔家坡·星官
		冠带	不可	子朔巳亥，丑朔子午，寅朔子午，卯朔丑未，辰朔丑未，巳朔寅申，午朔寅申，未朔卯酉，申朔卯酉，酉朔辰戌，戌朔辰戌，亥朔巳亥	放乙·反支
			可以	甲子、乙丑	睡乙·杂忌
			可	建日	孔家坡·建除
		服带	吉	秀日	睡甲·除
		制衣裳、䋲褋	利	盍日	九店·建除
		制衣裳	以西又以东行，以坐而饮酒，矢兵不入于身，身不伤	丁酉	睡甲·衣
			利	盖、绝纪之日	睡乙·除
		制衣冠	不可	入月十四日、十七日、廿三日	放乙·衣
		制衣	可以	丙辰、庚辰、辛未、乙酉、甲辰、乙巳、己巳、辛巳	岳山·衣
		制布虘	利	盍日	九店·建除
		制冠带	君子益事	赢、阳之日	睡乙·除
		折衣裳	吉	秀日	睡甲·除
		寻衣裳	可		睡甲·稷辰
		衣新衣	良日	乙丑、丁卯、庚午、辛酉、己巳、壬子	放甲·衣
			良日		放乙·衣
		始被新衣	毋；衣手□必死	楚九月己未	睡甲·衣
		褐新衣	不可以；必死	六月己未	睡甲·衣良日
		裁衣	良日	丁丑、丁巳、乙巳、己巳、癸酉、乙亥、乙酉、己丑、己卯、辛亥	放甲·衣
			良日		放乙·衣

分类大	分类小	行为	判断	日名	出处
饮乐		财衣	媚人	丁丑	睡甲·衣良日
		为复衣	毋	八月、九月丙、辛、癸丑、寅、卯	岳山·衣
		佩玉	必衣丝		孔家坡·裁衣
		表紝	不利出入	戊子	悬泉·263
		饮食	毋；不烦必亡	申	武威·日忌丙
			不可	五月六月	睡甲·衣良日
			利	敀日	九店·建除
			利	禾日	九店·丛辰
			利	窆日	九店·丛辰
			利	夬光日	睡甲·除
		饮乐	毋	正月上旬午，二月上旬亥，三月上旬〔申〕，四月上旬丑，五月上旬戌，六月上旬卯，七月上旬子，八月上旬巳，九月上旬寅，十月上旬未，十一月上旬辰，十二月上旬（酉）	睡乙·行
		食六畜			
		食六畜牲	不可以		孔家坡·□
		食新禾黍	利	除日	睡甲·秦除
		歌乐鼓舞	不可	昴	睡甲·星
				三月卯	睡乙·官
			不可	昴	孔家坡·星官
			不可	五巳	孔家坡·五子
		歌乐	人死之	子朔巳亥，丑朔子午，寅朔子午，卯朔丑未，辰朔丑未，巳朔寅申，午朔寅申，未朔卯酉，申朔卯酉，酉朔辰戌，戌朔辰戌，亥朔巳亥	放乙·反支
		登高	利	秀	睡甲·穆辰
			秀日		孔家坡·□
			利	夬光日	睡甲·除

续表

分类		行为	判断	日名	出处
大	小				
出行	出行	远行	久	外阴日	九店·丛辰
			凶；正月壬子死亡		放乙·远行凶
			毋	正月上旬午，二月上旬亥，三月上旬申，四月上旬丑，五月上旬戌，六月上旬卯，七月上旬子，八月上旬巳，九月上旬寅，十月上旬未，十一月上旬辰，十二月上旬酉	睡甲·行
			不可；远行不返	壁、外阴之日	睡乙·除
			利	大彻之日	周家台·戎历日（一）
			不可	临日	孔家坡·临日
		行	不可；行远，必执而于公	执日	放甲·建除
			亡	丙寅、丁卯、壬戌、癸亥	放乙·归行
			有喜	端时	尹湾·刑德行时
			利	奎	印台·17
		大行	龙日；不可以行及归	丙、丁、戊、己、壬、戌、亥	放乙·归行
			毋	正月上旬午，二月上旬亥，三月上旬（申），	睡甲·行
			毋	四月上旬丑，五月上旬戌，六月上旬卯，七月上旬子，八月上旬巳，九月上旬寅，十月上旬未，十一月上旬辰，十二月上旬酉（丑）	睡乙·行
		归	死	丙寅、丁卯、壬戌、癸亥	放乙·归行
			死	入正月七日，入二月四日，入三月廿一日，入四月八日，入五月十六日，入六月廿四日，入七月九日，入八月九日，入九月廿七日，入十月十日，入十一月廿日，入十二月卅日	睡甲·归行

续表

分类		行为	判断	日名	出处
大	小				
			死	……亥午丙申	孔家坡·归行
		久行	毋以庚午入室		睡甲·行忌（一）
					睡乙·行忌（一）
		船行	不可以	丁卯	睡甲·行忌（一）
			不可以		睡乙·行忌（一）
		长行	毋以戌、亥远去室		睡甲·行忌（二）
					睡乙·行忌（一）
		急行	以此行吉	庚□	睡乙·行忌（二）
		乘车马	不可	入月十四日、十七日、廿三日	放乙·衣
		寻车	吉	秀日	睡甲·除
			吉	□□□□□申	睡乙·初冠
		乘车	可以	建日	睡甲·秦除
			利	复、秀之日	睡乙·除
			可	建日	孔家坡·建除
集体行动	野事	为张网	利	贛日	九店·建除
		设网	得	外阳日	九店·丛辰
		以猎置网	吉	毕	睡甲·星
			吉	四月毕	睡乙·官
		熟网猎	获	成、外阳之日	睡乙·除
		鼠田邑	吝	结日	九店·丛辰
		田猎	获	外阳日	九店·丛辰
			可以		睡甲·除
			可	六月柳	睡乙·官
			可		孔家坡·星官
		田渔	利	介日	孔家坡·□
		渔	利	港中文藏·稷辰	港中文藏·稷辰
		渔猎	利	敫日	睡甲·陷日敫日
			可	爱	睡乙·秦
			利	娄	印台·13

分类		行为	判断	日名	出处
大	小				
		弋猎	利	禼	睡甲·稷辰
			利	介日	孔家坡·□
			利		孔家坡·建除
		射	可以	危日	港中文藏·稷辰
		跖四方野外	利	外阳日	九店·丛辰
			利	央光日	睡甲·除
		之四方野外	获	成、外阳之日	睡乙·除
		之四邻	必见兵	空、外遣之日	睡乙·除
	兵事	行师徒	利；得	达日	九店·丛辰
			利	平、达之日	睡乙·除
		行师出征	利	达日	睡甲·除
		出征	利；得		九店·丛辰
		外政	可以	危日	放甲·建除
			可以		放乙·建除
		入邦中	利	成日	九店·成日
		入邦	利	平、达之日	睡乙·除
		责人	可以	危日	放甲·建除
			可以		放乙·建除
			利	敫日	睡甲·陷日敫日
			得	庚申、辛酉；壬子、癸丑南	睡乙·杂忌
		责	可以		孔家坡·建除
		责执攻击	可以		睡甲·秦除
		执人	可以	危日	放甲·建除
			可以		放乙·建除
		击人	可以		放甲·建除
			可以		放乙·建除
		攻击	不可以执	除日	睡甲·秦除
			胜	作、阴之日	睡乙·除
			利	大彻之日	周家台·戎历日（一）

续表

分类		行为	判断	日名	出处
大	小				
兵事		攻军	利	髙	睡甲·稷辰
			可以	冲日	睡乙·徐
			可以	介日	孔家坡·□
		攻伐	可以	斗	睡甲·星
			可以		孔家坡·星官
		徼人攻雠	可以	觜嶲	睡甲·星
			可以		睡乙·官
		野战	利；必得侯王	秀	睡甲·稷辰
		战伐	利	彻	睡甲·稷辰
			大彻，利		睡乙·秦
			利	彻日	孔家坡·□
		报雠	利	髙	睡甲·稷辰
			利	介日	孔家坡·□
		围城	利	髙	睡甲·稷辰
			可以	介日	孔家坡·□
		入城	可以	冲日	睡乙·徐
		绝边境	利	大彻之日	周家台·戎历日（一）
作事		聚众	不利	放日	九店·建除
		起众	可	成日	放甲·建除
			可		放乙·建除
			可以		睡甲·秦除
			可以		孔家坡·建除
			不可	日辰星	阜阳·日书
		冣众	必乱者	害日	睡甲·除
		作事	不果	结日	九店·丛辰
			吉	平日	放甲·建除
			吉		放乙·建除
			不成	结日	睡甲·除
			吉	成、外阳之日	睡乙·除

续表

分类		行为	判断	日名	出处
大	小				
		行作	利	外阳日	九店·丛辰
			不可以	外害日	睡甲·除
			利	小彻之日	周家台·戎历日（一）
			不可	未	孔家坡·忌日
		作	不可以	午、辰	港中文藏·稷辰
		兴土	利	二月；西方	睡甲·作事
		起土功	不可；不死必亡	甲申、乙酉，绝天气	放甲·土功
			不可；必死亡	春乙亥、夏丁亥、秋辛亥、冬癸亥	放乙·土功（二）
			不可	正月寅、二月巳、三月申、四月亥、五月卯、六月午、七月酉、八月子、九月辰、十月未、十一月戌、十二月丑	睡甲·土忌（二）
			不可	土□月所在	孔家坡·土功
		作土功	毋	戊己	放乙·十干占行
		作土事	不可	日辰星	阜阳·日书
		操土功	不可；不死必亡	卯、丑、寅、午、辰、巳、酉、未、申、子、戌、亥	放乙·土功（二）
			毋	十一月先望日、望日、后望一日	孔家坡·土功事
		为土功	不可	土徼正月壬，二月癸，三月甲，四月乙，五月戊，六月巳，七月丙，八月丁，九月戊，十月庚，十一月辛，十二月乙	睡甲·土忌（一）
		为土事	可以	东井	睡甲·星
			可以		睡乙·官
		大事	必或乱之	□日	九店·丛辰
		作大事	不可以；不成，必毁其王，有大咎□其身，长子受其咎	五子	九店·五子
			不可以	怨、结之日	睡乙·除

续表

分类		行为	判断	日名	出处
大	小				
		起大事	利	秀日	睡甲·除
			利	成、决光之日	睡乙·除
		兴大事	可以	成日	睡甲·秦除
			可以		孔家坡·建除
		举大事	利	大彻之日	周家台·戎历日（一）
		成事	利	成日	九店·成日
		谋事	可以	城日	放甲·建除
			可以		放乙·建除
			可以		睡甲·秦除
			可以	成日	孔家坡·建除
		谋	可以	闭日	睡乙·徐
		羁谋	利	小彻之日	周家台·戎历日（一）
		起事	可以	平日	睡甲·秦除
		计数	不可	午	孔家坡·忌日
	农事	纳田邑	利	成日	九店·成日
		初田	不可	丁亥、戊戌	睡甲·田忌
			毋		睡乙·初田
		始种及获、尝	不可	子麦、丑黍、寅稷、卯菽、辰麻、戌秫、亥稻	放乙·五种忌
			不可以；其岁或弗食	丙及寅禾，甲及子麦，乙巳及丑黍，辰（麻）卯及戌菽，亥稻	睡甲·田忌
		始种获、始尝	不可以；其岁或弗食		睡乙·五种忌日
		种之及初获出入之	不可	禾忌日	睡甲·禾良日
		种	一人弗食	正月七日，二月十四日，三月廿一日，四月八日，五月十六，六月廿四日，七月九日，八月十八日，十月七日，十一月廿日，十二月卅	孔家坡·始种
		收五种	不可；一人弗尝	卯	孔家坡·忌日
		初获禾	不可	辛卯	睡甲·禾良日

续表

分类		行为	判断	日名	出处
大	小				
财产出入	奴隶	和人民	利	坪日	九店·建除
		入人民	利	成日	九店·成日
			可以	收日	睡甲·秦除
			穗		睡乙·秦
		出入人民	不可	敫	睡乙·秦
		入人	利	宁日	九店·建除
			可以	建日	睡甲·秦除
			可以	建日	孔家坡·建除
			不可	离日	周家寨·根山禹之离日
			利	娄	印台·13
		出入人	不利	其忌，丁巳、丁未、戊戌、戊辰、戊子；男子龙庚寅，女子龙丁	睡甲·良日
			不可；必斗见血	彻日	孔家坡·□
		入人奴妾	可以	闭日	放甲·建除
			可以		放乙·建除
		入奴婢	可以		孔家坡·建除
		出入奴婢	良日	乙丑辛□	EPT65·165A
		入奴	不可	戊申、丁卯、戊寅	港中文藏·稷辰
		入婢	不可	丁卯	港中文藏·稷辰
		入黔首	不可	建日	放甲·建除
			不可		放乙·建除
		入臣妾	不可	子朔巳亥，丑朔子午，寅朔子午，卯朔丑未，辰朔丑未，巳朔寅申，午朔寅申，未朔卯酉，申朔卯酉，西朔辰戌，戌朔辰戌，亥朔巳亥	放乙·反支
			利	五辰	孔家坡·五子
			大殄	癸丑、壬辰、甲寅、辛酉	印台·6
		出入臣妾	毋	申	睡甲·十二支忌
		入臣徒	可以	闭日	睡甲·秦除

续表

分类 大	分类 小	行为	判断	日名	出处
逃亡		逃人	不得	达日	九店·丛辰
			不得	□□	睡甲·除
		逃亡	不得		放甲·建除
			不得	除日	
		亡者	得十	子朔巳亥，丑朔子午，寅朔子午，卯朔丑未，辰朔丑未，巳朔寅申，午朔寅申，未朔卯酉，申朔卯酉，酉朔辰戌，戌朔辰戌，亥朔巳亥	放乙·建除
					放乙·反支
			不得	开日	睡甲·秦除
			得	憂	睡乙·秦
			不得	开日	孔家坡·建除
			不得	陷己	港中文藏·陷日
		亡人	自归	危阳	睡甲·稷辰
			不得	大彻之日	周家台·戎历日（一）
			不得	虚	印台·23
		往亡	必得，不得必死	正月七日，二月旬，三月旬一日，四月八日，五月旬六日，六月二旬，七月九日，八月旬八日，九月二旬七日，十月旬，十一月旬，十二月二旬	睡乙·亡日
	畜粟	畜六牲扰	不可以	五亥	九店·五亥
		畜大牲	可以	建日	放甲·建除
			可以		放乙·建除
		畜畜生	利	秀	睡甲·稷辰
		畜六畜	不可以	剽日	睡乙·徐
		入牲	可	盈日	放甲·建除
		入畜生	不可	月望	睡乙·朔望忌
		入六畜	可以	盈日	孔家坡·建除
		入畜产	利	秀日	孔家坡·□

续表

分类		行为	判断	日名	出处
大	小				
	畜粟	出入畜牲	不可以		孔家坡·□
		入牛	老一	牵牛	睡甲·星
			老一		睡乙·官
		出入牛	可以	甲辰	睡乙·良日
		出入鸡	可以	甲辰、乙巳、丙午、戊辰、丙辰	睡甲·良日
		入豕	不可	丙寅	岳山·杀日
		入马牛、畜牲	可以	闭日	孔家坡·建除
		氏马牛畜生尽可	可以	收日	放甲·建除
					放乙·建除
		内畜	毋；不死必亡	戊	武威·日忌丙
		产	可以	盈日	睡甲·秦除
		畜产	利	阴日	孔家坡·□
		筑闲牢	可	盈日	放甲·建除
			可以		睡甲·秦除
			可以		孔家坡·建除
		为羊牢、马厩	弗居	入月五日，月不尽五日	睡甲·室忌
		筑羊圈	可以；即入之，羊必千	春三月庚辰	睡甲·良日
		为羊圈	吉		港中文藏·稷辰
		为圂厕	长死之	己丑	睡乙·圂忌日
		为屏圂	必富	癸	睡乙·圂忌日
		藏	可以	定日	放甲·建除
			可以		放乙·建除
			可以		睡甲·秦除
			可以		孔家坡·建除
			不可	七月翼	睡乙·官
		藏盖	不可以；它人必发之	虚日	睡乙·徐

续表

分类		行为	判断	日名	出处
大	小				
畜粟		入禾粟	可以	收日	放甲·建除
			可以		放乙·建除
			可以		睡甲·秦除
		入禾粟米及为囷仓	利	胃	孔家坡·星官
			利		睡乙·官
		为囷、仓及盖	不可以	四废日	放乙·帝
		为囷	大吉	甲午、乙未、乙巳	睡甲·囷良日
			利	五子	孔家坡·五子
		囷盖	不可	乙、丙丁、四废日冲之日	港中文藏·帝篇
货物		入货	利	阴日	九店·丛辰
			可	轸	睡甲·星
					睡乙·官
			勿	□□、戊午、戊寅	孔家坡·金钱良日
		出入货	不可	敫	睡甲·稷辰
			吉	九月氐、（房）	睡乙·官
		出货	可以		孔家坡·星官
		亡货	不称	结日	九店·丛辰
		取货于人之所	利	不吉日	九店·不吉日
		舍人货于外	毋		九店·不吉日
		作卯事	不吉	外阴日	九店·丛辰
		出财	不可	杀日	放乙·帝
		出入财	不可；乃后绝	甲寅、乙卯□□□□	孔家坡·金钱良日
		入钱财	不可；人必破亡	巳	孔家坡·忌日
			利	子、丑、寅、卯	港中文藏·稷辰
		出钱财	不可	陷己	港中文藏·陷日
		内财	毋；不保必亡	乙	武威·日忌乙
		入材	利	阴日	睡甲·除
		市责彻□□□	利	除日	睡甲·秦除

分类		行为	判断	日名	出处
大	小				
	货物	贾市	利	斗	睡甲·星
			利		睡乙·官
			利		孔家坡·星官
		行贾	利		睡甲·星
			利		睡乙·官
		初市	利	戊寅、戊辰、戊申戌	睡甲·良日
政法其他	狱讼	訞事	利	坪日	九店·建除
		寇盗	利	达日	九店·丛辰
		言盗	可以；盗必得	开日	放甲·建除
			得		睡甲·秦除
			必得		孔家坡·建除
		执盗贼	利	敫日	睡甲·陷日敫日
		朝盗不得，昼夕得		子	睡乙·十二支占
		逐盗	可以	执日	孔家坡·建除
		逐捕人	可以	戌、丑、辰、未	水泉子·封三：4
		捕人	可以	危日	孔家坡·建除
		除罪	可以	除日	放甲·建除
			可以		放乙·建除
		系囚	亟出	子朔巳亥，丑朔子午，寅朔子午，卯朔丑未，辰朔丑未，巳朔寅申，午朔寅申，未朔卯酉，申朔卯酉，酉朔辰戌，戌朔辰戌，亥朔巳亥	放乙·反支
		系	亟出	秀	睡甲·稷辰
			亟出	憂	睡乙·秦
			亟出	秀日	孔家坡·□
			无罪	卯、辰、巳、午、未、申、酉、戌、亥、子、丑、寅	印台·15
		击者	毋罪	端时	尹湾·刑德行时

分类		行为	判断	日名	出处
大	小				
		殴笞人者	必辱	子朔巳亥，丑朔子午，寅朔子午，卯朔丑未，辰朔丑未，巳朔寅申，午朔寅申，未朔卯酉，申朔卯酉，酉朔辰戌，戌朔辰戌，亥朔巳亥	放乙·反支
	为官	为啬夫	可	建日	放甲·建除
			可		放乙·建除
			可以		睡甲·秦除
			可以	盈日	孔家坡·建除
			利	危	印台·5
		为小啬夫	利	盈日	放甲·建除
		为大啬夫	可	建日	孔家坡·建除
		治啬夫	可以	除日	放甲·建除
			可以		放乙·建除
		初入官	不可以	正月丑、酉，二月寅、申，三月卯、未，四月辰，五月巳、亥，六月午、戌，七月卯、未，八月申、寅，九月酉、丑，十月戌，十一月辰、巳，十二月巳、亥	放乙·归行
		入官	吉，必七徙	子丑	睡甲·入官
			吉	寅、巳	睡乙·入官
			吉	寅、巳、子、丑	孔家坡·入官
			不可	乙、丙丁、四废日冲之日	港中文藏·帝篇
		入官视事及举百事	凶	壬癸亥子	敦煌·2369
			凶		疏勒河·882
		徙官	十徙	子朔巳亥，丑朔子午，寅朔子午，卯朔丑未，辰朔丑未，巳朔寅申，午朔寅申，未朔卯酉，申朔卯酉，酉朔辰戌，戌朔辰戌，亥朔巳亥	放乙·反支
			利	秀	睡甲·稷辰
				秀日	孔家坡·□

分类		行为	判断	日名	出处
大	小				
		临官莅政	相宜也	秀	睡甲·稷辰
			是谓贵胜贱	甲子到乙亥	睡乙·入官
			相宜		孔家坡·□
		免	复事	秀	睡甲·稷辰
			事		孔家坡·□
	观念		无为而可，名之曰死日	绝日	九店·丛辰
			无可以有为殹	破日	放甲·建除
					放乙·建除
			无可以有为也		睡甲·秦除
			不利有为也	穷日	周家台·戎历日（一）
			它毋可有为	破日	孔家坡·建除
			居有食，行有得	窆日	九店·丛辰
				夬光日	睡甲·除
				成、决光之日	睡乙·除
			可取，不可予	禹	睡甲·稷辰
				夓	睡乙·秦
				介日	孔家坡·□
	其他	填穴	鼠弗居	正月壬子	放甲·填穴
		塞穴置鼠、墅困	可	十二月子	放甲·塞穴置鼠墅困日
			可		放乙·塞穴置鼠墅困日
		燔园中犬屎	犬弗昵	癸未、酉、庚申、戌、己	放甲·犬忌
			犬弗昵		放乙·犬忌
		燔粪	不可	庚辰、壬辰、癸未	睡甲·避忌
		杀六畜	勿	杀日	放乙·帝
			勿		睡甲·帝
			不可	戊、丑、辰、未	水泉子·封三：4
		杀畜生见血	人死之	子朔巳亥，丑朔子午，寅朔子午，卯朔丑未，辰朔丑未，巳朔寅申，午朔寅申，未朔卯酉，申朔卯酉，酉朔辰戌，戌朔辰戌，亥朔巳亥	放乙·反支

续表

分类		行为	判断	日名	出处
大	小				
		杀六畜见血	不可	三日	EPT58·21
		杀牛	不可	牵牛	睡甲·星
			不可		睡乙·官
			不可	戊午	孔家坡·杀日
		杀牲	必五牲死	东井	睡甲·星
			必五牲死		睡乙·官
		杀犬	有妻子，毋；有殃	己巳、壬寅	睡甲·良日
			不可；不隐妻子	壬辰、壬戌	岳山·杀日
			可以	乙丑	孔家坡·杀日
		杀豕	其肉未索必死	入月七日及夏丑、秋辰、冬未、春戌	睡甲·土忌（一）
			不可；不隐人民	丙辰、丁未	岳山·杀日
			不可	壬辰	孔家坡·杀日
		杀羊	不可；不隐货	丙午	岳山·杀日
		杀鸡	不可；不利田邑	辛	岳山·杀日
			不可	子	孔家坡·杀日
		杀产	必五产	五月东井	孔家坡·星官
		始杀	可以	介日	孔家坡·□
		雨	霁	秀	睡甲·稷辰
			日也	敫	睡乙·秦
			霁	秀日	孔家坡·□
		沐浴	毋	卯	睡甲·十二支忌
		渍米为酒	可以；酒美	酉	睡甲·十二支忌
		学书	利	怨、结之日	睡乙·除
		学人	利	陷庚	港中文藏·陷日
		梦被黑裘衣冠，喜，入水中及谷，得也		甲乙	睡乙·梦
		失火	去不祥	甲	睡乙·失火
		毁器	可以	破日	孔家坡·建除
		宁史	可以	十月心	孔家坡·星官

续表

分类		行为	判断	日名	出处
大	小				
		攻石玉	不可；石玉不出，人必破亡	申	孔家坡·忌日

参考文献

一 传世文献

（汉）班固：《汉书》，中华书局 1962 年标点本。

陈鼓应：《老子注译及评介》，中华书局 2009 年版。

（清）陈立撰，吴则虞点校：《白虎通疏证》，中华书局 1994 年版。

（汉）崔寔著，石声汉校注：《四民月令校注》，中华书局 2013 年版。

（南朝宋）范晔：《后汉书》，中华书局 1965 年标点本。

高亨：《商君书注译》，清华大学出版社 2011 年版。

（汉）高诱注：《吕氏春秋》，上海书店 1986 年版。

何宁：《淮南子集释》，中华书局 1998 年版。

（汉）桓谭著，朱谦之校辑：《新辑本桓谭新论》，中华书局 2009 年版。

黄晖：《论衡校释》，中华书局 1990 年版。

（汉）贾谊著，阎振益、钟夏校注：《新书校注》，中华书局 2000 年版。

黎翔凤撰，梁运华整理：《管子校注》，中华书局 2004 年版。

刘俊文：《唐律疏议笺解》，中华书局 1996 年版。

（清）阮元校刻：《十三经注疏》，中华书局 2009 年影印本。

（汉）司马迁：《史记》，中华书局 1959 年标点本。

（清）孙星衍等辑，周天游点校：《汉官六种》，中华书局 1990 年版。

汪荣宝撰，陈仲夫点校：《法言义疏》，中华书局 1987 年版。

（汉）王符著，汪继培笺，彭铎校正：《潜夫论笺校正》，中华书局 1985 年版。

王利器：《新语校注》，中华书局 1986 年版。

王利器：《盐铁论校注》，中华书局 1992 年版。

（清）王念孙撰，钟宇讯点校：《广雅疏证》，中华书局 1983 年版。

（清）王先谦撰，沈啸寰、王星贤点校：《荀子集解》，中华书局 1988 年版。

（清）王先慎撰，钟哲点校：《韩非子集解》，中华书局 1998 年版。

吴毓江撰，孙启治点校：《墨子校注》，中华书局 1993 年版。

徐元诰撰，王树民、沈长云点校：《国语集解》，中华书局 2002 年版。

（汉）许慎著，（清）段玉裁注：《说文解字注》，上海古籍出版社 1981 年版。

（汉）应劭著，王利器校注：《风俗通义校注》，中华书局 2010 年版。

张双棣、张万彬、殷国光、陈涛：《吕氏春秋译注》，吉林文史出版社 1987
年版。

二 出土文献

安徽文物工作队、阜阳地区博物馆、阜阳县文化局：《阜阳双古堆西汉汝
阴侯墓发掘简报》，《文物》1978 年第 8 期。

北京大学出土文献研究所：《北京大学藏西汉竹书概说》，《文物》2011 年
第 6 期。

北京大学出土文献研究所：《北京大学藏秦简牍概述》，《文物》2012 年
第 6 期。

长沙市文物考古研究所、清华大学出土文献研究与保护中心、中国文化遗
产研究院、湖南大学岳麓书院编：《长沙五一广场东汉简牍选释》，中
西书局 2015 年版。

陈松长编：《香港中文大学文物馆藏简牍》，香港中文大学文物馆 2001
年版。

陈松长主编：《岳麓书院藏秦简（四）》，上海辞书出版社 2015 年版。

陈伟主编：《里耶秦简牍校释（第一卷）》，武汉大学出版社 2012 年版。

陈伟主编：《秦简牍合集》，武汉大学出版社 2014 年版。

定县汉墓竹简整理组：《定县 40 号汉墓出土竹简简介》，《文物》1981 年
第 8 期。

阜阳汉简整理小组：《阜阳汉简简介》，《文物》1983 年第 2 期。

甘肃省博物馆、中国科学院考古研究所编：《武威汉简》，文物出版社 1964
年版。

甘肃省文物考古研究所、天水市北道区文化馆：《甘肃天水放马滩战国秦
汉墓群的发掘》，《文物》1989 年第 2 期。

甘肃省文物考古研究所、甘肃省博物馆、文化部古文献研究室、中国社会
科学院历史研究所编：《居延新简：甲渠候官与第四燧》，文物出版社
1990 年版。

甘肃省文物考古研究所：《甘肃永昌水泉子汉墓发掘简报》，《文物》2009
年第 10 期。

甘肃省文物考古研究所编：《天水放马滩秦简》，中华书局 2009 年版。

甘肃省文物考古研究所：《甘肃永昌县水泉子汉墓群 2012 年发掘简报》，
《考古》2017 年第 12 期。

郭沫若主编，胡厚宣总编：《甲骨文合集》，中华书局 1978—1983 年版。

河北省文物研究所：《河北定县 40 号汉墓发掘简报》，《文物》1981 年第
8 期。

湖北省江陵文物局、荆州地区博物馆：《江陵岳山秦汉墓》，《考古学报》
2000 年第 4 期。

湖北省荆州市周梁玉桥遗址博物馆：《关沮秦汉墓清理简报》，《文物》1999
年第 6 期。

湖北省荆州市周梁玉桥遗址博物馆编：《关沮秦汉墓简牍》，中华书局 2001
年版。

湖北省文物考古研究所：《湖北江陵县九店东周墓发掘纪要》，《考古》1995
年第 7 期。

湖北省文物考古研究所、北京大学中文系编：《九店楚简》，中华书局 2000
年版。

湖北省文物考古研究所、随州市文物局：《随州市孔家坡墓地 M8 发掘简
报》，《文物》2001 年第 9 期。

湖北省文物考古研究所、随州市考古队编：《随州孔家坡汉墓简牍》，文
物出版社 2006 年版。

湖北省文物考古研究所、云梦县博物馆：《湖北云梦睡虎地 M77 发掘简
报》，《江汉考古》2008 年第 4 期。

湖北省文物考古研究所、随州市曾都区考古队：《湖北随州市周家寨墓地
M8 发掘简报》，《考古》2017 年第 8 期。

湖南省文物考古研究所、怀化市文物处、沅陵县博物馆：《沅陵虎溪山一
号汉墓发掘简报》，《文物》2003 年第 1 期。

胡平生、张德芳编：《敦煌悬泉汉简释粹》，上海古籍出版社 2001 年版。

江西省文物考古研究院、中国人民大学历史学院考古文博系：《江西南昌西汉海昏侯刘贺墓出土铜器》，《文物》2018 年第 11 期。

荆州地区博物馆：《江陵张家山三座汉墓出土大批竹简》，《文物》1985 年第 1 期。

荆州地区博物馆：《江陵王家台 15 号秦墓》，《文物》1995 年第 1 期。

里耶秦简博物馆、出土文献与中国古代文明研究协同创新中心中国人民大学中心编：《里耶秦简博物馆藏秦简》，中西书局 2016 年版。

连云港市博物馆：《江苏东海县尹湾汉墓群发掘简报》，《文物》1996 年第 8 期。

连云港市博物馆、东海县博物馆、中国社会科学院简帛研究中心、中国文物研究所编：《尹湾汉墓简牍》，中华书局 1997 年版。

林梅村、李均明编：《疏勒河流域出土汉简》，文物出版社 1984 年版。

南京博物院：《东汉铜圭表》，《考古》1977 年第 6 期。

裘锡圭主编：《长沙马王堆汉墓简帛集成（五）》，中华书局 2014 年版。

山东省博物馆、临沂文物组：《山东临沂西汉墓发现〈孙子兵法〉和〈孙膑兵法〉等竹简的简报》，《文物》1974 年第 2 期。

山东省菏泽地区汉墓发掘小组：《巨野红土山西汉墓》，《考古学报》1983 年第 4 期。

睡虎地秦墓竹简整理小组编：《睡虎地秦墓竹简》，文物出版社 1990 年版。

魏坚主编：《额济纳汉简》，广西师范大学出版社 2005 年版。

孝感地区第二期亦工亦农文物考古训练班：《湖北云梦睡虎地十一号秦墓发掘简报》，《文物》1976 年第 6 期。

谢桂华、李均明、朱国炤编：《居延汉简释文合校》，文物出版社 1987 年版。

兴平县文化馆、茂陵文化馆：《陕西兴平汉墓出土的铜漏壶》，《考古》1978 年第 1 期。

熊北生、陈伟、蔡丹：《湖北云梦睡虎地 77 号西汉墓出土简牍概述》，《文物》2018 年第 3 期。

伊克昭盟文物工作站：《内蒙古伊克昭盟发现西汉铜漏》，《考古》1978 年第 5 期。

银雀山汉墓竹简整理小组编：《银雀山汉墓竹简（二）》，文物出版社 2010 年版。

张家山二四七号汉墓竹简整理小组编:《张家山汉墓竹简(二四七号墓)》,文物出版社 2006 年版。

张家山汉墓竹简整理小组:《江陵张家山汉简概述》,《文物》1985 年第1 期。

中国科学院考古研究所满城发掘队:《满城汉墓发掘纪要》,《考古》1972年第 1 期。

朱汉民、陈松长编:《岳麓书院藏秦简(一)》,上海辞书出版社 2010 年版。

三　研究专著

[英] 爱德华·泰勒:《原始文化:神话、哲学、宗教、语言、艺术和习俗发展之研究》,连树生译,上海文艺出版社 1992 年版。

常玉芝:《殷商历法研究》,吉林文史出版社 1998 年版。

陈梦家:《汉简缀述》,中华书局 1980 年版。

陈伟:《秦简牍校读及所见制度考察》,武汉大学出版社 2017 年版。

程少轩:《放马滩简式占古佚书研究》,中西书局 2018 年版。

邓飞:《商代甲金文时间范畴研究》,人民出版社 2013 年版。

方立天:《中国佛教与传统文化》,中国人民大学出版社 2010 年版。

[日] 富谷至:《秦汉刑罚制度研究》,柴生芳、朱恒晔译,广西师范大学出版社 2006 年版。

[日] 工藤元男:《睡虎地秦简所见秦代国家与社会》,[日] 广濑薰雄、曹峰译,上海古籍出版社 2010 年版。

[日] 宫宅洁:《中国古代刑制史研究》,杨振红、单印飞、王安宇、魏永康译,杨振红、石洋审校,广西师范大学出版社 2016 年版。

何星亮:《文化人类学调查与研究方法》,中国社会科学出版社 2017 年版。

何兹全:《中国古代社会》,北京师范大学出版社 2001 年版。

黄今言:《秦汉商品经济研究》,人民出版社 2005 年版。

黄留珠:《秦汉仕进制度》,西北大学出版社 1998 年版。

黄正建:《敦煌占卜文书与唐五代占卜研究》,中国社会科学出版社 2014年版。

江晓原:《天学真原》,辽宁教育出版社 1991 年版。

金身佳:《敦煌写本宅经葬书校注》,民族出版社 2007 年版。

[英] J. G. 弗雷泽:《金枝——巫术与宗教之研究》,汪培基、徐育新、张

　　泽石译，汪培基校，商务印书馆 2013 年版。

栗劲：《秦律通论》，山东人民出版社 1985 年版。

李剑农：《先秦两汉经济史稿》，生活·读书·新知三联书店 1957 年版。

李力：《"隶臣妾"身份再研究》，中国法制出版社 2007 年版。

李零：《中国方术考》，东方出版社 2000 年版。

李零：《中国方术正考》，中华书局 2006 年版。

李学勤：《简帛佚籍与学术史》，时报文化出版企业有限公司 1994 年版。

李学勤、彭裕商：《殷墟甲骨分期研究》，上海古籍出版社 1996 年版。

李学勤：《楚简所见黄金货币及其计量》，中国金融出版社 2002 年版。

李学勤：《东周与秦代文明》，上海人民出版社 2007 年版。

李禹阶主编：《秦汉社会控制思想史》，中国社会科学出版社 2017 年版。

李泽厚：《实用理性与乐感文化》，上海三联书店 2008 年版。

李泽厚：《由巫到礼，释礼归仁》，生活·读书·新知三联书店 2015 年版。

李振宏：《居延汉简与汉代社会》，中华书局 2003 年版。

林剑鸣主编：《秦汉社会文明》，西北大学出版社 1985 年版。

刘道超：《择吉与中国文化》，人民出版社 2004 年版。

刘乐贤：《睡虎地秦简日书研究》，文津出版社 1994 年版。

刘乐贤：《简帛数术文献探论》，中国人民大学出版社 2012 年版。

［日］泷川资言：《史记会注考证》，新世界出版社 2009 年影印本。

吕大吉：《宗教学通论新编》，中国社会科学出版社 1998 年版。

吕思勉：《秦汉史》，上海古籍出版社 1983 年版。

吕亚虎：《战国秦汉简帛文献所见巫术研究》，科学出版社 2010 年版。

马新：《两汉乡村社会史》，齐鲁书社 1997 年版。

马学良：《爨文丛刻增订本》，四川民族出版社 1988 年版。

彭卫：《汉代婚姻形态》，三秦出版社 1988 年版。

瞿兑之、苏晋仁：《两汉县政考》，中国联合出版公司 1944 年版。

饶宗颐、曾宪通：《云梦秦简日书研究》，香港中文大学出版社 1982 年版。

司马云杰：《文化社会学》，中国社会科学出版社 2001 年版。

孙占宇：《天水放马滩秦简集释》，甘肃文化出版社 2013 年版。

谭其骧主编：《中国历史地图集》，中国地图出版社 1982 年版。

万建中：《禁忌与中国文化》，人民出版社 2001 年版。

汪桂海：《秦汉简牍探研》，文津出版社 2009 年版。

王卡：《敦煌道教文献研究》，中国社会科学出版社 2004 年版。

王青：《汉朝的本土宗教与神话》，洪叶文化事业有限公司 1998 年版。

王彦辉：《张家山汉简〈二年律令〉与汉代社会研究》，中华书局 2010 年版。

王子今：《睡虎地秦简〈日书〉甲种疏证》，湖北教育出版社 2003 年版。

王子今：《秦汉社会史论考》，商务印书馆 2006 年版。

王子今：《秦汉社会意识研究》，商务印书馆 2012 年版。

王子今：《秦汉交通史稿》，中国人民大学出版社 2013 年版。

魏德胜：《〈睡虎地秦墓竹简〉语法研究》，首都师范大学出版社 2000 年版。

魏德胜：《〈睡虎地秦墓竹简〉词汇研究》，华夏出版社 2003 年版。

吴福助：《睡虎地秦简论考》，文津出版社 1994 年版。

吴小强：《秦简日书集释》，岳麓书社 2000 年版。

夏利亚：《睡虎地秦简文字集释》，上海交通大学出版社 2019 年版。

许地山：《道教史》，上海古籍出版社 1999 年版。

［美］许倬云：《汉代农业：早期中国农业经济的形成》，程农、张鸣译，邓正来校，江苏人民出版社 1998 年版。

薛梦潇：《早期中国的月令与“政治时间”》，上海古籍出版社 2018 年版。

［瑞士］雅各布·坦纳：《历史人类学导论》，白锡堃译，北京大学出版社 2008 年版。

严耕望：《中国地方行政制度史·秦汉地方行政制度》，上海古籍出版社 2007 年版。

杨念群：《空间·记忆·社会转型——“新社会史”研究论文精选集》，上海人民出版社 2001 年版。

［日］野上俊静等：《中国佛教史概说》，释圣严译，台湾商务印书馆 1993 年版。

余冠英：《汉魏六朝诗选》，人民文学出版社 1978 年版。

张金光：《秦制研究》，上海古籍出版社 2004 年版。

［韩］赵容俊：《殷商甲骨卜辞所见之巫术》，文津出版社 2003 年版。

郑杭生：《社会学概论新修》，中国人民大学出版社 2003 年版。

［日］纸屋正和：《汉代郡县制的展开》，朱海滨译，复旦大学出版社 2016 年版。

中国社会科学院考古研究所编：《中国考古学·秦汉卷》，中国社会科学出版社 2010 年版。

中国社会科学院考古研究所编：《中国考古学·新石器时代卷》，中国社会科学出版社 2010 年版。

竺可桢撰，施爱东编：《天道与人文》，北京出版社 2005 年版。

邹水杰：《两汉县行政研究》，湖南人民出版社 2008 年版。

四　研究论文

曹旅宁：《睡虎地秦简〈法律答问〉性质探测》，《西安财经学院学报》 2013 年第 1 期。

策·斯琴巴特尔：《北方少数民族树木崇拜及木质器具的禁忌习俗》，《满语研究》2008 年第 2 期。

常耀华：《殷商旅行诹日卜辞研究》，《中国国家博物馆馆刊》2011 年第 3 期。

常玉芝、王曾瑜：《中国古代的干支、十进位制和十二进位制纪时》，《中原文化研究》2019 年第 3 期。

陈邦怀：《小屯南地甲骨中发现的若干重要史料》，《历史研究》1982 年第 1 期。

陈广恩：《日藏〈五行大义〉纸背抄录〈博闻录〉佚文初探》，《中国史研究》2019 年第 4 期。

陈昊：《"历日"还是"具注历日"——敦煌吐鲁番历书名称与形制关系再讨论》，《历史研究》2007 年第 2 期。

陈侃理：《北大秦简中的方术书》，《文物》2012 年第 6 期。

陈侃理：《跋北京大学图书馆藏明抄本〈历事明原〉》，载北京大学国学研究院主办《版本目录学研究》（第 5 辑），国家图书馆出版社 2014 年版。

陈侃理：《里耶秦简牍所见的时刻记录与记时法》，载武汉大学简帛研究中心主办《简帛》（第 16 辑），上海古籍出版社 2017 年版。

陈侃理：《十二时辰的产生与制度化》，《中华文史论丛》2020 年第 3 期。

陈梦家：《商代的神话与巫术》，《燕京学报》1936 年第 20 期。

陈梦家：《汉简年历表叙》，《考古学报》1965 年第 2 期。

陈久金：《中国古代时制研究及其换算》，《自然科学史研究》1983 年第 2 期。

陈苏镇:《北大汉简中的〈雨书〉》,《文物》2011 年第 6 期。

陈伟:《放马滩秦简日书〈占病祟除〉与投掷式选择》,《文物》2011 年第 5 期。

陈伟:《里耶秦简所见的"田"与"田官"》,《中国典籍与文化》2013 年第 4 期。

陈伟武:《睡虎地秦简核诂》,《中国语文》1998 年第 2 期。

陈伟武:《出土战国秦汉文献中的缩略语》,《中国语言学报》1999 年第 9 期。

陈星灿:《试论中国考古学的人类学传统》,《云南社会科学》1991 年第 4 期。

陈星灿:《中国考古向何处去——张光直先生访谈录》,《华夏考古》1996 年第 1 期。

陈旭麓:《略论中国近代社会史研究》,《华东师范大学学报》1989 年第 5 期。

陈于柱、魏万斗:《唐宋阴阳相宅宗初探——以敦煌写本宅经为考索》,《敦煌学辑刊》2002 年第 2 期。

陈于柱、张福慧:《敦煌藏文写卷 S.6878Ⅴ〈金龟择吉占走失法〉研究》,《中国典籍与文化》2014 年第 4 期。

程少轩:《谈谈放马滩简的一组时称》,载卜宪群、杨振红主编《简帛研究二○一二》,广西师范大学出版社 2013 年版。

程苏东:《史学、历学与〈易〉学——刘歆〈春秋〉学的知识体系与方法》,《中国文化研究》2017 年冬之卷。

戴念祖:《试析秦简〈律书〉中的乐律与占卜》,《中国音乐学》2001 年第 2 期。

邓文宽:《天水放马滩秦简〈月建〉应名〈建除〉》,《文物》1990 年第 9 期。

邓文宽:《从"历日"到"具注历日"的转变》,载《敦煌吐鲁番天文历法研究》,甘肃教育出版社 2002 年版。

邓文宽:《出土秦汉简牍"历日"正名》,《文物》2003 年第 4 期。

邓文宽:《敦煌历日与战国秦汉〈日书〉的文化关联》,载浙江大学汉语史研究中心、浙江大学古籍研究所编《姜亮夫、蒋礼鸿、郭在贻先生纪念文集》,上海教育出版社 2003 年版。

邓文宽：《敦煌具注历日与〈四时纂要〉的比较研究》，《敦煌研究》2004年第 1 期。

邓文宽：《黑城出土〈西夏皇建元年庚午岁（1210 年）具注历日〉残片考》，《文物》2007 年第 8 期。

定宜庄：《"新""旧"夹击之下的中国社会史》，《中国社会科学院院报》2006 年 2 月 28 日。

董莲池、刘坤：《殷墟卜辞所见商人择日之俗考》，载教育部人文社会科学重点研究基地、华东师范大学中国文字研究与应用中心、华东师范大学语言文字工作委员会主办《中国文字研究》（第 1 辑），社会科学文献出版社 2009 年版。

董涛：《秦汉简牍〈日书〉所见"日廷图"探析》，《鲁东大学学报》2013年第 5 期。

董涛：《〈日书〉中的男日、女日与秦汉择日术》，《鲁东大学学报》2015年第 6 期。

董涛：《漏刻与汉代时间观念》，《史学月刊》2021 年第 2 期。

董作宾：《殷代的纪日法》，《台湾大学文史哲学报》1953 年第 5 期。

杜正胜：《传统家族试论》，载黄宽重、刘增贵主编《家族与社会》，中国大百科全书出版社 2005 年版。

范常喜：《孔家坡汉简〈日书〉札记四则》，《东南文化》2008 年第 3 期。

傅飞岚：《天师道上章科仪——〈赤松子章历〉和〈元辰章醮立成历〉研究》，载黎志添主编《道教研究与中国宗教文化》，香港：中华书局 2003年版。

［日］富谷至：《"史书"考》，《西北大学学报》1983 年第 1 期。

傅千吉：《敦煌藏文文献中的天文历算文化研究》，《西藏大学学报》2015年第 2 期。

高恒：《秦简中的私人奴婢问题》，载中华书局编辑部编《云梦秦简研究》，中华书局 1981 年版。

高恒：《读秦简牍札记》，载中国社会科学院简帛研究中心编《简帛研究》（第 1 辑），法律出版社 1993 年版。

高敏：《秦汉邮传制度考略》，《历史研究》1985 年第 3 期。

高明、张纯德：《秦简日书"建除"与彝文日书"建除"比较研究》，《江汉考古》1993 年第 2 期。

盖建民：《道教与中国古代历法》，《宗教学研究》2005 年第 3 期。

［日］工藤元男：《社会史研究与"卜筮祭祷简""日书"》，载［日］佐竹靖彦主编《殷周秦汉史学的基本问题》，中华书局 2008 年版。

谷杰：《从放马滩秦简〈律书〉再论〈吕氏春秋〉生律次序》，《音乐研究》2005 年第 3 期。

管仲超：《从秦简〈日书〉看战国时期的择吉民俗》，《武汉教育学院学报》1996 年第 5 期。

［日］海老根量介：《放马滩秦简抄写年代蠡测》，载武汉大学简帛研究中心主办《简帛》（第 7 辑），上海古籍出版社 2012 年版。

和继全：《汉籍〈玉匣记〉"六壬时课"之纳西东巴文译本述要》，《云南社会科学》2015 年第 3 期。

何茂活：《肩水金关出土〈汉居摄元年历谱〉缀合与考释》，《考古与文物》2015 年第 2 期。

何双全：《天水放马滩秦简甲种〈日书〉考述》，载甘肃省文物考古研究所编《秦汉简牍论文集》，甘肃人民出版社 1989 年版。

贺润坤：《从〈日书〉看秦国的谷物种植》，《文博》1988 年第 3 期。

贺润坤：《云梦秦简所反映的秦国渔猎活动》，《文博》1989 年第 3 期。

贺润坤：《从云梦秦简〈日书〉看秦国的六畜饲养业》，《文博》1989 年第 6 期。

贺润坤：《云梦秦简〈日书〉"寓人""寄者""寄人"身份考》，《文博》1991 年第 3 期。

贺润坤：《从云梦秦简看秦的吏治》，《西安石油学院学报》1993 年第 1 期。

贺润坤：《从云梦秦简〈日书〉的良、忌日看〈氾胜之书〉的五谷忌日》，《文博》1995 年第 1 期。

贺润坤：《云梦秦简〈日书〉所反映的秦国社会阶层》，《江汉考古》1995 年第 1 期。

贺润坤：《从云梦秦简〈日书〉看民居建筑的概况》，《国际简牍学会会刊》1996 年第 2 号。

贺润坤：《云梦秦简〈日书〉所反映秦人的衣食状况》，《江汉考古》1996 年第 4 期。

何双全：《天水放马滩秦简综述》，《文物》1989 年第 2 期。

何双全：《汉简〈日书〉丛释》，载西北师范大学文学院历史系、甘肃省文物考古研究所编《简牍学研究》（第 2 辑），甘肃人民出版社 1998 年版。

胡平生《敦煌悬泉置出土〈月令诏条〉研究》，载《胡平生简牍文物论稿》，中西书局 2012 年版。

胡平生《里耶简所见秦朝行政文书的制作与传送》，载《胡平生简牍文物论稿》，中西书局 2012 年版。

胡文辉：《居延新简中的〈日书〉残文》，《文物》1995 年第 4 期。

华同旭：《中国漏刻史话》，《中国计量》2003 年第 8 期。

霍耀宗：《〈四民月令〉之"四民"新解》，《史学月刊》2017 年第 6 期。

贾丽英：《秦汉律简"同居"考论》，《石家庄学院学报》2013 年第 2 期。

姜守诚：《放马滩秦简〈日书〉"行不得择日"篇考释》，《鲁东大学学报》2012 年第 4 期。

姜守诚：《汉代"血忌"观念对道教择日术之影响》，《宗教学研究》2014 年第 1 期。

江晓原：《历书起源考》，《中国文化》1992 年第 6 期。

金良年：《"五种忌"研究——以云梦秦简〈日书〉为中心》，《史林》1999 年第 2 期。

李昊：《〈焦氏易林〉与汉代宗教文化构建》，《宗教学研究》2008 年第 3 期。

李鉴澄：《论后汉四分历的晷景、太阳去极和昼夜漏刻三种记录》，《天文学报》1962 年第 1 期。

李鉴澄：《晷仪——现存我国最古老的天文仪器之一》，载中国天文学史整理研究小组编《科技史文集》（第 1 辑），上海科学技术出版社 1978 年版。

李家浩：《睡虎地秦简〈日书〉"楚除"的性质及其他》，《史语所集刊》1999 年第 70 本第 4 分。

李解民：《睡虎地秦简所载魏律研究》，《中华文史论丛》1987 年第 1 期。

李解民：《秦汉时期的一日十六时制》，载武汉大学简帛研究中心主办《简帛》（第 2 辑），上海古籍出版社 1996 年版。

李均明：《汉简所见一日十八时、一时十分记时制》，载中华书局编辑部编《文史》（第 22 辑），中华书局 1984 年版。

李零：《读九店楚简》，《考古学报》1999 年第 2 期。

李零：《视日、日书和叶书——三种简帛文献的区别和定名》，《文物》2008
年第 12 期。

李零：《北大汉简中的数术书》，《文物》2011 年第 6 期。

黎明钊：《里耶秦简：户籍档案的探讨》，《中国史研究》2009 年第 2 期。

李守奎：《江陵九店楚简〈岁〉篇残简考释》，《古籍整理研究学刊》2001
年第 3 期。

李天虹：《秦汉时分纪时制综论》，《考古学报》2012 年第 3 期。

李晓东、黄晓芬：《从〈日书〉看秦人鬼神观及秦文化特征》，《历史研究》
1987 年第 4 期。

李学勤：《论楚帛书中的天象》，载湖南省文物考古研究所编《湖南考古
辑刊》（第 1 辑），岳麓书社 1982 年版。

李学勤：《睡虎地秦简〈日书〉与楚、秦社会》，《江汉考古》1985 年
第 4 期。

李学勤：《时分与〈吴越春秋〉》，《历史教学问题》1991 年第 4 期。

李学勤：《睡虎地秦简中的〈艮山图〉》，《文物天地》1991 年第 4 期。

李学勤、谢桂华主编：《简帛研究二〇〇一》，广西师范大学出版社 2001
年版。

李学勤：《初读里耶秦简》，《文物》2003 年第 1 期。

李禹阶：《中国文明起源中的巫及其角色演变》，《中国社会科学》2020
年第 6 期。

李志超、祝亚平：《道教文献中历法史料探讨》，《中国科技史料》1996
年第 1 期。

李忠林：《岳麓书院藏秦简〈质日〉历朔检讨——兼论竹简日志类记事簿
册与历谱之区别》，《历史研究》2012 年第 1 期。

连劭名：《商代的日书与卜日》，《故宫博物院院刊》2001 年第 3 期。

林富士：《试释睡虎地秦简〈日书〉中的"梦"》，《食货》1987 年复刊第
17 卷第 3、4 期。

林剑鸣：《从秦人价值观看秦文化的特点》，《历史研究》1987 年第 3 期。

林剑鸣：《曲径通幽处，高楼望路时——评介当前简牍〈日书〉研究状况》，
《文博》1988 年第 3 期。

林剑鸣：《秦汉政治生活中的神秘主义》，《历史研究》1991 年第 4 期。

林剑鸣：《秦简〈日书〉校补》，《文博》1992 年第 1 期。

林剑鸣：《从放马滩〈日书〉（甲种）再论秦文化的特点》，载中国社会科学院简帛研究中心编《简帛研究》（第 1 辑），法律出版社 1993 年版。

林剑鸣：《〈睡〉简与〈放〉简〈日书〉比较研究》，《文博》1993 年第 5 期。

刘道超：《择吉风俗论》，《社会科学家》1989 年第 5 期。

刘道超：《论汉代择吉民俗的发展及其特征》，《广西师范大学学报》2006 年第 1 期。

刘金华、刘玉堂：《九店楚简〈日书·相宅〉辨析》，《史学月刊》2009 年第 11 期。

刘乐贤：《睡虎地秦简〈日书〉研究二十年》，《中国史研究动态》1996 年第 10 期。

刘乐贤：《尹湾汉墓出土数术文献初探》，载连云港市博物馆、中国文物研究所编《尹湾汉墓简牍综论》，科学出版社 1999 年版。

刘乐贤：《虎溪山汉简〈阎氏五胜〉及相关问题》，《文物》2003 年第 7 期。

刘乐贤：《睡虎地秦简〈日书〉释读札记》，载饶宗颐主编《华学》（第 6 辑），紫禁城出版社 2003 年版。

刘乐贤：《楚秦选择术的异同及影响——以出土文献为中心》，《历史研究》2006 年第 6 期。

刘乐贤：《印台汉简〈日书〉初探》，《文物》2009 年第 10 期。

刘乐贤：《释孔家坡汉简〈日书〉中的几个古史传说人物》，《中国史研究》2010 年第 2 期。

刘日荣：《水书评述》，《中央民族大学学报》1995 年第 6 期。

刘信芳：《〈天水放马滩秦简综述〉质疑》，《文物》1990 年第 9 期。

刘信芳：《秦简中的楚国〈日书〉试析》，《文博》1992 年第 4 期。

刘信芳：《〈日书〉四方四维与五行试探》，《考古与文物》1993 年第 2 期。

刘信芳：《〈日书〉驱鬼术发微》，《文博》1996 年第 4 期。

刘永明：《唐宋之际历日发展考论》，《甘肃社会科学》2003 年第 1 期。

刘永明：《敦煌道教的世俗化之路——道教向具注历日的渗透》，《敦煌学辑刊》2005 年第 2 期。

刘增贵：《秦简〈日书〉中的出行礼俗与信仰》，《史语所集刊》2001 年第 72 本第 3 分。

刘昭瑞：《论"禹步"的起源及禹与巫、道的关系》，载中山大学人类学系编《梁钊韬与人类学》，中山大学出版社 1991 年版。

刘昭瑞：《居延新出汉简所见方术考释》，载中华书局编辑部编《文史》（第 43 辑），中华书局 1997 年版。

鲁家亮：《放马滩秦简乙种〈日书〉"占雨"类文献编联初探》，《考古与文物》2014 年第 5 期。

陆震：《关于社会史研究的学科对象诸问题》，《历史研究》1987 年第 1 期。

罗孝高、罗超：《论文化控制的作用机制及实现途径》，《吉林省教育学院学报》2009 年第 1 期。

马新：《汉代民间禁忌与择日之术》，《民俗研究》1996 年第 1 期。

宁江英：《秦及汉初家庭结构研究》，《西安财经学院学报》2009 年第 4 期。

彭浩：《包山二号楚墓卜筮和祭祷竹简的初步研究》，载湖北省荆沙铁路考古队编《包山楚墓》（上册），文物出版社 1991 年版。

彭锦华、刘国胜：《沙市周家台秦墓出土线图初探》，载李学勤、谢桂华主编《简帛研究二〇〇一》，广西师范大学出版社 2001 年版。

彭年：《秦汉"同居"考辨》，《社会科学研究》1990 年第 6 期。

彭卫：《关于小麦在汉代推广的再探讨》，《中国经济史研究》2010 年第 4 期。

蒲慕州：《睡虎地秦简〈日书〉的世界》，《史语所集刊》1993 年第 62 本第 4 分。

强汝询：《汉州郡县吏制考》，《中国学报》1913 年第 6、8 期。

乔志强：《中国社会史研究的对象和方法》，《光明日报》1986 年 8 月 13 日第 3 版。

［韩］琴载元：《战国秦汉基层官吏的〈日书〉利用及其认识》，《史学集刊》2013 年第 6 期。

［韩］琴载元：《反秦战争时期南郡地区的政治动态与文化特征——再论"亡秦必楚"形势的具体层面》，载西北师范大学文学院历史系、甘肃省文物考古研究所编《简牍学研究》（第 5 辑），甘肃人民出版社 2014 年版。

裘锡圭：《啬夫初探》，载中华书局编辑部编《云梦秦简研究》，中华书局 1981 年版。

瞿林东：《天人古今与时势理道——中国古代历史观念的几个重要问题》，《史学史研究》2007 年第 2 期。

全和钧、阎林山：《关于西汉漏刻的特点和刻箭的分划》，《自然科学史研究》1985 年第 3 期。

饶宗颐：《秦简中的五行说与纳音说》，载中国古文字研究会、吉林大学中国古文字研究中心编《古文字研究》（第 14 辑），中华书局 1986 年版。

任步云：《天水放马滩秦简刍议》，《西北史地》1989 年第 3 期。

任继愈：《试论"天人合一"》，《传统文化与现代化》1996 年第 1 期。

任杰：《秦汉时制探析》，《自然科学史研究》2009 年第 4 期。

〔日〕森和：《中国古代的占卜与地域性》，《湖南大学学报》2013 年第 6 期。

尚民杰：《从〈日书〉看十六时制》，《文博》1996 年第 4 期。

尚民杰：《云梦〈日书〉与五行学说》，《文博》1997 年第 2 期。

尚民杰：《云梦〈日书〉十二时名称考辨》，《华夏考古》1997 年第 3 期。

尚民杰：《居延汉简时制问题探讨》，《文物》1999 年第 11 期。

尚民杰：《睡虎地秦简〈日书〉中的"土神"与"土忌"》，载陕西历史博物馆编《陕西历史博物馆馆刊》（第 7 辑），三秦出版社 2000 年版。

沈刚：《睡虎地秦简〈日书〉所见秦时民间信仰活动探微》，《西安财经学院学报》2009 年第 1 期。

沈颂金：《中日两国学者研究秦简〈日书〉述评》，《中国史研究动态》1994 年第 9 期。

石洋：《秦简日书所见占盗、占亡之异同》，载中华书局编辑部编《文史》（第 132 辑），中华书局 2020 年版。

宋会群、李振宏：《秦汉时制研究》，《历史研究》1993 年第 6 期。

宋杰：《汉代皇室"两宫"分居制度的演变》，《中国史研究》2019 年第 4 期。

宋镇豪：《先秦时期是如何记时的》，《文史知识》1986 年第 6 期。

宋镇豪：《试论殷代的纪时制度——兼谈中国古代分段纪时制》，载北京大学考古文博学院编《考古学研究》（五），科学出版社 2003 年版。

孙江：《后现代主义、新史学与中国语境》，载杨念群等编《新史学》，中国人民大学出版社 2003 年版。

孙闻博：《秦及汉初的司寇与徒隶》，《中国史研究》2015 年第 3 期。

孙筱：《秦汉户籍制度考述》，《中国史研究》1992 年第 4 期。

孙占宇：《战国秦汉时期建除术讨论》，《西安财经学院学报》2010 年第 5 期。

孙占宇、张艳玲：《简牍日书社会生活史研究述评》，《甘肃高师学报》2011 年第 1 期。

孙占宇：《简帛日书所见早期数术考述》，《湖南大学学报》2011 年第 2 期。

汤一介：《论"天人合一"》，《中国哲学史》2005 年第 2 期。

陶磊：《〈日书〉与古历法研究综述》，《中国史研究动态》2004 年第 9 期。

田胜利：《天人同感与以阳为尊理念的显现——〈焦氏易林〉灾异事象描写的透视点》，《阴山学刊》2014 年第 2 期。

王桂钧：《〈日书〉所见早期秦俗发微——信仰、习尚、婚俗及贞节观》，《文博》1988 年第 4 期。

王青：《禹步史料的历史民俗文献分析》，《西北民族研究》2011 年第 1 期。

王先明：《论社会史研究的对象》，《河北学刊》1990 年第 2 期。

汪小虎：《敦煌具注历日中的昼夜时刻问题》，《自然科学史研究》2013 年第 2 期。

汪小虎：《颁历授时：国家权力主导下的时间信息传播》，《新闻与传播研究》2018 年第 3 期。

汪小虎：《中国古代历书的编造与发行》，《新闻与传播研究》2020 年第 7 期。

王子今：《睡虎地秦简〈日书〉秦楚行忌比较》，载秦始皇兵马俑博物馆《论丛》编委会编《秦文化论丛》（第 2 辑），西北大学出版社 1993 年版。

王子今：《云梦睡虎地秦简〈日书〉所反映的秦楚交通状况》，《国际简牍学会会刊》1993 年第 1 号。

王子今：《睡虎地秦简〈日书〉甲种"以见君上数达"解》，载陕西历史博物馆编《陕西历史博物馆馆刊》（第 7 辑），三秦出版社 2000 年版。

王子今：《秦汉"生子不举"现象和弃婴故事》，《史学月刊》2007 年第 8 期。

魏德胜：《居延新简、敦煌汉简中的"日书"残简》，《中国文化研究》2000 年春之卷。

韦仕钊：《水书历法对民众生活的影响》，《贵阳文史》2010 年增刊。

文霞：《试论秦汉简牍中的"室"和"室人"——以秦汉奴婢为中心》，

《史学集刊》2013 年第 3 期。

吴方基：《里耶"户隶"简与秦及汉初附籍问题》，《中国史研究》2019 年
　　第 3 期。

武家璧：《从出土文物看战国时期的天文历法成就》，《古代文明》2003 年
　　第 2 卷。

吴荣曾：《镇墓文中所见到的东汉道巫关系》，《文物》1981 年第 3 期。

吴锐：《我国天人关系起源与演变的历程》，《东岳论丛》1996 年第 3 期。

吴小强：《秦人婚姻家庭生育观念新探》，载《秦简日书集释》，岳麓书社
　　2000 年版。

吴小强：《试论秦人婚姻家庭生育观念》，《中国史研究》1989 年第 3 期。

吴小强：《秦人生育意愿初探》，《江汉论坛》1989 年第 11 期。

吴小强：《〈日书〉与秦社会风俗》，《文博》1990 年第 2 期。

吴小强：《论秦人宗教思维特征——云梦秦简〈日书〉的宗教学研究》，
　　《江汉考古》1992 年第 1 期。

吴小强：《〈日书〉所见秦人之生死观》，《秦陵秦俑研究动态》1992 年第
　　2 期。

吴小强：《秦人婚姻家庭生育观念新探》，载《秦简日书集释》，岳麓书社
　　2000 年版。

吴小强：《睡虎地秦简〈日书〉占卜用语习惯与规律分析》，《古籍整理研
　　究学刊》2010 年第 4 期。

吴羽：《唐宋葬事择吉避忌的若干变化》，《中国史研究》2016 年第 2 期。

吴之清：《试论南传佛经对傣族天文历法的影响》，《宗教学研究》2014
　　年第 3 期。

西北大学《日书》研读班：《日书：秦国社会的一面镜子》，《文博》1986
　　年第 5 期。

［美］萧凤霞、［美］包弼德等：《区域·结构·秩序——历史学与人类学
　　的对话》，《文史哲》2007 年第 5 期。

谢桂华：《西北汉简所见祠社稷考补》，载《汉晋简牍论丛》，广西师范大
　　学出版社 2014 年版。

邢义田：《秦汉的律令学——兼论曹魏律博士的出现》，载《秦汉史论稿》，
　　东大图书公司 1987 年版。

熊铁基：《秦代的邮传制度——读云梦秦简札记》，《学术研究》1979 年

第 3 期。

徐建委：《刘歆援数术入六艺与其新天人关系的创建——以〈汉书·五行志〉所载汉儒灾异说为中心》，《文学遗产》2014 年第 6 期。

闫爱民：《20 世纪以来的秦汉日常生活研究》，《中国史研究动态》2017 年第 5 期。

阎林山、全和钧：《论我国固有的百刻计时制》，《天文参考资料》1977 年第 4 期。

闫喜琴：《秦简〈日书〉涉禹出行巫术考论》，《历史教学》2011 年第 2 期。

晏昌贵、梅莉：《楚秦〈日书〉所见的居住习俗》，《民俗研究》2002 年第 2 期。

晏昌贵：《敦煌具注历日中的"往亡"》，载武汉大学中国三至九世纪研究所编《魏晋南北朝隋唐史资料》（第 19 辑），上海古籍出版社 2002 年版。

晏昌贵：《〈日书〉札记十则》，载丁四新主编《楚地出土简帛文献思想研究》（一），湖北教育出版社 2002 年版。

晏昌贵：《简帛〈日书〉岁篇合证》，《湖北大学学报》2003 年第 1 期。

晏昌贵：《天水放马滩秦简乙种〈日书〉分篇释文（稿)》，载武汉大学简帛研究中心主办《简帛》（第 5 辑），上海古籍出版社 2010 年版。

晏昌贵：《悬泉汉简日书〈死吉凶〉研究》，《中国史研究》2013 年第 2 期。

杨华：《出土日书与楚地的疾病占卜》，《武汉大学学报》2003 年第 5 期。

杨振红：《月令与秦汉政治再探讨——兼论月令源流》，《历史研究》2004 年第 3 期。

杨振红：《岳麓秦简中的"作功上"与秦王朝大兴土木——兼论〈诗·豳风·七月〉"上入执宫功"句义》，《湖南师范大学社会科学学报》2019 年第 1 期。

姚传森：《杰出的契丹族科学家——耶律楚材》，《中央民族大学学报》2005 年第 3 期。

殷光明：《从敦煌汉简历谱看太初历的科学性和进步性》，《敦煌学辑刊》1995 年第 2 期。

［韩］尹在硕：《睡虎地秦简〈日书〉所见"室"的结构与战国末期秦的家族类型》，《中国史研究》1995 年第 3 期。

［韩］尹在硕：《秦汉〈日书〉所见"序"和住宅及家庭结构再探》，李

瑾华译，载武汉大学简帛研究中心主办《简帛》（第 8 辑），上海古籍
　　出版社 2013 年版。

游修龄：《试释〈氾胜之书〉"田有六道，麦为首种"》，《中国农史》1994
　　年第 4 期。

于豪亮：《居延汉简丛释》，载《于豪亮学术论集》，上海古籍出版社 2015
　　年版。

于豪亮：《秦简〈日书〉记时记月诸问题》，载《于豪亮学术论集》，上
　　海古籍出版社 2015 年版。

余英时：《汉代循吏与文化传播》，载《中国思想传统的现代诠释》，联经
　　出版事业公司 1990 年版。

于振波：《秦律令中的"新黔首"与"新地吏"》，《中国史研究》2009 年
　　第 3 期。

曾磊：《蛟龙畏铁考原》，《中国史研究》2019 年第 4 期。

曾宪通：《楚月名初探——兼谈昭固墓竹简的年代问题》，《中山大学学报》
　　1980 年第 1 期。

曾宪通：《秦汉时制刍议》，《中山大学学报》1992 年第 4 期。

张春龙、龙京沙：《湘西里耶秦代简牍选释》，《中国历史文物》2003 年
　　第 1 期。

张存良、吴荭：《水泉子汉简初识》，《文物》2009 年第 10 期。

张存良、王永安、马洪连：《甘肃永昌县水泉子汉简"五凤二年历日"整
　　理与研究》，《考古》2018 年第 3 期。

张岱年：《天人合一评议》，《社会科学战线》1998 年第 3 期。

张岱年：《天人之道辨析》，《中国文化研究》1998 年秋之卷。

张德芳：《悬泉汉简中若干"时称"问题的考察》，载中国文物研究所编
　　《出土文献研究》（第 6 辑），上海古籍出版社 2004 年版。

张德芳：《简论汉唐时期河西及敦煌地区的十二时制和十六时制》，《考古
　　与文物》2005 年第 2 期。

张峰屹：《两汉谶纬考论》，《文史哲》2017 年第 4 期。

张富春：《先秦民间祈财信仰研究——以睡虎地秦简〈日书〉为中心》，
　　《四川大学学报》2005 年第 6 期。

张光直：《古代中国及其在人类学上的意义》，《史前研究》1985 年第 2 期。

张金光：《论秦汉的学吏制度》，《文史哲》1984 年第 1 期。

张金光：《商鞅变法后秦的家庭制度》，《历史研究》1988 年第 6 期。

张金光：《论秦自商鞅变法后的农村公社残余问题》，《文史哲》1990 年第 1 期。

张金光：《论秦汉的学吏教材——睡虎地秦简为训吏教材说》，《文史哲》2003 年第 6 期。

张静如：《以社会史为基础深化党史研究》，《历史研究》1991 年第 1 期。

张铭洽：《云梦秦简〈日书〉占卜术初探》，《文博》1988 年第 3 期。

张铭洽：《睡虎地秦简〈日书·玄戈篇〉解析》，载中国秦汉史研究会编《秦汉史论丛》（第 4 辑），内蒙古大学出版社 1989 年版。

张铭洽：《〈日书〉中的二十八宿问题》，《秦陵秦俑研究动态》1992 年第 2 期。

张铭洽：《〈史记·日者列传〉小察》，《简牍学报》1994 年第 15 期。

张铭洽：《秦简〈日书〉之"建除法"试析》，载陕西历史博物馆编《陕西历史博物馆馆刊》（第 7 辑），三秦出版社 2000 年版。

张铭洽、王育龙：《西安杜陵汉牍〈日书〉"农事篇"考辨》，载陕西历史博物馆编《陕西历史博物馆馆刊》（第 9 辑），三秦出版社 2002 年版。

张铭洽：《秦代"巫现象"杂谈——兼谈秦代的"日者"》，载陕西历史博物馆编《陕西历史博物馆馆刊》（第 11 辑），三秦出版社 2004 年版。

张培瑜、徐振韬、卢央：《历注简论》，《南京大学学报》1984 年第 1 期。

张强：《近年来秦简〈日书〉研究评介》，《文博》1995 年第 3 期。

张荣强：《湖南里耶所出"秦代迁陵县南阳里户版"研究》，《北京师范大学学报》2008 年第 4 期。

张士伟：《从秦简看秦的犬文化》，《农业考古》2018 年第 1 期。

张闻玉：《云梦秦简〈日书〉初探》，《江汉论坛》1987 年第 4 期。

张小稳：《月令源流考》，《中国史研究》2020 年第 4 期。

张耀天：《两汉谶纬堪舆考》，《山西师大学报》2018 年第 3 期。

赵世瑜：《再论社会史的概念问题》，《历史研究》1999 年第 2 期。

赵浴沛：《睡虎地秦墓简牍所见秦社会婚姻、家庭诸问题》，《中国社会经济史研究》2003 年第 4 期。

赵贞：《S. P12〈上都东市大刀家印具注历日〉残页考》，《敦煌研究》2015 年第 3 期。

赵贞：《中古历日社会文化意义探析——以敦煌所出历日为中心》，《史林》

2016 年第 3 期。

赵贞：《敦煌具注历中的"蜜日"探研》，《石家庄学院学报》2016 年
　　第 4 期。

赵贞：《敦煌具注历日中的漏刻标注探研》，《敦煌学辑刊》2017 年第 3 期。

郑刚：《论睡虎地秦简日书的结构特征》，《中山大学学报》1993 年第 3 期。

钟守华：《楚、秦简〈日书〉中的二十八宿问题探讨》，《中国科技史杂志》
　　2009 年第 4 期。

朱玲、杨峰：《睡虎地秦简〈日书〉医疗疾病史料浅析》，《中国中医基础
　　医学杂志》2007 年第 5 期。

五　学位论文

陈进国：《事生事死——风水与福建社会文化变迁》，博士学位论文，厦
　　门大学，2002 年。

高明：《随州孔家坡汉墓简牍〈日书〉虚词研究》，硕士学位论文，西南
　　大学，2009 年。

高一致：《秦汉简帛农事资料分类汇释及相关问题研究》，博士学位论文，
　　武汉大学，2017 年。

霍耀宗：《〈月令〉与秦汉社会》，博士学位论文，苏州大学，2017 年。

蒋红：《两周金文时间范畴研究》，硕士学位论文，西南大学，2015 年。

李秋香：《文化认同与文化控制：秦汉民间信仰研究》，博士学位论文，河
　　南大学，2010 年。

苏莉：《秦汉纪时制度研究——以出土文献为中心》，硕士学位论文，安
　　徽大学，2012 年。

汪冰冰：《孔家坡汉墓简牍语词通释》，硕士学位论文，华东师范大学，
　　2010 年。

王珂：《宋元日用类书〈事林广记〉研究》，博士学位论文，上海师范大
　　学，2010 年。

吴慧：《僧一行研究——盛唐的天文、佛教与政治》，博士学位论文，上
　　海交通大学，2009 年。

谢小丽：《秦简时间范畴研究》，硕士学位论文，西南大学，2014 年。

六 外文文献

［日］村上哲见先生古稀纪念论文集刊行委员会编：《中国文人の思考と表现》，东京：汲古书院 2000 年版。

［日］工藤元男：《被埋没了的行神——以秦简〈日书〉为主要依据》，《东洋文化研究所纪要》1988 年第 106 册。

［日］工藤元男：《云梦睡虎地秦墓竹简〈日书〉所见秦、楚二十八宿占——先秦社会文化的地域性和普遍性》，《古代》1989 年第 88 号。

［日］工藤元男：《云梦睡虎地秦墓竹简〈日书〉和道教的习俗》，《东方宗教》1990 年第 76 号。

［日］工藤元男：《中国古代"日书"所见时间与占卜——以田律的分析为中心》，《都市史学》2009 年第 5 号。

［日］工藤元男：《具注历的渊源——"日书"·"视日"·"质日"》，《东洋史研究》2013 年第 72 卷第 2 号。

［日］木下正史：《古代の漏刻と时刻制度——东アジアと日本》，东京：吉川弘文馆 2020 年版。

［日］清水康教：《关于六十干支的吉凶》，《福星》1986 年复刊第 119 号。

［日］太田幸男：《从睡虎地秦墓竹简〈日书〉看"室""户""同居"的意义》，《东洋文化研究所纪要》1986 年第 99 册。

［日］藤田胜久：《中国古代国家と社会システム——长江流域出土资料の研究》，东京：汲古书院 2009 年版。

［日］中村璋八：《五行大义校注》，东京：汲古书院 1998 年版。

［日］仲山茂：《秦汉时代の"官"と"曹"——县の部局组织》，《东洋学报》2001 年第 82 卷第 4 号。

劳榦：The Division of Time in the Han Dynasty as Seen in the Mooden Slips，载《劳榦学术论文集甲编》，艺文印书馆 1976 年版。

Donald Harper，"A Note on Nightmare Magic in Ancient and Medieval China"，*Tang Studies*，No. 6，1988.

Donald Harper，"Warring States，Qin and Han Manuscripts Related to Natural Philosophy and He Occult"，in Edward L. Shaughnessy，*New sources of early Chinese history：An introduction to the reading of inscriptions and manuscripts*，Berkeley：Institute of East Asian Studies，1997.

Donald Harper, Marc Kalinowski, *Books of Fate and Popular Culture in Early China: The Daybook Manuscripts of the Warring States, Qin, and Han*, Boston: Brill, 2017.

Harrison John A. , *The Chinese Empire*, New York: Harcourt Brace Jovanovich, 1972.

Marc Kalinowski, "Les traits de Shuihudi et l'hémérologie chinoise a la fin des Royaumes-combattants", *T'ong Pao*, No. LXXII, 1986.

Marc Kalinowski, "The Use of the Twenty-eight Xiu as Day-Count in Early China", *Chinese Science*, No. 13, 1996.

Michael Loewe, *Divination, mythology and monarchy in Han China*, Cambridge: Cambridge University Press, 1994.

Roel Sterckx, "An Ancient Chinese Horse Ritual", *Early China*, No. 21, 1996.

索　引

后　记

值此付梓之时，特作文以记，写在我十余载求学之路的终章，但期不负昨日所得，不畏明日之行。

首言自必是我的博士学位论文。选题可谓偶然，却也实属必然。初识出土简牍，只觉晦涩艰深，无从措手。及至在读书会上与同学分享交流，梳理前人研究以成讲义，方觉略有底气。此后细读材料，于《秦简牍合集》中所获最丰，笔记之重点多在日常生活、民间信仰方面，既读日书而论日书，也是水到渠成。然整理之时只知生动有趣，待到开题之日老师们提出意见，才深感小故事背后蕴藏着大历史，那些鲜活的细节并不只是零散的生活片段，更可折射出丰富的社会信息，进而成为时代脉动的有力注脚。故而提笔之时，不免诚惶诚恐。就这样收集分析、提炼思考，完成了一个又一个专题后，忽然发现所有积累都可指向同一个方向，许多问题都找到了共通的答案。那一瞬间的满足感当真无与伦比，学术研究的乐趣或许正在于这摸索前行路上的一束光，让人始终欣然向往。当然，学无止境，许多结论仍需打磨完善，但数易其稿后若能再进一步，也已是不虚此行。

再思则是我个人的求学经历。彼时刚刚踏入中国人民大学国学院的大门，懵懵懂懂而又摩拳擦掌，那份对传统文化的热爱终于就此化为实质，不再是自小熟背却总一知半解的唐诗宋词，而是从原典出发，真正系统化的学术训练。几本古籍读罢，曾经空灵缥缈的文字绮梦渐次消散，史学厚重博大的气势直击内心，从此一切都是顺理成章。秦风汉魂，年少时埋下的向往终于破土而出，于是心无旁骛，一往直前。专业研习之外，还有学术活动月中严谨扎实的写作训练，各类读书班中思想碰撞的点点火花，游学实践中亲身体验的新奇震撼，以及音韵训诂、经子思想、考古地理、西域佛学的广阔视野，虽说只是略习皮毛，却均是未来道路的无限可能。如果说兴趣只是选择的起点，那么前行的动力便离不开引路的恩师。犹记得读书导师孟宪实老师的谆谆教诲，屡出新意并直接促成了我硕士论文的选题。亦记得同硕士导师王子今老师的每一次碰面都使我受教良多，小至文字修改，大到未来规划，幸得提点而获益颇丰。更遑论研讨讲座机会的创造与游学西安时线路的精心安排。所谓言传身教，治学的道理并非只见于书本。而所谓导师，也并非仅限于课业的指导。国学院六年，我最大的收获便是得遇良师，初窥学术门径的同时也打牢了治学的根基。

来到中国社会科学院研究生院攻读博士学位，有幸拜在彭卫老师门下，激发了我更好的学习状态。从阅读书目到理论方法皆得到悉心指导，在此基础上是研究方向的不断修正与材料考证的日益细化。更兼学习中的赠书以助与生活中的处处关心。在《中国史研究》编辑部的实习中，我不仅训练了专业能力，亦端正了学术态度。此外，中国人民大学出土文献研读班中的分享交流，吉林大学"出土文献与中国古代文明研究协同创新中心"研究生交流班中的学习思考，以及论文投稿发表过程中的反复修改均令我受益匪浅。

最后便是对于未来生活的些许展望。如今的我已是中共中央党校（国家行政学院）的一名教师，变化的是研究方向，不变的是治学态度。在今后的工作中，愿不忘初心之真诚，常怀温情与敬意，积跬步而至千里。愿不负恩师之教诲，戒骄戒躁，养学人之风骨。虽是艰辛难免，但幸乐趣亦足，前路可期，且进且思。

特此感谢我的家人给予我宽松自由的成长环境与无微不至的关爱体贴，使我得以忠于所爱，率性而为。感谢我的好友同学、师门兄姊给予我学术上的启发与生活上的鼓励，使我得以开拓视野，勇往直前。感谢在我博士学位论文开题、修改、答辩过程中提出宝贵意见的诸位老师。感谢在此次出版过程中给予我无私帮助的诸位老师。凡此种种，感佩于心。